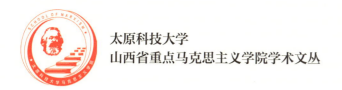

太原科技大学
山西省重点马克思主义学院学术文丛

MUTUAL AID, COOPERATION AND ECONOMIC CHANGE

互助、合作与经济变革

兴县农业互助合作运动研究
（1940~1956）

RESEARCH ON
AGRICULTURAL MUTUAL AID
AND COOPERATION MOVEMENT
IN XING COUNTY (1940-1956)

王莉莉———著

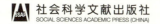

社会科学文献出版社
SOCIAL SCIENCES ACADEMIC PRESS (CHINA)

　　本书出版获山西省"1331 工程"重点马克思主义学院建设项目，山西省高等教育"百亿工程"项目，山西省高等学校哲学社会科学研究项目（项目号：2021W084），太原科技大学博士科研启动基金项目（项目号：W20222001），以及来晋工作优秀博士奖励资金项目（项目号：W20222009）资助

总　序

马克思主义是照亮我们党航行的灯塔，而马克思主义学院则是守护灯塔的主阵地。加强马克思主义学院建设，对增强与巩固社会主义意识形态的凝聚力和引领力，进一步丰富与发展当代中国马克思主义，打造马克思主义理论教学、研究、宣传和人才培养的坚强阵地意义非凡。2015 年，中宣部、教育部印发了《关于加强马克思主义学院建设的意见》。根据中宣部、教育部发布的《关于加强马克思主义学院建设的意见》和山西省人民政府发布的《关于实施"1331 工程"统筹推进"双一流"建设的意见》的精神，中共山西省委宣传部、中共山西省委教育工委结合山西省实际，研究制定了《山西省建设重点马克思主义学院实施方案》，并于 2017 年 7 月 17 日联合下发了《关于印发〈山西省建设重点马克思主义学院实施方案〉的通知》。

2017 年 10 月，经中共山西省委宣传部、中共山西省委教育工委组织专家评审，太原科技大学马克思主义学院与山西大学、太原理工大学、山西财经大学、山西师范大学等四所高校马克思主义学院被评为山西省重点马克思主义学院，并列入山西省"1331 工程"予以重点建设。

近年来，在校党委的高度重视与领导下，太原科技大学马克思主义学院得到了较快发展。学院现有专任教师 68 人，其中教授 9 人，副教授 18 人，博士 24 人。教师中"全国模范教师" 1 人、教育部"全国高校优秀中青年思想政治理论课教师择优资助计划"资助教师 1 人、山西省学术技术带头人 1 人、山西省"1331 工程"领军人才 1 人、山西省优秀中青年拔尖创新人才 1 人、山西省宣传文化系统"四个一批"人才 2 人、"三晋英才"拔尖骨干人才 1 人，形成了一支基础扎实、教风严谨、结构合理、充满活力的师资队伍。

学院现有马克思主义理论一级学科硕士点、六个研究生社会实践基地；拥有山西省中国特色社会主义理论研究中心太原科技大学基地、山西省高校思想政治理论课名师工作室、哲学研究所、山西红色文化研究中心（校级）以及"马克思主义基本原理""毛泽东思想和中国特色社会主义理论体系概论""中国近现代史纲要""思想道德与法治""形势与政策"五个教研室。

学院坚持教学与科研并重，教研相长。近年来，学院教师在《哲学研究》《自然辩证法研究》《自然辩证法通讯》《科学技术哲学研究》《复旦学报》《科学与社会》《光明日报》《华中师范大学学报》《思想理论教育导刊》《社会科学辑刊》等国家和省部级刊物上发表学术论文 200 余篇，出版学术专著 20 余部；获山西省社会科学研究优秀成果二等奖 3 项，第二届全国高校思政课教学展示暨优秀课程观摩活动一等奖 2 项，省级教学竞赛思政课组二等奖 1 项；承担纵横向科研项目 110 余项，其中国家社科基金项目 3 项，教育部人文社科项目 6 项，总经费达 265.1 万元。

学院一向注重加强和扩大教师国内外学术交流。近年来学院教师参加全国性学术会议 30 余次，两名教师赴美国丹佛大学（University of Denver）、得克萨斯大学奥斯汀分校（University of Texas at Austin）访学；学院曾邀请北京大学、复旦大学、中国人民大学、中国政法大学、中央财经大学、北京理工大学等高校知名专家学者来校讲学。

回溯过往，在校党委的坚强领导下，太原科技大学马克思主义学院在诸方面取得了长足进步；展望未来，太原科技大学马克思主义学院发展仍任重道远。为进一步推进马克思主义学院的建设与发展，学院从重点马克思主义学院建设经费中拨出部分经费用于资助学院教师在教学研究与学科建设方面研究成果的出版，以期助力学院马克思主义理论学科的高质量发展。

马克思主义学院

二〇二二年四月

目 录
CONTENTS

绪　论

一　研究缘起

本书以山西省兴县农业互助合作运动为研究对象，考察兴县农业互助合作运动的发展历程，并试图从农村农业生产、分配等关系中，探索农村生产力和生产关系的组合关系，及其与农村社会经济发展的内在逻辑。

首先，选择山西省兴县一个县域作为个案研究对象，有其特殊地理原因。兴县位于山西省西北部，属吕梁地区，东、东南、西南三面环山，依次同保德、岢岚、岚县、方山、临县接壤，西隔黄河与陕西省神木市相望。[①] 在全面抗战和解放战争时期，兴县作为中央晋绥分局、晋绥边区政府、晋绥军区司令部所在地，是保卫延安的屏障，也是交通运输的要道，为前线供给粮草物品、药品、兵员（见表0-1）。

表0-1　晋绥边区驻兴县单位驻地分布概况

单位名称	驻地
中共中央晋绥分局	碧村、北坡村
晋绥边区行政公署	蔡家崖、赵家川口
晋绥军区司令部	李家湾、大善、蔡家崖
晋绥军区政治部	张家圪堝、胡家沟、石岭子
晋绥军区后勤部	五龙塘、赵家川口
晋绥军区卫生部	碧村、赵家川口

① 贾维桢等主编《兴县志》，中国大百科全书出版社，1993，第1页。

续表

单位名称	驻地
晋绥军区兵工部一厂	车家庄
中共中央晋绥分局党校	黑峪口、栏岗、李家塔、张家圪垱
《晋绥日报》社	西坪、高家村
新华社晋绥分社	高家村、西坪
晋绥边区邮政管理局	城关
晋绥边区贸易总局	城关
晋绥边区兴业公司	城关
晋西抗战学院	城关、杨家坡
晋绥师范学院	高家村、杨家坡、姚家会
晋绥实验学校	碧村
抗日军政大学第七分校	瓦塘、马蒲滩、魏家滩
鲁迅艺术学院晋西北分院	张家湾
晋绥边区文联	苏家塔、黑峪口、城关
晋绥边区抗联	胡家沟、西坪、城关
晋绥军区后方医院	赵家川口、碧村
晋绥军区野战医院	马蒲滩
晋绥七月剧社	石岭子、任家湾、胡家沟、西坪
晋绥军区战斗剧社	西吉、城关
晋绥人民剧社	五龙塘、木兰岗、胡家沟
晋绥大众剧社	西坪
晋绥洪涛印刷厂	杨家坡、程家沟底
晋绥吕梁印刷厂	高家村
西北纺织一厂	孔家沟、奥家湾
晋绥兵工五厂	贺家圪台
晋绥兵工六厂（发电厂）	后发达
晋绥军区后勤部被服厂	车家庄

资料来源：贾维桢等主编《兴县志》，第553~554页。

由表0-1可知，晋绥边区共有32个单位驻地在兴县，涵盖了行政、新闻、医院、兵工等各个方面。其中，中共中央晋绥分局代表中国共产党统一领导晋西北、晋西南和绥远地区的党政军民各项工作；晋绥边区行政公署可以说是当时该边区的最高行政领导机构，是中国共产党领导的统一战线的抗日民主政权；晋绥军区则统一领导晋绥抗日根据地的军事工作。仅从上述边区的组织机构就可知兴县对于晋绥边区来说，不可谓不重要。

1942 年 4 月至 9 月，中共领导人张闻天率领延安农村工作团，详细调查了晋西北兴县 14 村生产力与生产关系状况，调查重点是土地问题及与之相应的租佃、借贷和雇佣劳动等主要经济关系，这亦是后来学界所谓"张闻天晋陕调查"的重要组成部分。此次调查是全面抗战时期全国范围内为数不多的农村调查之一，也是中共历史上一次非常重要的农村社会调查，具有相当的政治意义和理论价值。调查的一个显著特点是对根据地区域内农村生产力和生产关系状况进行系统性考察，阐明了在抗战与中共领导革命背景下生产力与生产关系所发生的变化及其动力之源，提出了许多独到的甚至在今天看来依然十分正确的见解，为研究当时经历着重大变革的农村社会经济演变趋势提供了重要素材。

因此，选取兴县，一个中国共产党从抗战时期就开始执政，并连续进行农村改革实践，且在 20 世纪 40 年代就进行过大规模有组织的系统性社会调查的区域作为研究对象，本身就极具代表性。

其次，农业合作化运动是新中国成立初期中国共产党关于土地制度的一次重大调整，并在短暂的时间内完成了从个体所有制经济向集体所有制经济的过渡。农业合作化运动的完成对于农村来说，不仅代表着生产关系的重大变革，而且深刻影响着农村社会生活的方方面面。如何认识这一变革，一直是党史、国史研究的重要课题。

山西在 20 世纪 40 年代就开展了农业生产互助活动，新中国成立后农业合作化运动亦走在前列，到 1952 年，全省组织的互助组有 19.8 万个，初级农业合作社有 564 个，参加农户占总农户的 39%；1954 年全省加入初级农业合作社的农户达到总农户的 41%，掀起了农业合作化运动的第一次高潮；1955 年 10 月开始，山西的农业合作化运动出现第二次高潮，到年底全省的农业生产合作社猛增到 5.37 万个，入社农户达到 287 万户，占到全省农户总数的 88.3%，提前两年在全省实现了初级农业合作化；1956 年开始，山西省出现了农业合作化的第三次高潮，至 1956 年 3 月底，全省高级农业生产合作社达到 1819 个，入社农户占到全省农户总数的 97.89%，初级农业生产合作社 1202 个，入社农户占农户总数的 1.49%，剩下的个体农户占农户总数的 0.62%，山西比全国其他省份几乎提前一年完成对农业的社会主义改造。①

　　就兴县农村社会经济发展而言，连续经历了党在全面抗战时期的减租减息和解放战争时期的土地改革，以及 1949 年到 1956 年的土地等生产资料所有制改造，其 16 年的发展历程完整而生动地体现了党在农村的基本改革政策及其实践努力。本书在占有大量档案材料的基础上，详细考察中国共产党领导下兴县开展互助合作运动的历史进程，探索生产力与生产关系如何组合才能促进农村经济的发展，以期对合作化运动发展过程中的问题进行更为深刻的剖析。以一个区域为中心，既可以保持案例叙述的完整性，突出地方农业合作化的特点，又可以以微观分析作为突破点，进一步挖掘其背后的深刻体制因素，从而透视整个农业合作化运动。

二　学术史综述

　　对于农业合作化运动这一变革的研究动态，学界一直予以密切关注，已有多位学者先后做过一定的学术梳理。② 笔者在观照前人的基础上就共和国成立初期农业合作化运动的研究阶段及热点焦点进行再梳理总结，以论证本研究的可行性。

（一）研究的学术发展脉络

学界关于中华人民共和国成立初期农业合作化运动的研究大致分三个阶段，分述如次。

1. 1949~1978 年

这一阶段不仅是新中国由新民主主义社会过渡到社会主义社会的关键

---

① 张玉勤主编《山西史》，中国广播电视出版社，1992，第 409 页。山西省史志研究院编《山西农业合作社》，山西人民出版社，2001，第 21、23 页。初级农业生产合作社，简称"初级社"。
② 参见佘君《近十年来关于农业合作化运动的研究综述》，《毛泽东思想研究》2003 年第 1 期；叶扬兵《农业合作化运动研究述评》，《当代中国史研究》2008 年第 1 期；孙功《1990 年代以来农业合作化运动研究若干问题综述》，《兰州学刊》2006 年第 11 期等。

时期，亦是党和国家逐步探索如何建设社会主义的重要时期，同时农业合作化运动从 1949 年开展到 1956 年基本实现高级合作化，从发生到完成的这段时间虽然仅有 8 年，但给农村带来了巨大变化。

这一阶段农业合作化运动的研究主要围绕其开展情况、农业政策执行及其宣传展开，研究内容主要是介绍农业合作化运动发展过程，分析此项运动开展的必然性、优越性，以及宣传各地农业合作化运动成果。由于各地合作化运动正当时或结束不久，"身在此山中"的学者所看到的只是农业合作化运动这座"大山"的一峰一岭或一沟一壑，研究以正面论述为主，普遍认为农业合作化运动顺应了生产关系必须适合生产力发展这一规律，[①] 运动本身就具有优越性而且是人民群众的选择和工业化发展的需求，[②] 从而由初级农业合作社过渡到高级农业合作社亦有其必要性和必然性。[③]

尽管这一阶段的相关著述在全民合作化的背景下以宣传并论证合作化内容为导向，批判性和独立性相对不足，但这些成果对于后人了解、明晰这期间研究者对于合作化运动的态度及观点大有裨益。值得一提的是，这一阶段整理和公布的两部史料《国民经济恢复时期农业生产合作资料汇编

---

① 参见谷春帆《从中国农业合作化运动来研究生产关系一定要适合生产力性质这一规律的某些内容》，《经济研究》1956 年第 6 期；陈克俭《农业合作化高潮和生产关系一定要适合生产力性质的规律》，《厦门大学学报》1956 年第 4 期；庄鸿湘《农业合作化与生产关系一定要适合生产力性质的规律》，《经济研究》1956 年第 3 期；黄枬森、王庆淑《生产关系一定要适合生产力性质的规律在我国农业合作化运动中的作用》，《北京大学学报》1956 年第 3 期；夏振坤《论我国农业社会主义改造的道路》，《华中农学院学报》1956 年第 1 期；刘崃等《试论逐步实现土地公有化是我国农业合作化运动的基本特点》，《中山大学学报》1956 年第 4 期；张大简《试论生产关系适合生产力性质规律与我国农业合作化的客观必然性》，《教学与研究》1964 年第 2 期。
② 参见陈克俭《论当前我国工农业相适应问题及其深刻的意义——学习毛主席"关于农业合作化问题"的一点体会》，《厦门大学学报》1955 年第 6 期；王思华《关于我国过渡时期国家工业化与农业合作化的相互适应问题》，《经济研究》1956 年第 1 期。
③ 参见李金奎《试论我国农业合作化的特点》，《湖南师院学报》1957 年第 2 期；宋涛《初级农业生产合作社过渡到高级农业生产合作社的必然性》，《教学与研究》1956 年第 6 期；池元吉、解学诗《从三个农业生产合作社的调查来看由初级社会向高级社的过渡问题》，《东北人民大学人文科学学报》1956 年第 1 期；王南《我国农业生产合作社从初级社到高级社的发展》，《教学与研究》1956 年第 3 期。

（1949~1952）》① 和《中国农业合作化运动史料》② 详细记录了全国及各地农业合作化的进程，为研究农业合作化运动奠定了基石。

2. 1978~1988 年

党的十一届三中全会召开后，研究者开始反思农业合作化运动。20 世纪 80 年代初期，家庭联产承包责任制开始在农村推行，这一改变农民生活的又一项举措，为研究者们提供了比较、总结农业合作化运动和家庭联产承包责任制两者之间差异与联系的现实素材。

在对农业合作化运动的反思中，研究者以合作化理论为依据，主要对农业合作化的必要性、农业合作化运动的历史功绩，以及其是否被家庭联产承包责任制所否定等方面进行了探讨。孙江、刘裕清等人认为农业合作化是历史必然，分别从小农经济的分散落后、合作化与机械化工业化的关联、农村贫富两极分化严重等方面做了阐释；③ 刘裕清、沙健孙等人在总结农业合作化运动历史经验之时，既肯定其历史功绩又指出在合作化运动后期存在的急躁冒进、急于求成等缺点；④ 李梅村等人则从农业生产责任制出发，认为家庭联产承包责任制不仅不是对农业合作化的否定，而且是对合作化理论与实践的发展。⑤

---

① 中国科学院经济研究所农业经济组编《国民经济恢复时期农业生产合作资料汇编（1949~1952）》，科学出版社，1957。
② 史敬棠等编《中国农业合作化运动史料》，三联书店，1957。
③ 参见孙江《论我国农业的社会主义道路》，《厦门大学学报》1980 年第 3 期；刘裕清《论我国农业的社会主义改造》，《历史研究》1981 年第 5 期；马羽《试论我国农业合作化的历史必然性》，《社会科学研究》1981 年第 5 期；林超、永向前《试论我国农业社会主义改造的历史功绩》，《人文杂志》1982 年第 1 期。
④ 参见刘裕清《论我国农业的社会主义改造》，《历史研究》1981 年第 5 期；沙健孙《我国农业合作化运动的历史经验》，《北京大学学报》（哲学社会科学版）1981 年第 5 期；马羽《试论我国农业合作化的历史必然性》，《社会科学研究》1981 年第 5 期；高化民《我国农业合作化的伟大胜利》，《教学与研究》1982 年第 2 期；张安庆《试论适合中国特点的农业社会主义改造的道路》，《武汉大学学报》（社会科学版）1984 年第 5 期。
⑤ 参见李梅村、文占申《家庭承包责任制的出现是合作化理论和实践的发展》，《陕西师大学报》（哲学社会科学版）1984 年第 4 期；洪永崧《家庭联产承包责任制是对马克思主义农业合作化理论的新发展》，《中山大学学报》（哲学社会科学版）1984 年第 3 期；陈宪《农业生产责任制是农业合作化的继续和发展》，《南昌大学学报》（人文社会科学版）1984 年第 3 期；张安庆《试论适合中国特点的农业社会主义改造的道路》，《武汉大学学报》（社会科学版）1984 年第 5 期；孙瑞鸢《家庭联产承包责任制与农业合作化》，《教学与研究》1985 年第 6 期。

　　值得关注的是，这一阶段研究者对于农业及农业合作化问题提出了自己的见解。如孙江指出，农业的根本出路是在农业集体化的基础上逐步实现农业现代化；① 刘开通认为，农业合作化与农业生产的社会化是紧密相连、相互促进的；② 高海燕则对于农业合作化运动的任务与所有制及生产关系的变革、劳动组织规模大和生产要素集中程度高与生产的社会化这两组概念关系是否等同做了细致分析。③ 更为重要的是，这一阶段出现了学术上的交流及对话，研究者在冷静思考下指出了农业合作化运动研究中需要再次考量的问题。如罗郁聪等人认为，1955 年上半年以前农村的基本趋势是"中农化"，当时对于农村两极分化形势的估计和对于农民群众社会主义积极性的认识都不符合实际情况；④ 许永杰针对罗郁聪等人的观点提出 1955 年下半年掀起的初级合作社高潮是否必要等疑问；⑤ 这些问题后期在刘文璞的研究中被再次提及，他认为合作化中提出的重新划分阶级政策"否认和掩盖了农村中农成为大多数的基本事实，并给合作化和以后的农村政策制订提供了一个不准确的社会背景"。⑥ 再如，冯良勤等人对马羽《试论我国农业合作化的历史必然性》一文提出商榷，认为用先合作化再机械化的理论论证我国在基本上是手工劳动的条件下实现合作化是不当的。⑦ 高质量的学术交流与对话离不开这一阶段档案资料的公布，如《农业集体化重要文件汇编（1949～1957）》⑧ 的出版，为研究者更客观地看待农业合作化运动提供了可能，即"我国的农业合作化运动是必要的……但是，在合作化运动中所建立起来的高级农业生产合作社这种经济模式，

①　孙江：《论我国农业的社会主义道路》，《厦门大学学报》1980 年第 3 期。

②　刘开通：《农业合作化与农业生产社会化》，《福建师大学报》1981 年第 3 期。

③　高海燕：《社会主义农业合作化运动实践与理论的考察》，《安徽财贸学院学报》1985 年第 2 期。

④　罗郁聪等：《论我国农业社会主义改造》，《社会科学战线》1982 年第 2 期。

⑤　许永杰：《我国农业初级合作化高潮是历史发展的必然——与罗郁聪等同志商榷》，《党史资料与研究》1983 年第 1 期。

⑥　刘文璞：《中国农业合作化的历史回顾》，《农业经济丛刊》1987 年第 4 期。

⑦　冯良勤等：《应该如何认识我国农业合作化的历史必然性——与马羽同志商榷》，《社会科学研究》1982 年第 6 期。

⑧　中华人民共和国国家农业委员会办公厅编《农业集体化重要文件汇编（1949～1957）》上册，中共中央党校出版社，1982。

超越了当时我国农村的生产力水平"，① "农业社会主义改造的失误原因，绝不仅仅只是速度问题，更主要的是理论上、思想指导上的问题"。② 这些观点尽管有不成熟、不全面之处，但毫无疑问奠定了之后农业合作化运动研究的基础。

3. 1989 年以后

1979～1988 年家庭联产承包责任制的实施，为农村经济带来复苏和增长的希望，1989 年党的十三届四中全会的召开对十三大确定的基本路线进行了肯定和坚持，邓小平南方谈话中关于"姓资"还是"姓社"、改革开放的判断标准、计划和市场等论断更给迷雾中的人们指明方向。1996 年，在"三大改造"基本完成 40 周年之际，关于农业合作化运动的研究成果大量涌现，对比以往，研究的深度、广度方面都有明显加深和拓展。2006 年，正值"三大改造"基本完成 50 周年，国家取消农业税，"一号文件"中亦提出建设社会主义新农村的历史任务，此一新愿景的提出，再次让人们把目光聚焦农业、农村与农民问题。这一阶段，学术界对于农业合作化运动的研究呈现多元化发展，视角更为开阔、内容更加全面，其中同样不乏公允评价。

关于农业合作化运动，有代表性的专著有《农业合作化运动始末》③《20 世纪 50 年代中国农业合作化运动研究》④《农业合作化运动史》⑤《当代中国的农业合作制》⑥《中国农业合作化运动研究》⑦《中国农业合作化运动口述史》⑧ 等，这些著作对农业合作化运动开展及其展开做了详明阐述，可以说代表了当时学界的研究水平。此外，一些通论著作或经济史著作中，亦有农业合作化运动方面的论述，如《中华人民共和国经济史》⑨

---

① 黄晓辉：《农业合作化与生产力和生产关系的原理》，《党史资料与研究》1986 年第 6 期。高级农业生产合作社，简称"高级社"。

② 王前：《合作化理论的思考》，《南京政治学院学报》1988 年第 5 期。

③ 高化民：《农业合作化运动始末》，中国青年出版社，1999。

④ 邢乐勤：《20 世纪 50 年代中国农业合作化运动研究》，浙江大学出版社，2003。

⑤ 罗平汉：《农业合作化运动史》，福建人民出版社，2004。

⑥ 杜润生主编《当代中国的农业合作制》，当代中国出版社，2003。

⑦ 叶扬兵：《中国农业合作化运动研究》，知识产权出版社，2006。

⑧ 马杜香：《中国农业合作化运动口述史》，中央文献出版社，2012。

⑨ 武力主编《中华人民共和国经济史》，中国经济出版社，1999。

《中国农村社会经济变迁（1949～1989）》① 《理想·历史·现实——毛泽东与中国农村经济之变革》② 等。"三农"问题提出，与之相关的农业制度变革、农业道路选择、农村经济变迁、农民生活变化等问题越来越受到研究者关注，《制度、技术与中国农业发展》③ 《中国乡村，社会主义国家》④ 《农民中国：历史反思与现实选择》⑤ 等著作出版。只要谈起"三农"问题，都难以回避农业合作化运动。还有一些传记或回忆性成果，如《邓子恢传》⑥ 《杜润生自述：中国农村体制变革重大决策纪实》⑦ 《若干重大决策与事件的回顾》⑧ 等，亲历者们对农业合作化运动的回顾，对于还原这段历史弥足珍贵。

1989 年至今，有关农业合作化运动的众多论著相继出版，这间接说明了这一阶段史料的丰富性和多样性。就史料而言，全国性的有 1992 年黄道霞等主编的《建国以来农业合作化史料汇编》⑨、中国社会科学院和中央档案馆编的《中华人民共和国经济档案资料选编（1949～1952）》农村经济体制卷⑩和《中华人民共和国经济档案资料选编（1953～1957）》农业卷⑪。这些资料的出版，对于农业合作化运动的探究大有裨益。地方性的有 2003 年由 23 个省、自治区、直辖市编撰的当地农业合作化史料，在已出版的史料中，所涉及范围既涵盖全省，又针对所辖地区、市、县。⑫ 如就山西省而言，代表性史料有《山西农业合作史典型调查卷》⑬《山西省农业

① 陈吉元等编《中国农村社会经济变迁（1949～1989）》，山西经济出版社，1993。
② 温锐：《理想·历史·现实——毛泽东与中国农村经济之变革》，山西高校联合出版社，1995。
③ 林毅夫：《制度、技术与中国农业发展》，上海三联书店、上海人民出版社，1994。
④ 〔美〕弗里曼等：《中国乡村，社会主义国家》，陶鹤山译，社会科学文献出版社，2002。
⑤ 秦晖：《农民中国：历史反思与现实选择》，河南人民出版社，2003。
⑥ 《邓子恢传》，人民出版社，1996。
⑦ 《杜润生自述：中国农村体制变革重大决策纪实》，人民出版社，2005。
⑧ 薄一波：《若干重大决策与事件的回顾》，中共中央党校出版社，1991。
⑨ 黄道霞等主编《建国以来农业合作化史料汇编》，中共党史出版社，1992。
⑩ 中国社会科学院、中央档案馆编《中华人民共和国经济档案资料选编（1949～1952）》农村经济体制卷，社会科学文献出版社，1992。
⑪ 中国社会科学院、中央档案馆编《中华人民共和国经济档案资料选编（1953～1957）》农业卷，中国物价出版社，1998。
⑫ 杜润生主编《当代中国的农业合作制》，当代中国出版社，2003。
⑬ 山西省农业合作史编辑委员会编《山西农业合作史典型调查卷》，山西人民出版社，1989。

合作史经营管理卷》①《山西农业合作史大事记卷》② 等。地区及市中，吕梁地区、临汾地区、雁北地区及大同市、太原市、临汾市、长治市都编辑出版了反映本地区农业合作化运动的史料集；③ 各县如武乡、霍县等亦出版了记录当地农业合作化历程的著作。④ 可惜的是，这些史料集或史料性著作，除在当地档案馆、图书馆有少量库存外，很难在市面上见到，研究者不容易获得。

（二）研究的热点焦点问题

与农业合作化运动相关的史料集、论著陆续出版，而与之相比，相关的论文更数不胜数，农业合作化运动研究方兴未艾，研究者对于农业合作化运动的认识、观点进行了商榷与交流，使得这一课题历久弥新。通过梳理1989年至今所见著述，笔者认为研究中的热点、焦点问题如次。

1. 农业合作化运动缘起及其评价

有关农业合作化运动的缘起，学界研究的侧重点各有不同。部分学者沿袭了20世纪80年代初中期关于合作化运动客观必然性的学脉，认为农业合作化运动的动因主要在其"客观"一面，如小农经济的落后性、工业化发展的需求、贫富两极分化的严重危害等；⑤ 而江红英、佘君等人则将目光投放于"主观"的一面，即中国共产党在其中的推动作用，认为在影响农业合作化运动开展的诸多因素中，如工业化建设、农民自身需要、党

---

① 山西省农业合作史编辑委员会编《山西省农业合作史经营管理卷》，山西人民出版社，1991。
② 山西省地方志编纂委员会办公室编《山西农业合作史大事记卷》，山西人民出版社，1997。
③ 吕梁地区农业合作化史编辑委员会编印《吕梁地区农业合作化史》（典型卷），1988；山西省临汾地区农业合作史编辑委员会编《山西省临汾地区农业合作史暨大事记》，海潮出版社，1995；贺锐主编《雁北农业合作化大事记（1940~1990）》，山西人民出版社，1993；大同市农业合作史办公室编印《大同市农业合作史文件选编卷》，1991；太原农业合作史编辑委员会编《太原农业合作史大事记》，山西人民出版社，1993；临汾市农业合作制编委会、临汾市档案局编《临汾市农村合作制大事记》，临汾市档案局，1988；长治市农业合作化史编辑室编印《长治市农业合作化史料》，1995。
④ 魏晋峰编《武乡农业合作史》，山西人民出版社，1996；胡忠林等编《霍县农业合作简史》，山西人民出版社，1992。
⑤ 参见姜冰冰《对我国农业合作化运动的思考》，《边疆经济与文化》2006年第5期；沈淑兰《对我国农业社会主义改造运动的思考》，《毛泽东思想研究》2001年第3期。

的引导、生产力要求等，党的引导最终起了关键性作用。① 至于中国共产党选择并引导农民走农业合作化这条道路的原因则是多方面的，刘庆旻看到了农村中农民之间互助合作的习惯，以及政治方面党中央对于农业实行社会主义改造的目的；② 张一平则认为土地改革向农业合作化的转变中有传统社会主义理论和苏联模式的影响，甚至还有中国传统公有思想的影响。③ 这里不得不提到的还有一个意识形态的问题，吴帆等人认为中国农业合作化运动从一开始就受到意识形态的刚性制约，被赋予明确的目标取向；④ 冯开文则认为土地改革转入农业合作化起决定性作用的是意识形态的重建。无论是意识形态的刚性制约还是重建，都不可否认的是在此种意识形态的前提之下，众多影响因素才能发挥作用，所以对于意识形态的研究并不能忽略或刻意淡化。⑤

由于农业合作化运动本身的意识形态性，故对其评价时就不能仅仅从经济变革方面考量，农业合作化运动的评价问题亦是一个"老生常谈"的话题。1981 年 6 月《关于建国以来党的若干历史问题的决议》就对此给出权威性回应，多数研究者在此框架下展开研究，肯定合作化运动带来的积极影响——建立集体经济、避免两极分化、保证工业化需要、推动资本主义工商业改造等，同时承认其中的失误和偏差，总体认为农业合作化运动是成功的。⑥ 当然，也有研究者并不循此框架，更侧重于农业合作化运动与人民公社、"大跃进"之间的联系，认为不能割裂三者之间的关联，对

---

① 参见江红英《试析土改后农村经济的发展趋势及道路选择》，《中共党史研究》2001 年第 6 期；佘君、丁桂平《必然还是偶然？——建国初期农业合作化运动原因再探讨》，《淮南师范学院学报》2005 年第 1 期；佘君、丁桂平《农业合作化运动必然性问题再思考》，《党史研究与教学》2005 年第 2 期。

② 刘庆旻：《建国初期农业合作化运动及其评价》，《当代中国史研究》1995 年第 4 期。

③ 张一平：《农业合作化生成的历史分析》，《江西财经大学学报》2008 年第 3 期。

④ 吴帆等：《意识形态与发展进路：农业合作化运动再反思》，《天津社会科学》2012 年第 1 期。

⑤ 冯开文：《从土地改革转入农业合作化的制度变迁机理分析——对有关的几种观点的评析》，《中国农史》1999 年第 3 期。

⑥ 参见刘庆旻《建国初期农业合作化运动及其评价》，《当代中国史研究》1995 年第 4 期；高化民《农业合作化与家庭联产承包为主的责任制》，《当代中国史研究》1996 年第 2 期；姜冰冰《对我国农业合作化运动的思考》，《边疆经济与文化》2006 年第 5 期；沈淑兰《对我国农业社会主义改造运动的思考》，《毛泽东思想研究》2001 年第 3 期。

于农业合作化运动，则持否定的态度。① 事实上，这场运动给农民生活带来巨大的变化，除政治、经济方面的变革外，农民的思想文化、精神状态、生活方式都发生了改变。如杨善民把农村合作化运动与中国农民现代性的获得联系在一起，认为合作化运动尽管有缺陷，却是农民现代性获得过程中的一座丰碑。②

2. 土改后的农村状况

对于土改问题的探讨与分析，一直是研究者关注的重点领域，关于土改后农村状况的研究，则关系到对农业合作化缘起因素的认知。土改以后，针对农村及农民现状，一些地方党政部门进行了大量的农村调查，认为农村出现了两极分化，只有"组织起来"，才能解决此问题。③ 在研究中，以上调查是我们认识这段历史的重要史料，在研究中调查资料甚至获得了一种"不证自明性"，而自 20 世纪 80 年代来，研究者开始对土改后农村两极分化问题进行重新思考，如高化民、田利军认为土地买卖不能等同于两极分化，④ 高洁、辛逸在引用和解读大量地方性材料的基础上，认为山西长治地区土改后出现的土地买卖、两极分化，被严重夸大了，⑤ 学界逐渐形成中农化认识的趋向。

尽管研究者对上述趋向的看法一致或相近，但在具体研究中侧重点又各有不同。王瑞芳从中国农村社会结构入手，认为土改之后农村普遍出现了中农化的趋向，大多数贫雇农上升为新中农。⑥ 胡英泽通过分析山西省永济县吴村地权分配的变化，认为土地买卖未必导致地权集中，土改后乡

① 参见董国强《试论农业合作化运动中的若干失误》，《南京大学学报》1996 年第 4 期；李安增、陈招顺《对农业社会主义改造的再评价》，《经济评论》1998 年第 6 期。

② 杨善民：《农村合作化运动与中国农民现代性的革命性发展》，《山东社会科学》2014 年第 12 期。

③ 如《老区武乡农村考察报告——一九五〇八月二十五日山西省委向中共中央华北局的报告》，《山西日报》1950 年 10 月 12 日；中共长治地委《关于组织起来的情况与问题的报告》，《人民日报》1950 年 11 月 14 日。

④ 参见高化民《买卖土地的数据不等于就是两极分化》，《党史研究》1982 年第 1 期；田利军《土改后土地买卖、出租和雇工不是两极分化的反映》，《四川师范大学学报》1988 年第 6 期。

⑤ 参见高洁、辛逸《长治老区互助组织与社会主义——山西十个农业生产合作社的重新解读》，《中共党史研究》2010 年第 1 期。

⑥ 参见王瑞芳《新中农的崛起：土改后农村社会结构的新变动》，《史学月刊》2003 年第 7 期。

村地权分配趋于平均化。① 杨学新、王晶基于河北平乡县 6 村 406 户阶级成分档案资料，对土改前后农村土地占有状况进行比较研究，认为土改后各阶层人均土地面积较土改前更趋均衡，土地集中程度进一步降低，但是在提升农民生活水平方面平分土地所起作用有限。② 相对于平均地权，土改对传统农业经营机制的影响，对农村经济社会而言更具根本性。所以，王海光认为土地改革提供了农业集体化的制度路径，农业集体化是土地改革的必然选择。③ 此外，也有研究者关注到了土改分配中除土地问题之外的其他问题，如房屋、果树、役畜等分配，有助于我们深入理解中国乡村社会的传统，以及重新认识土改的意义。④

3. 农业发展道路中的争论与嬗变

这一问题涉及合作化过程中的三次争论，即合作化中的调整与整顿以及合作化与家庭联产承包责任制的关系等。

农业合作化运动的发展并非一蹴而就，其间的每一步都经历了多次分歧和争论，而 1950 年高岗和刘少奇之间的争论、1951 年围绕山西省委试办农业生产合作社的争论，以及 1955 年夏毛泽东与邓子恢之间的争论，是目前学界关注较多的话题，研究主要聚焦于农业合作化的时间、条件、速度和规模等问题。⑤ 这些研究阐述了三次争论的来龙去脉，梳理了党内主要领导人对于合作化运动的观点、态度，并对分歧产生的原因及争论带来

---

① 参见胡英泽《土改后至高级社前的乡村地权变化——基于山西省永济县吴村档案的考察》，《中共党史研究》2014 年第 3 期。

② 参见杨学新、王晶《土改前后农村土地占有状况比较研究——基于冀南平乡 6 村的实证分析》，《中国经济史研究》2016 年第 4 期。

③ 参见王海光《土改后的农村经济发展路向之管窥——以〈江苏省农村经济情况调查资料〉（1953）为研究文本》，《中共党史研究》2015 年第 6 期。

④ 参见胡英泽《区域、阶级与乡村役畜分配——以 20 世纪 30~50 年代的山西为例》，《开放时代》2017 年第 4 期；胡英泽《未分的果实：土改前后晋西南的果树分配与乡村经济》，《近代史研究》2018 年第 6 期；胡英泽、冯希《20 世纪五六十年代土改房屋分配及其变迁研究——以山西省永济县为例》《开放时代》2019 年第 5 期。

⑤ 参见赵德馨、苏少之《两种思路的碰撞与历史的沉思——1950~1952 年关于农业合作化目标模式的选择》，《中国经济史研究》1992 年第 4 期；高峻《毛泽东与邓子恢关于农业合作化思想的分歧及其原因探析》，《中国社会经济史研究》1995 年第 3 期；辛逸《50 年代初中共党内在农村问题上两次论争》，《山东师大学报》（社会科学版）1999 年第 3 期；徐国普《试析毛泽东与刘少奇关于农业合作化问题的分歧》，《毛泽东思想研究》2000 年第 2 期；董一冰《建国初毛泽东与刘少奇之间的分歧探析》，《党史研究与教学》2004 年第 3 期。

的结果进行了分析。研究表明，三次争论的焦点不是针对农业合作化运动是否进行的问题，而是针对农业合作化具体实践过程中的开展时间、发展条件、规模和速度等问题，而争论的最终结果则是农业合作化进程的不断加快和"左"倾错误思想初见端倪。跳出"具体实践过程中出现分歧"的视角，常利兵通过讨论新中国成立之初由山西省委和长治地委试办农业生产合作社问题所引发的一系列争论的历史生成过程及其时代性意涵，认为这是在地方与中央之间产生的一场有关土改后农村发展方向的"问题与主义"之争。① 辛逸、高洁则试图呈现新民主主义在山西落实的另一种面相，以加深对新民主主义社会乃至新中国初期社会性质的理解，新民主主义与社会主义之间有相互兼容，而更多的应该是此消彼长的关系。②

实际上，中央对农业合作化一再加快的步伐并非没有警觉，且做出了相应的调整与整顿，也进行了一系列的"反冒进"工作。1953 年的大整顿得到了学界的充分肯定，认为有益于互助合作运动的健康发展；③对于 1955 年大整顿，学界则对浙江"砍社"事件论述较多，指出根据党中央和毛泽东有关指示，由中央农村工作部着手整顿，虽然整顿中出现一些偏差，但总的来说成效显著。④ 叶扬兵指出，尽管党中央批判"坚决收缩"，却提出须注重质量和进行整顿问题，一些省份亦据此进行过整顿和控制，只不过是短暂的和有限的，此是合作化运动高潮前的插曲。⑤ 农业合作化运动的主旋律虽非调整与整顿，但就像社会变革波浪式前进的规律一般，冒进与整顿交替进行是事物矛盾的曲折性和前进性的统一。

在中国农业发展道路的嬗变中，农业合作化运动和家庭联产承包责任

---

① 参见常利兵《问题与主义——山西试办农业生产合作社的历史实践及思想意涵》，《开放时代》2017 年第 6 期。
② 参见辛逸、高洁《山西省委农村新民主主义政策及其实践初探》，《党史研究与教学》2019 年第 2 期。
③ 参见赵增延《对农业合作化运动中第一次反冒进的再认识》，《中共党史研究》1996 年第 2 期。
④ 参见高化民《对 1955 年"砍"20 万合作社的一管之见》，《党的文献》2002 年第 1 期；沈慧《对 1955 年浙江"砍社"风波的历史考察》，《浙江社会科学》2003 年第 4 期。
⑤ 叶扬兵：《农业合作化高潮前短暂的整顿和有限的控制》，《中共党史研究》2006 年第 4 期。

制为两次跨越性的飞跃,不少研究者把两者联系起来进行比较与分析。毫无疑问,二者所处的历史时期、被赋予的历史任务、改革的前提与基础是完全不同的,但研究者在研究差异性的同时,也看到了其中的相关性,一致的观点是家庭联产承包责任制是对农业合作化积极成果的继承和发展。①这些文章从历史定位、生产经营方式、内在经济逻辑等角度,多方位阐述了合作化思想和实践在家庭联产承包责任制中的延续性。

4. 农业合作化运动进程加速的原因

1955 年下半年之后,农业合作化运动以非正常的高速运行。对此中的原因,学界目前的观点为,多因素的相互作用。② 具体来说,包含苏联农业社会主义改造理论及其实践对中国的影响、中国工业化的发展战略的需要、农民自身对于农业合作化的配合。

在多种因素中,研究者的侧重点又有所不同。刘德萍、谢毅等人认为经济因素是农业合作化运动快速发展的主要原因,解决粮食危机、满足工业化要求、建立农业集体经济等经济考量,不断推动党中央加快农业合作化运动的进程;③ 高化民把重点放在指导思想上,认为 1953 年底关于“小脚女人”的批判,使得“从小农经济的生产现状出发”这一正确指导思想不再被提及,进而导致农业合作化运动速度一再加快;④ 叶扬兵看到农民在过高预期下纷纷加入合作社及对美好远景的憧憬,是农业合作化高潮形成的一个重要原因。⑤

① 参见李淮成《试论农业合作化与联产承包制》,《南京师大学报》1990 年第 1 期;郑延泽、孟彩云《论农业合作化与家庭联产承包责任制》,《河南大学学报》1991 年第 3 期;李剑波、杨宪平《农业合作化和家庭联产承包责任制的历史联系新论》,《党史研究与教学》1994 年第 5 期;高化民《农业合作化与家庭联产承包为主的责任制》,《当代中国史研究》1996 年第 2 期。

② 参见顾晓静《1955 年夏季以后农业合作化步伐加快原因初探》,《党史研究与教学》1996 年第 4 期;陈国清《农业社会主义改造后期急躁冒进原因探析》,《武汉大学学报》2005 年第 6 期。

③ 参见张树新、费迅《加速农业合作化进程的原因之探讨》,《理论月刊》2005 年第 10 期;刘德萍《论毛泽东加快农业合作化进程的经济原因》,《河南大学学报》2009 年第 5 期;谢毅《1955 年下半年农业合作化运动为什么加快进行?》,《高校理论战线》2000 年第 10 期。

④ 高化民:《关于合作化运动步伐加快原因的历史考察》,《中共党史研究》1997 年第 4 期。

⑤ 叶扬兵:《美好的远景和过高的预期——农业合作化高潮形成的原因之一》,《当代中国史研究》2006 年第 1 期。

5. 农业合作化中农民典型的塑造

新中国成立初期，在农业领域涌现出了一批劳动模范，如李顺达、耿长锁、王国藩等，他们是农业合作化运动中的领军者，廉洁奉公、艰苦奋斗，成为农民中先进典型的品质。在研究中，多数研究者看到了国家机制与农民典型塑造之间的关联，如张明师认为第一代英模形象不仅彰显新中国对"劳动价值"和爱国主义的肯定，而且在新中国的国家建构过程中还具有了泛政治化的效果，成为国家意识形态的一个重要的符号象征。[1] 张莉莉以"穷棒子头"王国藩为例，认为在新中国成立初期树立劳动模范是一种动员和整合，农业劳动模范承担着国家整合农民的责任，是实现国家政治社会化、增强其政治合法性，将农民社会纳入政治一体化体系的中坚力量。[2]

"国家的命运决定着劳模的命运"，行龙叙述了李顺达、陈永贵等典型在中国革命和生产建设中的生活史实，展现了个体、村庄与国家之间关系的生成过程，认为模范引领是山西农业集体化的一根红线，我们需用历史的眼光审慎地看待。[3] 赵佳宇以1949～1956年湖南省妇女劳模群体为研究对象，认为妇女劳模群体的产生和壮大与当时国家的方针、政策密不可分。[4] 樊孝东关注了耿长锁及其农业生产合作社能成为农业合作化标志性人物和示范性村庄的原因：一方面是以耿长锁为代表的乡村精英人物的努力，另一方面也是合作社本身的发展契合了国家的政策需要和农民理想。[5]

值得一提的是，在农业合作化运动中，劳动模范大多在村中担任干部，这一时期干部作为基层制度推行和组织生活实践的桥梁，兼具"劳动管理者"和"劳动者"的双重身份。合作化中集体劳动和组织生产，则在

---

[1] 参见张明师《新制度下的新模范：1950年英模群体的特征及其时代意义》，《河南师范大学学报》2011年第1期。
[2] 参见张莉莉《劳动模范：国家动员下的农民典型塑造——以"穷棒子头"王国藩为例》，硕士学位论文，华中师范大学，2012。
[3] 参见行龙《在村庄与国家之间——劳动模范李顺达的个人生活史》，《山西大学学报》2007年第3期；行龙《模范引领：山西农业集体化的一根"红线"》，行龙主编《社会史研究》第11辑，社会科学文献出版社，2021。
[4] 参见赵佳宇《湖南省妇女劳模群体研究（1949～1956）》，硕士学位论文，湖南师范大学，2019。
[5] 参见樊孝东《耿长锁农业生产合作社研究（1944～1958）》，博士学位论文，河北大学，2020。

改造农民并形塑乡村干部的同时，也成为党建构国家意志和重构乡村秩序的重要机制，[①] 而阶级话语虽然建构着党和国家的权威及社会规范，但是在某种程度上也受到村民日常生活逻辑的消解，农民在接受国家改造的同时也体现出一定的自我主体性。[②]

6. 农业合作化运动中党的政策对农村各阶层及民众心理状态的影响

土地改革之后，广大农民得到了土地，农村经济得到一定恢复与发展，农村中出现一定范围的两极分化。基于此，中国共产党制定并执行了"依靠贫农（包括土地改革后变为新中农的老贫农），巩固与中农联合，逐步发展互助合作，逐步由限制富农剥削到最后消灭富农剥削"的政策。[③] 研究者首先对制定此政策的依据进行了研讨，邵建光认为正是由于对农民自发势力认识不够完整，因而在两极分化问题上判断不准确，政策本身与合作化的阶级基础存在实证矛盾；[④] 邢乐勤亦看到在土改后农村社会阶层分化中，由于错误分析和判断，在农业合作化运动和政策方面出现诸多失误。[⑤]

在研究者看来，党的政策对于各阶层内部的影响各不相同。党对贫农、富农的判断标准比较明确和稳定，贫农作为"我党在乡村实现社会主义改造的政治支柱"[⑥] 被认为是农业合作化运动的坚定拥护者，农业合作化过程中出现"以党员为中坚力量的农村基层干部的阶级成分的普遍下降"，[⑦] 与之相伴而来的，自然是富农党员在农村中政治地位的下移，说明党对富农由"保护"转为"限制"甚至"消灭"的政策已逐步产生实效。

---

① 参见陈霞《制度与生活：集体化时期乡村干部的劳动形象——以山西平遥道备村为例》，《党史研究与教学》2019 年第 2 期。

② 参见马维强《阶级话语与日常生活：集体化时代干群身份及其关系的历史建构——以山西平遥双口村为例》，《中国农业大学学报》2018 年第 1 期；马维强《政治规制与革命伦理教化：集体化时代的乡村私人生活——以山西平遥双口村为考察中心》，《安徽史学》2018 年第 6 期。

③ 《农业集体化重要文件汇编（1949~1957）》上册，第 206 页。

④ 邵建光：《农业合作化运动中阶级关系若干问题的再思考》，《党史研究与教学》2006 年第 6 期。

⑤ 邢乐勤：《论土改后中国农村社会阶层的分化》，《浙江学刊》2003 年第 3 期。

⑥ 《农业集体化重要文件汇编（1949~1957）》上册，第 304 页。

⑦ 赵胜：《农业合作化时期农村党员阶级成分的下降及其影响》，《安徽史学》2014 年第 6 期。

在李飞龙的调查中，富农甚至与敌对阶级画等号，即便允许他们参与到合作化中，也其依然生活在农村中的最底层；① 苏少之则分析了新富农是"中农化"无法避免的产物。② 介于贫农、富农两者之间的中农则变动较大，出于对两极分化的担忧及扩大合作化的阶级基础的考量，国家依据农民经济状况，在中农内部再次分级，中农这个整体被分为四个阶层，其中新老下中农与贫农一起被称作"贫下中农"，是农业合作化可以依靠的对象，而新老上中农则从一般中农中分离出来并被视为可团结教育的对象。③

农业合作化运动快速完成与农民自身配合是分不开的。在农民积极入社行为的背后又是怎样的心理状况，或者说是怎样的心态促使着农民积极入社的呢？这是研究者把目光转向"农民"这个主体时思考的一大问题。由于个体自身及经济情况的差异性，即使是同一个体亦存在多种诱因促使其行为发生，农民心态的复杂性不言而喻。李立志看到了在土地改革中农民发生的社会心理变迁对农业合作化运动的积极推动作用；④ 易棉阳、罗拥华从行为经济学视角，分析农民积极入社行为背后是崇拜心理、憧憬心理和从众心理综合作用下的有限理性行为；⑤ 姚广利认为农民心态的复杂性表现在"除少数衷心拥护外，更多的是功利性参与、观望和反对"，至于为何演变为最后的偏激行为，则是"崇尚权威、群体从众的社会心理与不断强化的政治压力相作用的结果"。⑥ 总的来说，以上研究都是把农民看作一个整体，其积极入社行为是"政策与环境双重作用的结果"，隐藏在行为背后的心态实际上是极其复杂的。⑦ 如果不把农民当作一个整体，对

---

① 李飞龙：《合作化时期的农民经济（1954～1956）——基于各阶层社会心理和行为选择的分析》，《贵州社会科学》2018 年第 10 期。
② 苏少之：《新中国土地改革后新富农产生的规模与分布研究》，《当代中国史研究》2007 年第 1 期。
③ 参见邵建光《农业合作化运动中阶级关系若干问题的再思考》，《党史研究与教学》2006 年第 6 期；李飞龙《合作化时期的农民经济（1954～1956）——基于各阶层社会心理和行为选择的分析》，《贵州社会科学》2018 年第 10 期。
④ 李立志：《土地改革与农民社会心理变迁》，《中共党史研究》2002 年第 4 期。
⑤ 易棉阳、罗拥华：《农业合作化运动中的农民行为：基于行为经济学的研究视角》，《中国经济史研究》2016 年第 6 期。
⑥ 姚广利：《农业合作化运动中农民的社会心理变迁及启示》，《社会主义研究》2016 年第 2 期。
⑦ 李巧宁：《农业合作社与农民心态》，《浙江学刊》2005 年第 1 期。

于农民来说，自身所处阶层的不同对于合作化的态度亦有差别。张晓玲等人根据阶层的实际情况，指出贫下中农大部分是持支持合作化的积极心态的，而有一定经济实力的上中农、富农则对此有所怀疑或不满。① 简言之，农民积极加入农业合作社这个行为深层的心理诱因是多层次的，正是其具有的多重性和复杂性，为后来农业合作社出现的农民退社风波埋下了伏笔。

7. 农业合作化过程中合作社的经济效益及分配

农业合作化过程中合作社的经济效益及分配，既是农民参与合作社的动因，又是农民评价合作社的标准，与农民自身利益密切相关，学界对此展开了研究与讨论。

其中，有研究者认为农业合作社取得了较好的经济效益，总的来说增加了农民的收入。如高化民指出，从总体看，农业合作化发挥了集体的优越性，农作物产量是逐年增长的；② 黄英伟、张晋华基于《农业生产合作社典型调查》的研究认为，在高级社中农民的收入是增加的，并在具体分配中，新下中农成分的农户增收比例最高。③ 然有研究者不认同以上观点。如李安增、陈招顺认为合作社隔断了劳动者与生产资料及最终劳动成果之间的联系，从而认为其影响农民生产积极性。④

在以上两种观点之外，有研究者对于合作社的经济效益采取了分段式剖析。如武力认为，1949 年 10 月到 1953 年 10 月处于试办阶段的合作社的经济效益是良好的，不管农作物产量还是社员总收入都普遍高于互助组、单干户；到 1953 年底至 1955 年春，由于合作社数量增长过快，1955 年合作社生产和社员平均收入较 1954 年有明显下降；而 1956 年，即全国基本实现农业合作化的第一年，合作社人均产值和效益及社员收入都出现大幅度下降。⑤

---

① 参见张晓玲《新中农在农业合作化运动中的心态探析（1952~1956）》，《历史教学》（下半月刊）2010 年第 4 期；常明明《农业合作化进程中农民心态与行为研究——以鄂、湘、赣三省为中心》，《中国农史》2018 年第 1 期。
② 高化民：《农业合作化的成功经验》，《当代中国史研究》1995 年第 4 期。
③ 黄英伟、张晋华：《高级社增加了农户收入吗？——基于〈农业生产合作社典型调查〉的研究》，《开发研究》2017 年第 1 期。
④ 李安增、陈招顺：《对农业社会主义改造的再评价》，《经济评论》1998 年第 6 期。
⑤ 武力：《农业合作化过程中合作社经济效益剖析》，《中国经济史研究》1992 年第 4 期。

在经济效益良好、经济效益不善、经济效益由高到低这三种观点的背后，其实存在着能否将1952~1957年农作物产量的增长看作农业合作化经济效益之体现的讨论，因二者是同期发生的，故在研究时，常会下意识地将两者联系在一起，究竟两者之间关系如何、存在何种联系还有待研究者继续探索。

8. 农业技术的改进与变革

近年来，农业技术问题逐渐走入研究者视野。常利兵通过考察分析农业集体化的阶段性特征及影响，揭示"组织起来"与提高技术作为实现集体化的宏观机制，不仅使中国的显性革命得以持续展开，而且为1949年后农村社会主义化提供了重要的制度性基础。[①] 苏泽龙则重点关注农业技术与乡村社会的变迁，认为互助合作与推广技术相结合是土改后改造传统农业的有效途径，促进了农业生产的发展和农村社会的变革，并且随着研究进一步深入，"技术"等概念所具有的学术价值将进一步凸显，"技术"变量及变革不仅关系到农村社会的变化与变革，而且更重要的是从另一个侧面反映了国家政治向农村延伸的具体实践路径及过程。[②] 伍玉振以1949年至1957年的济南郊区为个案，认为这一时期技术变革虽没有实现重大突破，但由于推广能力的增强，技术应用的普及率提高了，从而带动了农业产量的增加。与传统社会相比，新中国成立初期，农业技术变革中最大的变化就是国家力量的积极参与。[③]

由此可见，提高技术，或者说技术进步，确实对合作化时期农村经济、农民生活、农业制度产生了一定影响，但技术进步是一个动态且复杂的过程。李伯重指出技术进步有双重特性，只有当它被改进到相当完善的程度时，才会被广泛应用于生产，而只有当它被广泛应用于生产时，才会

---

① 参见常利兵《组织起来与提高技术——新中国农业集体化的宏观机制及在地化实践》，《上海大学学报》2019年第4期。
② 参见苏泽龙《新中国成立初期的农业技术与山西乡村社会——兼论区域社会史研究的路径问题》，《河北学刊》2018年第1期；《新中国成立初期传统农业改造研究》，《当代中国史研究》2020年第4期。
③ 参见伍玉振《制度、技术与农家经济生活变迁——以1949年至1957年的济南郊区为个案》，博士学位论文，山东大学，2014。

对经济产生重要影响,① 所以,技术改进应是一个长期的过程,而在对合作化农业技术问题的考量中,我们有必要对合作化后续时段进行观察,并将其与其他社会经济活动相互印证。

9. 区域农业合作化

20 世纪 90 年代以来区域调查与微观分析成为学界一种新趋势,成果相当丰富。具体言之,有的以省为探讨区域,有的以市县村为分析目标,有的则不限定省或市县而以某一地域为论述对象,这些成果考察了各区域地理、人口、土地、农具、牲畜等生产条件与生产资料,并阐述了当地合作化运动兴起原因、不同阶段特点、合作组织管理、农业产量和分配方式等,在肯定成绩之后也指出工作中存在的失误和不足。值得注意的是,研究者在近十年除对各地运动过程进行论述外,亦对作为其主体的农民的生活变迁和载体的乡村的社会变化表现出极大关注度。

研究者关注焦点之所以发生转移,原因有二。一是近年来关于当代中国史研究的理论与方法不断推陈出新。如有人提出“走向田野与社会”②的实践理念,“强调要书写一部从田野出发,利用农民自己形成的文献资料,用他们的感受、体验和经历来讲述的历史”;③ 有人强调口述历史对于当代中国史或国史研究的重要性。④ 二是对当代农村基层档案资料的进一步挖掘,整理引发了一场资料革命,在掌握一手资料的基础上洞察历史真相、走向历史现场的呼声日益强劲,然“由于国家层面及省级层面档案馆开放程度极为有限,导致高层、中层方面的档案获取不易,因而国内大量党史国史学者开始转入地域史方面的研究、思考和讨论中”,⑤ 故以基层档案为抓手,从“自下而上”的社会史视角关注普通民众已成为一种可取的研究路径。⑥

---

① 参见李伯重《历史上的经济革命与经济史的研究方法》,《中国社会科学》2001 年第 6 期。
② 参见行龙《集体化时代农村研究的思考与实践》,《湖北大学学报》2019 年第 6 期。
③ 参见张思《田野历史学与国史研究》,《当代中国史研究》2016 年第 3 期。
④ 参见姚力《论述口述历史对中国当地社会史研究的启示》,《当代中国史研究》2012 年第 7 期;左玉河《口述历史与国史研究》,《当代中国史研究》2016 年第 3 期。
⑤ 参见黄文治《地域史视野下党史国史研究及其三重取向》,《苏区研究》2022 年第 1 期。
⑥ 参见行龙《集体化时代农村研究的思考与实践》,《湖北大学学报》2019 年第 6 期。

　　研究者对于区域的探索，其目的是通过局部窥视整体或折射整体的某一现象和规律，而不是仅仅把区域当作独立的个体。如关于农业合作化期间农村女性生活变化的研究，涉及了政治动员、劳动力利用、妇女解放等多个问题，认为自晚清以来，中国女性作为被解放的对象一直备受关注，而共和国初期，可以说是妇女史上一个重要历史时期——为解决农业合作化运动中劳动力的匮乏问题，广大妇女被发动起来，她们走出家门、投入生产、参加农田劳动这种行为，被与妇女解放联系在一起。在针对女性劳动状况的研究中，目前主要讨论的问题是劳动是否真正解放了妇女，是否解决了由性别所带来的不平等。研究者一方面看到劳动中工分制的实施与妇女地位提高之间的关系，[①] 另一方面又发现“同工不同酬”现象并非个例，甚至呈现出多样性特点。[②] 如陕西关中地区的种棉花劳动，男性逐渐退出棉田管理而由女性接管，棉花作务的工分也随之下降，因为此时已不存在男女“同工”，自然不需要“同酬”；[③] 湘北塘村则与陕西关中地区又有所差异，在田间生产中男女所从事农活的不同，致使“不同工”自然“不同酬”。[④] 此外，由于女性本身体质与男性的差异，以及农业生产劳动和家务劳动的双重负担，[⑤] 片面强调绝对平等下的“同工”亦给女性带来身体上的伤害。[⑥] 总之，郭于华从陕北骥村女性记忆中，看到人的集体化与心灵的集体化相互建构的过程，“妇女解放”在现实社会中也许是一种“幻想”；[⑦]

---

① 黄英伟等：《集体化末期农户劳动力投入的性别差异——一个村庄（北台子）的研究》，《中国经济史研究》2010 年第 2 期。

② 李金铮、刘洁：《劳力·平等·性别：集体化时期太行山区的男女“同工同酬”》，《中共党史研究》2012 年第 7 期。

③ 高小贤：《“银花赛”20 世纪 50 年代农村妇女的性别分工》，《社会学研究》2005 年第 4 期。

④ 李斌：《农村性别分工的嬗变——合作化时期的湘北塘村考察》，《华东师范大学学报》2013 年第 3 期。

⑤ 参见高小贤《“银花赛”20 世纪 50 年代农村妇女的性别分工》，《社会学研究》2005 年第 4 期；郭于华《心灵的集体化：陕北骥村农业合作化的女性记忆》，《中国社会科学》2003 年第 4 期；李金铮、刘洁《劳力·平等·性别：集体化时期太行山区的男女“同工同酬”》，《中共党史研究》2012 年第 7 期。

⑥ 光梅红：《20 世纪 50 年代“劳动光荣”话语的建构与中国妇女解放》，《妇女研究论丛》2014 年第 2 期。

⑦ 郭于华：《心灵的集体化：陕北骥村农业合作化的女性记忆》，《中国社会科学》2003 年第 4 期。

李斌认为因传统观念桎梏和家庭结构约束而出现的妇女解放诉求，并不等于妇女解放在现实社会中需要同步实现。① 更为重要的是，研究者看到即使经济快速发展的今天，男女工作中的劳动强度差异虽日益缩小，但"同工不同酬"现象仍存在，并且这种情形不仅仅出现在中国，实现男女"同工同酬"的目标任重道远。②

三 研究内容与方法

（一）研究内容

本书主要针对 1940 年至 1956 年山西省兴县农村农业互助、合作运动进行系统研究，考察在中国共产党领导下兴县开展农业互助合作运动的历史进程，总结历史经验及教训。除绪论和结语外，主体内容共分五章。

第一章和第二章梳理了兴县农业互助合作运动的发展历程，认为新中国成立初期兴县农业合作化运动的发展是与晋绥边区农业互助合作运动的发展一脉相承的。第一章介绍了抗日根据地和解放区③兴县农业互助合作运动的初步发展，第二章考察了新中国成立初期兴县农业互助合作运动由"量变"到"质变"的发展过程，即由社会主义萌芽性质的互助组发展为半社会主义性质的初级农业合作社，最终组织成社会主义性质的高级农业合作社。

第三章讲述了兴县农业合作化时期生产责任制的演进。随着农业互助合作组织形式的复杂化、高级化，生产方式也发生了改变，如互助组阶段从临时喊工到统一排工，初级社阶段从临时包工到常年包工，高级社阶段从"三定"包工到劳动定额管理，农田劳动生产也随之更有计划性。

第四章讨论了兴县农业合作化时期收益分配制度的变革。收获物的分配切实关系到农民一年的收入以及一家人的生活水平，也是他们参与互助

---

① 李斌：《农村性别分工的嬗变——合作化时期的湘北塘村考察》，《华东师范大学学报》2013 年第 3 期。
② 李金铮、刘洁：《劳力·平等·性别：集体化时期太行山区的男女"同工同酬"》，《中共党史研究》2012 年第 7 期。
③ 本书中"解放区"指解放战争时期中国共产党领导的地区。

合作组织的主要动力。因此，在工分制中，一个合理的评工记分方式至关重要，它是公平等价交换的关键。

　　第五章则针对农业互助合作运动与农村社会经济变迁展开论述，农业互助合作运动在中国农村发展历程中是极为重要的一部分，通过这场运动，农村经济发生深刻的变革，农村社会也在发展中变迁。本章对农村家庭经营方式变迁、妇女分工社会化转型进行了具体考察，关注农民在历史变迁中所展现出的张力。

（二）研究方法

　　本书将经济史和区域史研究相结合，力图在宏观上勾勒出农业互助合作运动发展主线的基础上，深入兴县互助合作组织内部，考察经济变革中的具体举措和实际成效，并总结运动的历史教训及现实启示。首先，立足于历史学科基本研究方法即文献研究法，始终以史料为依据，注重史料发展变化中的细节，从历史细节中探幽发微。由于档案馆所藏文件和地方上报的报告、总结等无疑会存在一些偏颇，笔者在利用文献资料时，将"类而辑之，比而察之"，比较鉴别后采纳最为贴近历史的论据。其次，在此基础上，借鉴人类学和社会学田野调查的研究方法，应用经济学、统计学学科的理论，运用心态史学对农民在运动中的一般言行和朴素情感取向以及一系列经济变革对其心理造成的影响进行分析，以求对历史做出合理可信的解释，得出更符合历史实际的结论。

四　运用的资料

　　任何一项历史研究，史料的掌握是第一位的，这是提炼观点，也是凸显真实历史的必要条件。本书对于资料的择取，主要分为以下两类。

（一）档案

　　以完整有序的第一手的档案资料作为研究基础，为课题研究提供可靠依据的同时，也有助于保持本书所力求的客观公正。在选题过程中，笔者除思考选题的意义和价值外，还在考虑资料的选取和获得，因此在收集资料时，反映乡村社会经济变迁的一手资料，即地方档案，成为笔者重点收集的资料。因研究区域是兴县一个县域，所以笔者集中于在兴县档案馆搜集资料，经过数月的查阅，基本收集完整与互助合作运动相关档案资料。

具体来说，兴县地方档案相对丰富，有关 1949~1956 年农业互助合作运动，就档案或文件颁发部门来说，大致有以下几类：（1）兴县人民政府颁发，主要内容是兴县本地域发展规划或主要工作总结；（2）兴县人民委员会农林局颁发，有兴县各年春耕、夏季生产总结报告，以及作物播种面积统计表等；（3）中共兴县县委农工部颁发，包括扩建社、整顿社总结报告，互助组、初级社、高级社情况统计表，农业社秋收分配方案；等等。

（二）口述资料

文献资料对历史记录是有限定的，仅依靠文献资料，通常不能显示问题的全貌。因此，为了补充文献资料的不足，深入了解农民的生活现实，笔者于 2017 年 7 月至 8 月对兴县 14 村进行了田野调查和采访口述。

此次走访，首先在选取口述对象问题上，充分考虑到农业合作化运动发生时间距今并不遥远，农村经历过合作化运动的老人不少依然健在，所以，所采访对象大多是 85 岁以上老人。并考虑采访对象的涉及面，对不同层次的老人进行了采访，同时为进一步保证客观性，会采取群体性口述或与被采访人私下交流的方式。

其次，口述内容尽可能做到详细、全面和客观，所以在设置问题上，对事件的前因后果、来龙去脉进行了详尽调查。具体在兴县走访过程中，因采访对象基本说本地方言，所说部分内容还需向导进行转述，所以在做好笔录的同时，有不懂的地方随时提问，注意问题的细节。

最后，多方印证资料的可信度，在对口述资料整理的过程中，去伪存真，与文献资料相互比对，核实资料的准确性。如果资料无法进行互证，或者没有文献资料支撑，则进行多方采访以获得更多的信息。

第一章 兴县农业互助合作运动的
进路（1940~1949）

晋西事变后，中共中央与阎锡山达成停止武装冲突、划定驻防区的协议，晋西南党的工作转入地下，晋西北和大青山成为中国共产党领导的抗日根据地，兴县建立了边区统一的中国共产党的领导机关、抗日民主政权和军事领导机关，以及统一的群众团体领导机关。由此，这个坐落于山西省西北部、吕梁市北端的小山区——兴县，成了中央晋绥分局、晋绥边区政府、晋绥军区司令部所在地，成为中国共产党局部执政和推行农村社会经济改革政策的核心区域。

第一节　农村旧有的各种劳动互助形式

1943 年 11 月，毛泽东在《组织起来》讲话中号召各抗日根据地广泛开展互助合作运动，晋绥、晋察冀等抗日根据地积极响应号召，组织发展互助合作运动，兴县亦然。兴县在 1943 年的生产运动中，充分利用了民间劳动互助的各种形式，组织广大农民群众大力发展生产。我们首先对这些民间劳动互助形式的原来状态做一考察。

一　变工

农户进行农业生产时，因每户之间土地、劳动力、牲畜等情况不同，或者说，在农田劳动中，多数农户或是缺乏劳力，或是缺少耕畜，无法独立进行生产，因此，就把人力、畜力、农具甚至土地进行调剂，在这种相互之间的帮助或交换中，以达到"不违农时"的目的。在兴县农村中，通常把这种互助形式叫作变工，在兴县有的乡也叫作搭工，或者是换工、插工，实际上其本质的含义都是一样的。这种旧有的劳动互助形式，在兴县农村比较普遍、流行，而其中又可分为若干不同的种类，下面列出较为常见的几种。

（一）人工的变工

"人工"指劳动力，"人工的变工"则是指农户与农户之间，关于劳动力的相互调剂与帮助。

在各类变工形式中，人工之间的变工是最简单、最基础的组织形式，通常是2~3家农户或2~3个劳动力的变工。一般情况下，农户以家庭为单位进行农业生产，从事农业劳动也仅在自己的土地上，但在农忙时，几家农户会合作起来，集中现有劳动力，共同劳动。① 主要有以下几种原因促使人工之间变工的产生。

第一，在繁多的农业劳动中，有的劳动可以由1~2个劳动力单独完成，有的劳动则最少需要2~3个劳动力，甚至更多，才能进行。例如，播种麦子、糜子时，得有1人耕地，1人播种、施肥，1人做辅助劳动等，一般情况下需要3~5人。又例如秋季农作物收割、打场的时候，也需要多个劳动力共同完成。因此，劳动力少的农户，在遇到须与人协作劳动的时候，就会选择进行变工。②

第二，产生变工的另一个原因是技术上的互助。农业生产劳动的从事或进行，并不如看起来那么简单，其中也有一定的技术含量，而且技术的高低与农作物的产量息息相关，例如，如何均匀地撒种，如何使用较复杂的农具，类似"耧"等。所以，技术欠缺、不足的农民，在遇到棘手的技术难题时，会请技术较高的农民帮助1~2天，随后再通过做一些别的劳动进行"还工"。③

① 晋绥边区行政公署：《晋绥边区的劳动互助》，山西省档案馆藏，档案号：A90-5-6-1。
② 晋绥边区行政公署：《晋绥边区的劳动互助》，山西省档案馆藏，档案号：A90-5-6-1。
③ 晋绥边区行政公署：《晋绥边区的劳动互助》，山西省档案馆藏，档案号：A90-5-6-1。

第三，人工之间的变工，主要是基于生产的绝对必需，目的是抓紧时间进行锄草、收麦、播种等"不违农时"的农活，在较短的时间内完成必要、急需的农业劳动。①

总之，不论出于哪种考虑或原因，人工变人工的组织形式，使得农户的基本生产不致中断，这对于个体家庭经营的双方来说，都是有利的。但变工中，2~3户所提高的集体劳动效率并不显著，在结束农忙之后，大多数人仍旧回到各自的土地上进行劳动。因此在兴县地区，以往在锄草、收麦等需要迅速推行的农业劳动上，反而不能通过变工来完成。

（二）人工变畜工

人工变畜工针对的是缺乏耕畜的农户，这些农户想要使用耕畜，除向有耕畜的农户租用或者雇佣外，还有一种方法就是借用，以后再通过做工来还工。具体变工的方式各有不同：耕畜所有者方面，有的仅借出牲畜，有的不仅借用给耕畜，还跟随1人帮助耕地等；饲料方面，有的由耕畜所有者提供，有的是借用耕畜的农户供给；数量方面，又有出借为单牛犋或双牛犋之分。②

单牛犋的变工，在兴县最为通行，通常1个牛工变2个人工，假如牛主随牛还借出1人，则人力方面还1个工，牛力还2个工，共3个工。另外，也有人工变驴工，1个驴工变1个人工，③ 自然这随着不同地区耕畜的缺乏程度，又有较高或较低的变工比例。

在兴县，缺牛的农户在种川地、平地、杂田的时候，总是要想方设法变几天牛工。让人不禁有疑问，农户虽然没有耕畜，但也可以用镢头等农具来种地，那为什么会产生人力与畜力之间的变工？究其原因，一方面，在缺牛的农户中，有的是因为土地地势复杂，无牛则无法耕种土地；有的地势不复杂，处于平地，但仅仅依靠人力劳动，挖起田来过于费力；还有的则是出于担心，怕延误了播种的好时机。而另一方面，在有牛的农户一方，种完一种庄稼之后，耕牛往往有几天空闲的时间，变牛工出去，不仅

---

① 晋绥边区行政公署：《晋绥边区的劳动互助》，山西省档案馆藏，档案号：A90-5-6-1。
② 晋绥边区行政公署：《晋绥边区的劳动互助》，山西省档案馆藏，档案号：A90-5-6-1。
③ 晋绥边区行政公署：《晋绥边区的劳动互助》，山西省档案馆藏，档案号：A90-5-6-1。

于自家无损，而且可以换进来几天人工。总的来说，人工变畜工这种变工形式，本质上是人力与畜力之间的互换，此外，如牛主随牛一并借出人力，此时的变工也包括了人力的互助在内，但这种形式的变工范围较窄，且是自发和短期的。

（三）伙喂牲口

耕畜，尽管是农民进行田间劳动的必要条件，但事实上，并不是每家农户都有能力购买，所以，几家农户会商量共同出钱购买耕畜，并且共同所有、喂养，耕作时候则各户轮流使用。这就是伙喂牲口，所喂牲口一般是牛或驴。①

从表面看，这种合作仅是农户之间关于畜力的变工，但在实际耕作过程中，大部分的伙喂牲口，涉及农户在劳动时间、劳力方面的协作。这种变工方式，一般实行于3~4家小农户，在兴县各乡都比较常见。

（四）合牛犋

合牛犋，也叫作伙格牛，或者格牛犋。两户各有一头耕畜，但因种种原因，所有的耕畜均不能单独耕地，于是双方就把两头耕畜合为一犋，轮流耕地，耕畜的所有者仍然是各户自己。参与合牛犋的农户，通常关系比较密切，如亲戚、朋友等，不然很难合作。②

合牛犋与伙喂牲口类似，是畜力之间的变工，其间也伴随着人力的配合，并且，由于在耕作过程中，几户是使用共同的耕畜，所以这种合作是较固定的，也能维持一段时间。两者的区别在于：合牛犋通常是2户之间的合作，伙喂牲口的参与户数可能会达到3~4户；参加耕作的牲畜数量，合牛犋一般是2头，伙喂牲口则是1头，不过从它构成农业劳动上必要的畜力这一点来说，这种分别又似乎是不必要的。

---

① 晋西北行署：《劳动互助材料》，山西省档案馆藏，档案号：A88-6-8-3；晋绥边区行政公署：《晋绥边区的劳动互助》，山西省档案馆藏，档案号：A90-5-6-1。
② 晋西北行署：《劳动互助材料》，山西省档案馆藏，档案号：A88-6-8-3；晋绥边区行政公署：《晋绥边区的劳动互助》，山西省档案馆藏，档案号：A90-5-6-1。

（五）伙种

在农村，所说的"安庄稼""朋伙种地"，皆是指伙种，此种形式具有变工的性质，特别是应该区别于租佃形式之一的伙种。

具体的伙种形式可以有多种：第一种是几户生产条件相差不多的农户，把人力、畜力、农具等集合起来，共同使用，一起耕作，打下粮食后按劳动力和投资分配；第二种又称"伙开荒"，因缺少耕地，亲友间一起开荒，合伙耕种，收获后按投资分配，一般在劳动力多但土地少的农户之间较常见；第三种是2~3户农民共同向地主租用土地，收获之后，去除地主应得部分，剩下部分按人工分配，在此种形式中，农户与地主是土地租佃关系，虽然农户不止一家，但可看作一个集体，农户之间是互相协作的关系，这在晋西北人口稀疏但土地较多的地域比较流行；最后一种，种植菜蔬、棉花、甜瓜等作物时，需要技术和生产资料的投资，几家农户集中劳动力，合作使用牲畜、农具等，分配时则"按股出按股分"。[1]

综上所述，民间旧有的变工本身包括了许多种复杂的形式，上述虽已经概括了它的几种主要形式，但绝非全部。在对于各种变工形式的比较中，可以看出：促成变工产生的，除了农户进行生产的便利的考虑以外，更重要的是其血缘亲属关系。正如陕甘宁边区农民"由于生产手段（如耕畜）的不能分割或者是过去共同劳动的习惯的存在，他们还有时在这点上或在那点上共同劳动"。[2] 所以从小农经济本身观察，一方面，各种变工是其自身的必然副产物；而另一方面，各种变工又有着非常古老的起源。

二 扎工

扎工，是指在农村中，将有出雇意愿的短工组织起来，集体外出受雇。扎工队员中，有部分不是单纯出雇，而是自己也耕种土地，与队里其他成员进行劳动互助。

---

[1] 晋绥边区行政公署：《晋绥边区的劳动互助》，山西省档案馆藏，档案号：A90-5-6-1。
[2] 《陕甘宁边区农村旧有的各种劳动互助形式》，史敬棠等编《中国农业合作化运动史料》，第12页。

扎工的流行区域大多是地广人稀、劳动力缺乏、雇短工比较困难的区域，扎工是单纯人力的集体劳动的组织。过去，进行扎工最多的时候是锄草期间，这叫作"锄工"。在锄完头次草与锄二次草之间，正值麦收季节，扎工也多兼割麦，就叫作"镰刀工"。在开荒运动中，出现了很多开荒种地的扎工，叫"镢头工"。扎工与一般的变工有所区别：首先参加人数上，扎工队的人数较多，少有 5~6 人，多可达 20 人；其次在记工方面，通常是 9~10 个人记 1 个工，5 个人记半个工，14 个人就可算作"工半"，即 1.5 个工。因为通行扎工的区域都是劳动力缺乏的区域，不容易迅速雇到大量短工，又因为扎工是集体劳动，有组织，有管理，劳动效率较高，所以雇主有时会宁愿多出空工钱，找扎工来做活。所谓"空工钱"，则是农民受雇时，够 1 个工就多算 1 个"空工"，比如虽是 9 个人或 10 个人做工，结算时要算 10 个人或 11 个人的工钱。①

扎工队通常有 1 名"功德主"（或叫"工主"），1 名"工头"，1 名"管账"。其中"功德主"多是庄稼较多、光景较好的农户（富农以上的农户），他们组织扎工主要是为了给自己做活"赶急"。一切扎工，组织好后都是先给功德主家做工，然后再给"朋工"（参加扎工的自己种有庄稼的农民）们做，再给外人做。工头不仅在劳动时扮演指挥者的角色，而且也充当着扎工队与功德主之间的桥梁。扎工对比变工来说，人多事杂，需要一个识字的工人来记账和算发工资，这叫作"管账"。②

扎工因为参与人数多，所以更能发挥单纯人力集体劳动的潜存力量，并且，在农忙时期，也能发挥调剂劳动力的作用。通过扎工，从外乡来的短工可以迅速找到活儿干，而本乡土地较少的农民，在锄完自己的地后，也可以发挥剩余劳动力去扎工，同时，对于那些劳动力缺乏、耕地多的农户，他们可以较容易地雇到工人，使得土地不至荒芜。此外，扎工本身有比较严密的组织，这都是扎工优于一般变工的地方。

从扎工的内部来说，空工本来是集体劳动所产生利益的一部分，但空工所得工钱，大多是由功德主、工头、管账分去，其中功德主占得大部分。此外，有的功德主还在工人中勾引聚赌或是出卖洋烟，诓骗工人的工

---

① 晋绥边区行政公署：《晋绥边区的劳动互助》，山西省档案馆藏，档案号：A90-5-6-1。
② 晋绥边区行政公署：《晋绥边区的劳动互助》，山西省档案馆藏，档案号：A90-5-6-1。

资，或是以高价出赁、出卖工具等方法剥削工人。[①] 由于以上种种，扎工的工人对待劳动，也是采取雇佣劳动的态度，不像变工那样因为每人都是给自己劳动，所以在劳动中特别尽心与认真。尤其是当主家提供的饭食不好时，工人常常故意怠工，所谓"掌柜的不给好吃的，砍了大的留小的（指锄草时留苗）""你哄我肚皮，我哄你地皮，地皮不长，怪你运气"一类话在扎工中就很流行。参加扎工的短工，人员较杂，什么地方的人也有，什么样脾气的人也有，所以常常发生争吵，甚至打架，以至于有时候会把扎工队吵闹至解散。在有的扎工队，工头会施行高压手段，对工人动辄打骂、罚跪等。有言"宁带一营兵，不带一个工"，由此可见组成一个扎工也不是件易事。

三 兑地

为了耕作便利，关系不错的农民之间相互调剂土地，即是"兑地"，分为"死兑"和"活兑"。"死兑"双方，除为了生产便利兑换土地外，也有一方为建房或修坟而兑地，出让的不仅是土地使用权，而且还包括土地所有权。一般兑地价格，也因土地用途不同而有所区别，如建房兑地，价格高低关键在于双方家庭的友好程度；修坟兑地的价格，则会高出实际价格几倍；以便利生产为目的，兑地双方代价则大体一致，假如面对土地数量不等，质量不同的情况，一家则会给另一家找补差价。所谓"活兑"，也是两家农户相互交换土地，不过这时交换的不是土地的所有权，而是土地的使用权：为使生产劳动更为便利，双方暂时交换土地耕作，但土地所有权仍归原主，两家农户可以随时交换或取消兑地，所以它是"活"的，活兑的双方若是土地数量不相等，质量不一致，通常也是由一方给另一方出一些"租子"。[②]

上述的"死兑"可以看作土地的相互买卖，"活兑"则可以看作土地的相互租佃。但是，若小农户之间采用（大多数是小农户之间所采用的），

---

① 晋绥边区行政公署：《晋绥边区的劳动互助》，山西省档案馆藏，档案号：A90-5-6-1。
② 晋绥边区行政公署：《晋绥边区的劳动互助》，山西省档案馆藏，档案号：A90-5-6-1。

其性质就可以看成土地的相互调剂，可以说，这是小自耕农民之间，在土地买卖和土地租佃的表面形式下所进行的土地调剂。无论是"死兑"还是"活兑"，兑地双方在耕作时，都节省了许多无谓浪费的劳动力和畜力，庄稼较之前可以及时看顾，土地也较能合理地使用，同时，这使得两家农民都有了和别人进行劳动互助的可能性（这一点还不是农民兑地时的主观出发点）。进一步说，兑地虽然属于土地调剂的性质，但它的主要目的还是节省与调剂劳动力，客观上使得集体劳动成为可能。

四 旧有的各种劳动互助形式的综合观察

统治兴县农业经济的是个体的小农经济，其特点是每家农户只有1~2个劳动力，所私有的农具都较为简单和原始，在狭小的土地（或是从地主租来的，或是他自己私有的）上进行各不相关的孤立的劳动。"这种分散的个体生产，就是封建统治的经济基础，而使农民自己陷于永远的穷苦。"[1] 在个体小农经济下，生产力落后，农民不可能也没有条件应用农业科学和使用新的技术，土地无法真正地得到合理使用，不能发挥集体的和社会的力量。

和小农经济个体劳动同时存在的，是各种各样的劳动互助。若把参加的农户都当作独立的小生产者，这些劳动互助则可以看作小农经济农民之间的生产合作的性质。那么，就以生产合作性质的角度来观察，兴县旧有的各种劳动互助，具有以下特点。第一，劳动互助组织的数量少、规模小，以及具有临时性、不固定性。第二，参与劳动互助的农户，通常都有血缘关系或是亲友关系，并且，互助合作形式愈是复杂、完备，这一特点就愈是重要、明显，严格来说，这些参加的农户是不能看作完全独立的小生产者的。第三，有的劳动互助中，存在不合理的关系，例如出雇的扎工受到功德主的剥削。总的来说，旧有的劳动互助之所以不能并且不可能发展起来，根本原因是小农经济以分散的个体劳动为其固有特点之一，虽然劳动互助的集体劳动比起分散的个体劳动代表着较高

---

[1] 《组织起来》（1943年11月29日），《毛泽东选集》第3卷，人民出版社，1991，第931页。

的生产力，但终究不能发展。

第二节　抗日根据地时期的互助合作运动

抗日战争全面爆发后，中国共产党领导的八路军挺进山西，先后开辟了晋绥、晋察冀、太行、太岳等抗日根据地，在战火纷飞的环境中，为了支援战争与自救，处于晋绥抗日根据地中心的兴县农民也积极组织起来，开展互助合作，在发展生产、解决困难的同时，也培养了一部分有互助合作经验的干部，为新中国成立以后大规模地开展互助合作运动奠定了基础。

一　兴县农业互助合作运动的兴起背景

全面抗战时期，兴县的农业互助合作运动之所以能热火朝天地开展起来，是有其历史条件和背景的。

（一）人力畜力的缺乏

劳动力与耕畜是传统农业生产中必不可少的两个要件。日军进入山西后，不断地侵扰进犯当地居民，烧杀抢掠，以致劳动力及牲畜都大幅度减少，尤其是在"三光"政策之后，根据地的农业生产一度几乎停滞。在1940年夏、秋、冬三季日军的"扫荡"中，晋绥边区16个县被日军残杀者达2826人，仅兴县一县，即被杀害1109人，占全县人口的14%。[①] 在兴县白家沟，由于日军的"扫荡"，先后被杀死、冻死者16人，被抢走耕畜35头，房子大部被烧毁，农具大部被破坏，半数以上的耕地得不到施肥和耕种，人民生活和生产遇到了很大的困难，农田产量

---

① 晋绥边区财政经济史编写组、山西省档案馆编《晋绥边区财政经济史资料选编》农业编，山西人民出版社，1986，第815页。

由战前的每亩 46 斤下降到每亩 24 斤。[1] 兴县四区田家会村 50 余户群众的房屋悉数被敌毁坏。[2] 据兴县大善村、小善村、横成村、赵家川口、黑峪口、桑娥村等 20 个村子的不完全统计，这 20 个村子被烧的窑洞有 692 眼，房子有 1064 间，被杀的老百姓有 143 人，另有 12 人被刺伤，粮食的损失在 357 大石 9 斗以上，柴草、衣物、家具也大都付之一炬。另外，在零散的材料中可知，城里 964 家的房子仅有很少的几家没有被烧，城东门外紫沟一带被杀的民众就有 170 多人，界河口民众被杀 5 人，6 人被敌人在窑洞中烧死，二十里铺 13 人被杀，阳会崖一个村被杀的就有 56 人。更有甚者，在魏家滩，日军冒充共产党军队召回逃出的老乡，进行机枪扫射。[3]

此外，为逃避兵役，不少青壮年农民选择在外躲起来，因此耽搁农业生产。仅兴县一地"躲归队"（指逃兵不愿再回部队）的人就有六七千人。[4] 在晋绥边区对晋西北 62 个村的调查中，1940 年的劳动力仅为 1937 年的 36.8%，1941 年的劳动力又是 1940 年的 82.2%，这种情况下，整个晋西北平均每个劳动力就需耕地 41 亩，在某些劳动力缺乏严重的县份，每个劳动力需要耕地达 74 亩，[5] 而正常情况下，一个劳动力平均可耕 10~15 亩地，由此可见劳动力的缺乏。

农村常见的牲畜有牛、驴、骡等，在 1940 年的三次"扫荡"中，晋绥 18 个县的牲畜损失就达 4127 头，兴县、岚县等损失严重的县份则占到总畜数的 19.4%。[6] 岚县北村原有 50 多头耕牛，抗日战争时期一次就被敌人抢走 26 头，这就导致该村 101 户农民 70% 没有耕牛使用。[7] 据晋西北兴县、岚县、河曲、方山、保德、岢岚、朔州 7 个县 40 个村的调查统计，抗战时期牲畜损失的具体情况如下（见表 1-1）。

---

① 《吕梁地区农业合作化史》（典型卷），第 2 页。
② 《兴县五二年至五四年三年建设计划》（1952 年 5 月 10 日），兴县档案馆藏，档案号：A7-1-34。
③ 《冬季反扫荡中的兴县》，《抗战日报》1941 年 1 月 29 日。
④ 《兴县今年的春耕运动》，《抗战日报》1944 年 8 月 31 日。
⑤ 《晋西北的土地问题》，《解放日报》1942 年 4 月 20 日。
⑥ 《晋绥边区财政经济史资料选编》农业编，第 815 页。
⑦ 《岚县新解放区的生产工作》，《抗战日报》1945 年 5 月 10 日。

表 1-1　晋西北七县四十村 1936~1940 年牲畜损失调查统计

单位：头，%

	1936 年	1937 年	1938 年	1939 年	1940 年	1940 年耕畜数占 1936 年比例
牛数	1207	1173	1032	884	745	61
驴数	1056	874	636	433	245	23
骡马数	139	93	52	30	20	14.4
合计	2402	2140	1720	1347	1010	42

资料来源：《晋绥边区财政经济史资料选编》农业编，第 684 页。

由表 1-1 可见，1940 年牛、驴、骡马总数只有 1936 年的 42%，分别来看，1940 年牛、驴、骡马数量只有 1936 年的 61%、23%、14.4%。因此，1936 年至 1940 年农户牲畜的数量总体呈下降趋势。1941 年至 1942年，牲畜虽有所增加，但总体来说还是偏少，无法满足农业生产需要。如1942 年兴县、保德、临县、临南四县平均每头牛负担土地 193 亩，但估算不能耕地的小牛及老牛占 1/4，每头耕牛则要负担土地 256 亩。[①] 1941 年晋西北耕地和畜力的对比如表 1-2 所示。

表 1-2　1941 年晋西北二十二县畜力与耕地对比

单位：头，亩

	畜力	耕地	荒地	每畜力平均耕地	每畜力平均荒地	每畜力平均耕地荒地合计
二十二县*平均	77071	9227505	1885025	168	25	193
兴临河保方偏六县	17156	4410070	678242	194	39.5	233.5

*1941 年 8 月，晋西北行署召开第三次行政会议，对党的机构做了调整，调整后，晋西北分为 6 个专署、2 个办事处、8 个地委、1 个直属县，共 36 个县。具体行政区划为：第二专署，辖河曲、保德、岢岚、五寨、偏关、朔县、神池，共计 7 个县；第三专署，辖静乐、岚县、阳曲，共计 3 个县；第四专署，辖临县、临南、方山、离石、离东，共计 5 个县；第五专署，辖平鲁、右玉、左云、山朔、大同、怀仁、右南，共计 7 个县；第六专署，辖宁武、静乐、崞县、崞山、忻县，共计 5 个县；第八专署，辖交城、文水、汾阳、交西、太原、清徐、榆太、祁北，共计 8 个县；直属县，兴县。"二十二县"应是只收集到上述 22 个县的资料。

资料来源：《晋绥边区财政经济史资料选编》农业编，第 67 页。

兴临河保方偏六县的耕畜每畜力平均耕地、荒地要比二十二县平均多

[①]　《晋绥边区财政经济史资料选编》农业编，第 69 页。

40.5 亩，是兴临河保方偏六县的耕畜身强体健，可以耕的更多吗？不是，这恰恰反映了这六县耕畜的严重缺乏。此外，上述数字只是平均所得，具体到各县各阶级，其对牲畜的占有情况又有所不同，据兴、临、保、方等八县十三村统计：占总户口 2.1% 的地主，占有 6.6% 的牲畜；占总户口 5.5% 的富农，占有 13.8% 的牲畜；占总户口 24% 的中农，占有 42% 的牲畜；而占总户口 68.4% 的贫农，仅占牲畜 31.5%。平均地主每户有牲畜 1.5 头，富农有 1.25 头，中农有 0.86 头，而占人口大部分的贫农，每四户才能勉强有 1 头牲畜。[1]

通过以上的分析，我们可以看出在兴县，劳动力及牲畜都处于匮乏的状态，农业生产也因此很难正常进行。自抗战全面爆发到 1940 年期间，晋西北地区农业方面，劳动力比全面抗战前减少 1/3，牛减少 6/10，驴骡减少十分之八九，羊减少 6/10，土地荒芜，耕地面积仅达全面抗战前的 84%，山地产量降低 1/3 以上，棉花总产量只有全面抗战前的 3%。[2] 1942 年，是敌人"扫荡""蚕食"晋西北最为残酷的时期，到 1942 年秋，晋西北根据地比 1940 年前半年缩小了 1/3，人口由 300 万减少到 100 万，耕地面积下降到全面抗战前的 84%，劳力减少 1/3，粮食产量下降 1/3。[3] 如此看来，战争的爆发，使得晋西北农民的生活愈加艰难，可以说是在风雨中飘摇，而如果此时，恰遇自然灾害，对于他们来说更是雪上加霜。

（二）自然生态及灾害影响

兴县处于晋西北高原，地势东北高、西南低，山河环抱，东有石楼山、黑茶山，南有紫金山，西有黄河，内有蔚汾河、岚漪河、南川口等河流贯穿全境，均是由东向西流，山高坡陡，水流湍急，有县川、西川、南川三条小川。[4] 全境为山区，丘陵起伏，山多川少，土地贫瘠，总面积 3100 余平方公里，耕地面积为 1310989 亩，[5] 除一区、二区、四区、五区

---

① 《晋绥边区财政经济史资料选编》农业编，第 68 页。
② 中共吕梁地委党史资料征集办公室编《晋绥根据地资料选编》第 1 集，吕梁地区印刷厂，1983，第 12~13 页。
③ 《山西农业合作化》，第 662 页。
④ 《兴县基本情况介绍资料》，兴县档案馆藏，档案号：A7-1-70。
⑤ 《兴县基本情况介绍资料》，兴县档案馆藏，档案号：A7-1-70。

仅有占地面积1%的水地及9%的旱地外，其余90%的土地均为山梁陡坡，[1]自然条件很不好，30度以下的坡地，约占山地面积的30%，其余70%大部分都是山坡陡沟，土地裸露，土质瘠薄。总的特点就是山贫、地薄、土瘦，这给当地农民耕作造成了极大的困难。

兴县本身不具备"地利"条件，若"天时"不好的话，则对于靠天吃饭的农民来说，更是"屋漏偏逢连夜雨"。兴县地区气候特征是冷热不均，各种灾害连年发生。首先，气候干燥，雨量不匀，最典型的灾害就是春旱秋涝。[2] 关于旱灾，"三年一小旱、五年还有一大旱、六年头上大大旱""十年一大旱，五年一小旱"等说法在当地群众中流传甚广，如追溯兴县历史，发现清宣统二年（1910）是大旱，1917年、1929年、1939年都是大旱，1947年和1951年也是大旱，其间三五年有局部地区的小旱，沿河（黄河）20里以内更有"十年九旱"之说，而且这里也是水、雹、虫等灾害最易发生的地区，虫旱灾均使粮食减产四成至八成。其次，冻灾多发生于一区、四区较冷地带，雹灾普及于全县境内，在农民中流传"雷打至霜降一百八十天"之说，由此可见受雹灾的影响范围之广、时间之长。以上这几种灾害，都是与兴县冷热不均的气候条件相关，而且，兴县气候复杂多变，如在一区、四区的山地中有较大片山林，气候较为湿润，有"天旱雨淋山"之说，这些可以说是兴县生态的真实写照。最后，在虫害中，有农田得黑穗病、散黑穗病，棉花、豆田则容易遭油旱（蚜虫）侵害，谷田中有谷虫和白发病，山药蛋（土豆）则受二十八星瓢虫侵害最多，另外还有瞎老、蝼蛄、兔鼠、狐狸、野猪等动物损害庄稼最为厉害，树木中则以步曲虫为主害。[3] 如此看来，即便没有外部力量的作用，这里的农民生活离温饱尚有一定距离。

如果说自然灾害是"天灾"，战争则可以说是"人祸"。在人力畜力

---

① 《兴县五二年至五四年三年建设计划》（1952年5月10日），兴县档案馆藏，档案号：A7-1-34。
② 《兴县基本情况介绍资料》，兴县档案馆藏，档案号：A7-1-70。
③ 《兴县山区七年生产初步计划方案（五二年至五八年）》，兴县档案馆藏，档案号：A7-1-34。

缺乏、农作物大面积减产的情况下，兴县很多农民缺衣缩少食，不少偏僻村庄群众衣衫褴褛、少铺无盖，平常人以稀饭、窝窝、炒面（把玉米、黑豆、豌豆等粗粮在锅中炒熟并磨成粉，吃的时候取适量用水冲成糊状）度日，有的甚至只能挖野菜、吃树皮，[1] 因此，在农业生产中进行互助与合作，是适应当时劳动力不足、牲畜缺乏及灾害频发的现实需要和现实诉求的，通过互助合作，可以解决劳动力、牲畜缺乏问题，并有效地做到防灾救灾。

（三）中共政策的影响

为了改善人民生活、激发广大农民抗日与生产的积极性、巩固抗日民族统一战线，晋西北行署于 1940 年 4 月 20 日颁布了《减租减息条例》，减租减息工作初步展开。当年平均每户减租 11 斗多（折合 165 公斤）。1941 年 4 月 1 日，晋西北行署重新公布《晋西北减租减息暂行条例》，规定减租额为 25%（简称"二五减租"），且地租不得超过耕地正产物收获总额的 37.5%，钱息、粮息无论年利、月利均不得超过 15%（即分半利息），并禁止现扣利、利滚利等高利贷及赌博债。晋西北行署为彻底进行减租减息，还于 1941 年 12 月 2 日给各专员、县长发出民社字 284 号命令，据 1941 年 10 个县的统计，一年内共减粗粮 1002149 大石（一大石粗粮折合 150 公斤），减租佃户 17812 户，平均每户减租 57 大斗（折合粗粮 885 公斤）。在总结减租减息工作基础上，1942 年 9 月 20 日，中共中央晋绥分局、晋西北行署颁布《晋西北减租交租条例》，主要精神是保障地主和农民的合法权益，稳定租佃关系，提高农民的生产热情。1942 年 11 月 6 日，晋西北临时参议会修正通过了《晋西北减租交租条例》和《晋西北减息交息条例》，此后，减租减息运动普遍展开。1944 年 8 月 28 日，晋绥分局发出《关于今年普及减租运动、深入群众工作的指示》，进一步深入普及减租减息查租查息运动，各地普遍落实了减租交租政策，同年 10 月 20 日，晋绥行署向各专员、县长发出《关于减租工作的指示信》，规定了在普遍开展减租运动中，减租赎地的

---

[1] 《兴县五二年至五四年三年建设计划》（1952 年 5 月 10 日），兴县档案馆藏，档案号：A7-1-34。

办法，明确了应注意的问题。[1]

"减租减息"政策实行后，在一定程度上减轻了农民的负担，提高了农民生产积极性，大批农民有了进行互助、发展生产的要求。兴县政府深入发动群众，通过说理斗争，清查了旧租旧债，按照《晋西北减租减息暂行条例》规定的"二五减租"原则，和地主订立了减租交租、减息交息条约，重新确定了租佃关系，同时，许多农民在"减租减息"运动中，向地主、富农购买或者回赎了土地。1943年12月间，兴县一区、二区、三区、四区、六区数个行政村、自然村普遍开展农民减租保佃大会，农民在减租减息运动中，要求地主减租、退租、退粮，并向地主、富农购买或回赎了土地。[2] 具体言之，在减租退租方面，以张家圪台村为例，1942年农民交租74石，1943年减租后实交租37石；再如城关，1943年农民实交租为原租的30%，退租共计粗粮210余石、细粮7石余、棉花570余斤、山药7000余斤、农币5.8万余元。[3] 又如六区的两个村，共有佃户412户，租地6241垧半，原租561.24石，经1943年减租后实交173石余。[4] 农民的生产积极性得到提高，而农具、牲畜等生产资料的匮乏，又促使农民进行互助合作，组织起来，发展农业生产。

减租退租为农民谋得实利的同时，也解决了后顾之忧，使农民可以安心、积极地进行生产。购买回赎土地方面，1944年春节前，全县农民买进土地20900垧，买地户1230户，回赎土地916垧，回赎窑52眼。[5] 减租生产运动的如火如荼，亦影响了以往一些不事生产的二流子，如六区某村二流子张老虎，回赎梁地6垧半，新买地17垧，下决心进行生产。[6] 而由此带来的，是农村的土地所有权发生了变化，地主、富农等农村上层阶层由于减租、清债等典出土地，而原先处于农村下层的贫农，由于得到土地而

---

① 贾维桢等编《兴县志》，第567~568页。

② 《兴县减租运动开展》，《抗战日报》1943年12月21日；《兴县90余村农民进行减租保佃大会》，《抗战日报》1943年12月28日。

③ 《减租工作彻底农民获得巨大实利》，《抗战日报》1943年12月30日。

④ 《兴县六区某两村减租胜利准备生产》，《抗战日报》1944年1月8日。

⑤ 《兴县彻底减租后贫苦农民大翻身》，《抗战日报》1944年2月26日。

⑥ 《兴县六区某两村减租胜利准备生产》，《抗战日报》1944年1月8日。

发生了阶层的改变，兴县农村的社会结构"中农化"① 倾向更为明显。土地等生产资料的增加，为农民扩大互助合作奠定了基础，同时增强了农民努力生产的信心。

晋西北根据地内，人民要负担公粮，公粮征收采用累进征收制，在1942 年度征收公粮中，真正执行了按比例征收，据兴县 7 个自然村统计，地主与富农负担占收入部分大致相等，均为 30%，中农占 27.5%，贫农占13.2%。1943 年度，公粮征收的计算方法有所改变，即根据收入的不同性质进行差别折合，提高了出租地收入的折合率，出租地、自种地、租种地的折合率，除去投资或租子外，分别按粗粮的七成、六成、五成折细粮。② 可以看出，在实行减租减息政策后，地主依靠出租土地所获得的收入已经大为减少，可其要交的公粮负担却大为增加，如兴县圪垯上、麦地上村，按 1942 年度征收公粮规定，地主阶级占总负担的 18.7%，但按 1943 年度的规定，其占总负担的 29.4%，比过去多了 10.7 个百分点。③ 在此情况下，不少地主为了减轻负担，大量地典出或出卖土地。我们从 1940~1945年晋绥老区九县二十村各阶级因负担转出土地中可见一斑。根据 1940~1945 年晋绥老区九县二十村各阶级因负担转出土地数量的调查，地主、富农在这 6 年中，由于负担转出土地占其总转出土地的比重平均在 30% 以上，中农因负担转出土地占其总转出土地的比重则要低于富农、地主，贫农基本没有因负担转出土地的。④ 可见，公粮负担对农村各阶级的影响大相径庭。

二 兴县农业互助合作运动的兴起

如何把农业生产中简单的互助合作行为发展成一场互助合作运动，其中自然要考量到"革命"的因素。抗日战争和解放战争时期，吕梁兴县蔡家崖是晋绥边区行政公署和晋绥军区司令部所在地。兴县是八路军一二

---

① 岳谦厚、张文俊：《晋西北抗日根据地的"中农经济"——以 1942 年张闻天兴县 14 村调查为中心的研究》，《晋阳学刊》2010 年第 6 期。
② 《晋绥边区财政经济史资料选编》财政编，第 251~257 页。
③ 《晋绥边区财政经济史资料选编》财政编，第 258 页。
④ 中共中央晋绥分局调查研究室编印《农村土地及阶级变化材料——根据老区九县二十个村调查》，1946，第 37~39 页。

○师的主战场之一，是革命圣地延安的屏障和门户。革命战争年代，兴县曾以贫瘠的土地开荒 100 余万亩，供养边区 4 万余名党政军人员，9 万人口的小县城参军过万，牺牲千余，为中国革命做出了重大贡献。

20 世纪 40 年代初，晋西北抗日根据地处于严重困难时期，1941 年 10 月 31 日毛泽东即电示中共晋西区党委书记林枫指出，晋西北（根据地）人口只有 70 万至 100 万，望检查缩小原因，必须振奋军心民心。在此情形下，根据地发起"组织起来"大生产运动，而互助合作恰是大生产运动最适当的组织形式。由此，1942 年晋西北根据地开始互助合作，但当时减租运动尚未深入，组织形式简单，一般是临时变工组且为数不多。1943 年虽有所进展，却仍未普遍发展起来。①

在兴县 1943 年的劳动互助中，生产模范村温家寨，春季按牛力组织了 9 个互助组，夏季锄草互助组共参加了 28 个劳动力，种了 596 垧，普遍锄草 3 次，有的山地上棉花锄 4 次，节省人工 134 个。如第四组 9 人，共 179 垧半地，20 天内，其中有 101 垧锄草两次，76 垧锄过 1 次，节省人工 80 个。该组一天锄黑豆 16 垧，节省了 4 个人工。到秋收时，组织了秋收劳动互助，全村按住家远近编成 4 组，参加劳动互助的全劳力 31 个，半劳力 4 个，2/3 的劳动力 3 个，还有 11 个儿童，4 个妇女，6 个老汉，共顶 12 个全劳动力，订出生产纪律，每天晚上由组长领导检查工作，决定收割户。这样，组织了所有劳动力参加生产。1943 年秋天，又在各区村普遍奖励了劳动英雄，提高了劳动英雄的社会地位。广泛教育群众，学习劳动英雄的生产方法，这样涌现出了大批劳动英雄（全县区村共计 165 人）。又经过说服，发展了劳动互助。如劳动英雄温象拴组织了全村劳动互助，推动了全村群众的生产。② 由此可见，这一时期兴县的农业互助合作运动已初步开展起来，但主要发动对象还是劳动英雄，在农业劳动中，互助合作的优势也开始显现出来。

在劳动互助的同时，1943 年兴县各村还普遍改造了"二大流"，即每日游手好闲、不事生产的人。根据 45 个自然村统计，共有"二大流"145 个，经改造而参加生产的有 118 人。如赵家坪有 22 个"二大流"，前年共

---

① 《山西农业合作化》，第 662 页。
② 《晋绥根据地资料选编》第 2 集，第 159~160 页。

种地 22 垧半，其中 14 人过去没有种过地，到去年则全部参加了生产，共
种地 365 垧。又如某村"二大流"孙玉堂，过去从不耕种，去年种了 34
垧。改造"二大流"的方法，主要是教育说服与依靠群众。如生产模范村
的 5 个"二大流"，由每个劳动互助组负责改造 1 个。结果，5 人都参加了
生产，共种 83 垧半地。有的干部和劳动英雄，固定负责，在一起生产来改
造"二大流"，收效很好。① 我们可以看到劳动互助的又一成效：农村中的
"二大流"在劳动互助中，通过别人的帮助，重新回归到了农业生产队伍
中。这时候，互助合作组织，其存在意义已不单纯是劳动力、技术、农具
等生产资料的互助，还存在着约束与规范行为的意义。

1943 年 11 月，毛泽东在《组织起来》讲话中号召各根据地广泛开展
互助合作运动，利用并改造农民传统劳动互助模式进行集体生产。② "组织
起来"由此成为一种流行话语，兴县农村互助合作组织在 1944 年如雨后
春笋般发展起来。据 1945 年 3 月中共中央晋绥分局调查研究室调查，兴县
温家寨村在边区劳动英雄温象拴带领下通过互助合作促进了生产，1943 年
春耕时村里参加互助组的劳动力 261 个，约占全村总劳动力的 2/3，所有
耕地 2184 亩，约占全村总耕地的 60%，到秋收时参加的劳动力则达到
80%，多数农民在互助组中解决了耕畜不足的困难。又据兴县 1945 年统
计，当时全县共有劳动力 1.3 万人，参加互助组者则有 1 万余人。③

三 兴县农业互助合作运动的组织形式

在生产本身落后的地区，对于劳动互助，群众内心是有些抵触情绪
的，有人就说："宁愿朋伙过年，不愿合伙种田。"但是通过对农民传统劳
动互助模式，如变工、扎工等的利用、改造，互助合作运动开展起来。兴
县的变工互助组织形式是多种多样的，有临时变工、季节变工等形式，有
些是按季节变工发动的，有些是按牛力组织劳动互助组；有的按开荒、送
粪、打柴、夏锄并秋收组织互助；有的按集体贷款买牛组织互助；还有儿

---

① 《晋绥根据地资料选编》第 2 集，第 160 页。
② 《组织起来》（1943 年 11 月 29 日），《毛泽东选集》第 3 卷，第 928~936 页。
③ 《山西农业合作化》，第 663 页。

童开荒互助等方式。① 具体来说，主要有下列数种。

（一）普遍的小组变工

成立变工组，这是比较普遍的一种形式，人数五六人到七八人不等，分为季节性的临时变工和常年性的固定变工。

季节性的临时变工，在春耕时期一般以牛为中心，有合牛（或朋牛）变工和合伙买牛。

合牛（或朋牛）变工是在旧有的劳动互助形式"人工变牛工""伙格牛"基础上改造了的变工形式，旧有劳动互助形式的缺点是以牛主为中心，给谁耕种由牛主决定，别人在牛主耕种完以后才能使用牛，时常赶不着农时，各户只和牛主发生关系，各户相互间没有关系，互助作用小，节省不出多少劳动力。而合牛（或朋牛）变工特点是以牛为中心（但不是以牛主为中心），把大家组织起来，民主地推选组长，可以是牛主，可以不是牛主，民主地讨论耕作次序，也按实际需要，当然也照顾牛主利益，合牛户不单是个人与牛主发生关系，而且是全体相互之间也发生关系。这种形式接近群众习惯，容易为群众接受，组织简单，人数少容易掌握，但缺点是互助作用小，效率一般也很低。②

合伙买牛也叫集体买牛，几家出钱，合起来买一头牛，就在这基础上组织起来进行变工。这种形式接近于旧日农村的"伙喂牛""贴角子"等形式，据兴县统计，在春耕时期全部变工组织中，合伙买牛的形式占到65%。合伙买牛的办法是复杂的，有的按地多少摊股合买，有的按出资多少做股合买，大家耕地，耕完以后算账，钱的来源，有的是自己出，有的由富有者抵垫，有的使用贷款，有的贷款外再补充部分私资，草料供给也是各种各样的，有的按股摊，有的按地摊，有的则谁有谁拿出，作价算账。总之，不管怎样的办法，众人集体把牛买来，可以集中余资，增加牛力，解决贫苦农民耕牛缺乏的困难，也可以在此合伙使用耕牛的基础上，组织起来，比较巩固地进行变工互助，这是值得大大提倡的。但合伙买牛

---

① 《晋绥根据地资料选编》第 2 集，第 159 页。
② 晋绥边区生产委员会编印《变工互助的几个具体问题》，1946，第 1~2 页。

变工，必须注意以下几点。第一，不要把牛变成"公牛"，变成公家的牛，就谁也不负责任，有人用，没人管，所以即使是贷款买牛，也一定要把款贷给群众，由他们自己决定去买。第二，喂牛的人要固定，选择细心、耐心的人，给予适当的报偿，轮流喂是最不好的办法。第三，掌犁的人最好也选择技术好的人固定起来，不然有的人耕得浅，有的人耕得深，而不会耕的人，地也耕不好，牛也费力太大。第四，耕作次序最好明确规定，如按庄稼，按阳背，民主讨论决定，不然谁抢到手谁用，有的耕了两次，有的还没耕上，怎么能不垮台呢?[1]

常年的固定变工组里也配备一定牛力，但并不是以牛为中心，组长是推选的，组里面的事情，大家讨论。耕作次序上，有的是轮流耕作，有的是打乱耕作。在记工上，轮流耕作的，大多不计工，互相顶工;打乱耕作的，折工计工比较严密，因而也就比较巩固。从季节上说，春耕时期多施轮流耕种，当然也照顾庄稼需要，夏锄及秋收，就多发展到打乱锄草、打乱收割，免得倒地误工，那时一般地说，组也会略微扩大。此外，常年的固定变工组中，也有把变工组和扎工组分开的形式，变工组中的大部分人，分别组织成几个变工组，剩余的一部分人，则组织成扎工组。变工组通常由地多有牛的人组成，主要是耕种，扎工组一般是地少剩余劳动力多的农户参加，主要是开荒送粪。几个变工组相互间不发生关系，但都和扎工组发生关系，变工组里长余的劳动力，随时补充到扎工组。扎工组调剂了变工组人力的不足，比如送粪、抗勤等事，由扎工组去做，而扎工组的地，则由变工组包耕，将来扎工组和变工组算账。变工与扎工分开的好处是用扎工组吸收全村剩余劳动力，把这部分力量，组织到别的生产上，同时又支持了变工。这种形式不是全村一组，而是分成变工与扎工，或者说分成几个单位，领导容易掌握，记账算账方便，而又可以随时调剂劳动力。[2] 这样既没有大组烦琐，而又有大组的实际效果。

（二）大变工

大变工和普通变工区别的标准是：大变工吸收的劳动力更加广泛，男

---

① 《变工互助的几个具体问题》，第 2~3 页。
② 《变工互助的几个具体问题》，第 3~4 页。

女老幼，一起参加，统一使用劳动力，参加的户数更多，有的全村一组。如兴县胡生村采用大变工，平时以小组为生产、计工、算账的单位，必要时各组之间互相调剂使用劳动力。大变工的耕作次序，一定是打乱耕作，因为参加的户数多，如轮流耕作起来，就会倒地误工。算工方面，通常大变工也都伴随着精细的折工计工办法，其中有的变工队用工票办法，由组里发出工票，个人随时支付，有的则"记误工"（或叫"扣误工"），不临时记工。[①]

这种大变工的形式，从1944年秋开始发展，在1945年的夏锄秋收中，农民开始大量地采用这种形式。其优点是劳动力吸收较广泛，可以统一指挥和调剂，效力高，省工多，是比较高级的形式，但采用这种形式，必须具备以下几个条件：首先，要在工作基础好，群众已经获得变工好处的地区实行；其次，要有强有力的领导，不然组织庞大，不容易掌握；最后，适用于一定季节和突击时期，比如突击锄头遍，突击收黑豆等，不然时间长了，中间空隙多，人数又多，谁做工谁没有做工，就很难掌握了。[②]

（三）变工合作社

这里的变工合作社是指在变工互助的基础上，从变工组抽出剩余劳动力和物资，用以扩大农业、手工业、运输、畜牧及其他副业的生产，同时也解决消费、运输以及文化教育、医药卫生等问题，是变工互助的发展形式。1944年变工合作社在兴县的许多地方已组织起来，兴县773个自然村，有607个自然村组织了变工互助，其中有400个以上的自然村组织起变工合作社。[③]

1944年兴县白家沟成立了贾宝执变工合作社，最初贾宝执的变工合作是用他自己的驴，自己赶着给全组解决烧炭的困难，到后来，除变工种地外，发展起炼油、制粉、制酒、做豆腐、纺织、运输、畜牧等8种业务，合作社里，没有一点开支，没有一个赚工资的工作人员，一切工作全由变

---

① 《变工互助的几个具体问题》，第4页。
② 《变工互助的几个具体问题》，第4~5页。
③ 晋绥边区行政公署编印《晋绥边区第四届群英大会集书之四——变工互助的发展形式：变工合作社》，1945，第1页。

工合作社员自己经营管理。贾宝执的合作社之所以能快速发展，原因则是像他自己说的："变工组员能作个甚，合作社就计划个甚，群众需要个甚，合作社就办个甚。"① 群众要求把节余的劳动力和资本组织起来，或者是解决某一种共同需要，或者是扩大生产，或者是为了帮助贫苦群众翻身，再加上干部的积极推动和领导，因而能够迅速发展。1944 年兴县黑峪口成立木工合作社，碧村王玉宽组织轧花合作社；1945 年高家村合作社组织了精纺精织训练班；1945 年只兴县二区就成立了 3 个中心合作社、52 个自然村小型合作社。

一般的，从开始组织变工合作社的时候，特别在农忙时候，从变工组中抽出人来，用变工的办法办合作社，发展下去，除变工种地外，合作经营的业务更多了，能够吸收的劳动力更加广泛了，有的地方以一定的办法，把各种男的、女的、零的、整的劳动力组织进来，并规定了资本和劳动力的分红办法，使变工和合作完全结合起来，这个意义上变工组就是合作社，合作社就是变工组。② 因此，变工合作社主要有以下两种组织形式。

第一种是变工办合作社，这种形式是各地采用最早和较多的形式，兴县温象拴同志在春耕变工正热火朝天的时候，发现变工组员都有赶集的需要和烧炭的困难，各人分散解决，误工很多。温象拴首先拿出自己的牛，发展大家组织起运输队，从变工组中抽出人工，专门赶集运炭，各家则按所需要的运输工数，还工种地。另外，放羊合作也很适宜于采用这种组织形式，各地的放羊合作很多，如兴县贾挨碰的村子，每户有两三只羊，有的分散各自喂养，误工太多，有的捎养在富户人家的大群里面，既要出工钱，又积不下粪土（粪归富户）。春耕时，变工组中抽出人来，变工合群喂养，羊户按各自的羊数摊工，按羊分类。一般来说，变工办合作社的形式，在变工组计划逐步发展为变工合作社的时候，较多采用。它的好处如下。首先，运用了节余的劳动力和余资余物，开展了其他业务，扩大了根据地的生产。其次，在变工组用集体力量变工解决一两种共同需要（如赶集、烧炭）的时候，这种形式也是适合的，特别是在农忙时期，能够避免许多人因为赶集等误工，耽误农业生产的问题。再次，由于只是简单的工

---

① 《晋绥边区第四届群英大会集书之四——变工互助的发展形式：变工合作社》，第 2 页。
② 《晋绥边区第四届群英大会集书之四——变工互助的发展形式：变工合作社》，第 4 页。

变工的关系，也容易为农民所接受。当然，这种形式也有它的缺点：它没有在变工种地之外，特别是农闲时间，给办合作社的人定出适当的报酬，没有解决劳动力与资本的分红关系，因此，很难灵活地组织起更广泛的劳动力，发挥劳动力的积极性，尤其是当合作社发展到规模较大、业务较多之时，一般的趋势，则是要发展为变工组与合作社统一的形式，但变工组与合作社统一的形式，不经过一定的发展程度与群众认识的提高，是不能硬搬的。①

第二种则是变工组与合作社统一的形式，这是发展得比较完整比较成熟的一种形式，解决了变工办合作社形式的问题，先说广泛地组织劳动力的经验，临南李汝林村，在1945年春耕和夏锄中，先后组织起十条驴、一头牛的运输队，一座染坊与售销合作，当时大家讨论说"赶运输的苦重，染坊的人有技术，除变工给他们种地外，还应给挣一部分工钱"，但染坊和赶运输的人认为"合作社赚多赚少还不知道，不如变工组先给记上工，将来结算时再说"，秋收后又组织起12个人的扁担队，3个人的弹花组，9个人的砍柴拾粪队，仍按运输的和染坊的人一样，统一在变工组记工。由于各种工巧拙轻重不同，劳动力有强弱之分，所以规定弹花工队在外面挣吃喝（都是外出揽工弹花）外，变工组给记一个工，工钱归变工组；运输上的驴、牛、人，往返一天，各记一个工，往返两天的，人按天记，驴牛按运输量记，50斤记一个工，各家自带粮食和草料，合作社只开支"火钱"；扁担队的苦重，合作社给开支一定数目的杂用，按日记工；砍柴和拾粪队的劳动力，强弱相差很远，规定两背柴一担粪各记一个工；染匠是常年活，一天记一个工，吃自家的；变工合作社给各家种地和料理家务（填圈、担水、推碾等）的工，分作早晨记3分工，上午4分工，下午3分工；供给各家烧柴烧炭和肥料，除炭按原本出价外，其余按件算作各家支用的工。每个变工社员所做的工数，除过各家种地、料理家务、烧柴烧炭和肥料所用去的工数后，按长余工数，分配所得的红利。②

---

① 《晋绥边区第四届群英大会集书之四——变工互助的发展形式：变工合作社》，第5~6页。
② 《晋绥边区第四届群英大会集书之四——变工互助的发展形式：变工合作社》，第6~7页。

四　兴县开展互助合作运动中的耕作次序

"组织起来"对于生产劳动的好处自然是不言而喻的，在变工互助中，着重要解决好先后耕作次序的矛盾，关于耕作次序，一般有轮流耕作和打乱耕作两种。

（一）轮流耕作

在发展初期，多是这种形式。各组参加的人数较少，从三五户到七八户不等。耕作的次序是轮流的。有的按天轮，给你做一天，给我做一天；有的按地轮，给你做一垧，给我做一垧。其中较好的，能够在次序上照顾抗属民兵及贫苦群众，比如"先抗属后一般""先贫后富"；照顾庄稼的需要，比如"先阴后阳""先草大后草小"等。[①]

变工的办法是工顶工，顶齐了完事，不记账；较好的还记简单的账目。这种形式的特点，是组员和组员间是直接记工还工的关系，接近农民的习惯，比较容易组织。所以在各乡的变工互助组织中，这种形式较为普遍，特别是春耕时期。由于有了这种变工，有牛的可以帮助无牛的，有农具的可以帮助无农具的，有技术的可以帮助无技术的。过去因为土地、农具、人力、畜力、种子等条件的限制，束缚着各人各户生产的发展，但实行了变工互助，甚至各方面都可以互助合作，长短相济，使得大家都能够解决困难，进一步地发展生产。而且变起工来，大家在一起劳动，红火热闹，情绪高，可以起早落晚，多做营生，也可以互相观摩、督促、竞赛，还可以调剂技术，实行分工，会做甚的做甚，并且更重要的，可以适当地搭配人力畜力，节省出力量。比如一头牛送粪，就得跟一个人，如果集体送粪，一人就能赶两三头牛；一头牛耕地，得搭配两个人，两头牛耕地，有三个人就行；一个人上地，在地里吃饭，就得一个人送饭，但在家里吃饭，就又得走回家，互助起来后，好几个人上地有一个人送饭就行。[②]

总之，变工互助的初衷，是让农民之间互相帮助以解决困难，增强劳

---

① 《晋绥边区第四届群英大会集书之三——关于变工互助的几个具体问题》，第2页。
② 《晋绥边区第四届群英大会集书之三——关于变工互助的几个具体问题》，第2～3页。

动效能，因而 1944 年采用这种形式"组织起来"的村子，或多或少都增加了耕地面积，提高了耕作质量，提前完成了耕作，如岢岚苏六村，1943年全村耕地 364 垧，1944 年开荒 380 垧，每户平均开荒 18 垧，超出原有耕地一倍以上；兴县高家村，1943 年有 17 户农民因为没有牛，所以地没有用牛耕过，1944 年实行了变工，他们的地都耕过两犁，全村的 200 余垧坪地，1943 年仅耕过八九垧，到 1944 年大部分都耕了两次，只有八九垧耕过一次，1943 年 120 垧的压茬地 1944 年只有八垧；兴县刘有鸿村，在清明节前，变工队已将夏田全部种完，还翻过了谷地，种了黑豆，而未参加变工的连夏田还未种完。[1]

以上说明，"组织起来"对于农业生产是有很大帮助的，但这种方式也有它的缺点：首先，如果领导上掌握不好，形成死板的轮工，轮到后面的就吃亏；其次，死板地一户一户轮种，地块零散，经常倒地就会误工；再次，限制更多的人参加，不容易节省出更多的牛力与人力，依靠每个人节省出的一些零星的工，很难做出更多的事来。所以，在一些变工做得较好村子，如兴县温象拴所在村，人们锄完或收完这家的一块土地，为了不到远处倒地，就近捎地把另一家的土地也做了，免得以后还要再来这里做，[2] 这样也就发展到打乱耕作。

（二）打乱耕作

不论谁家的地，只要是本组的，都按一条梁一道沟，挨着去做，锄完这块，挨着就锄那块（同时会照顾贫苦群众及庄稼的需要）。这种办法不需要去远处倒地，可以节省出更多劳动力来，也可以把较多的人组织在一个组里面，这是一个很大的改变。一般说，打乱耕作是和大组相联系的，组大人多，不可能轮流了，遂发展成打乱耕作，既已打乱耕种，就便于更多的人参加进来，因而变工组进一步扩大，形成大组。大组里面，不是一定要所有的人都到一起劳动的，张初元的办法是组下分设劳动单位，需要分开的时候，就分开劳动。[3] 这种形式，在耕作上，打破了按户轮流的

---

① 《晋绥边区第四届群英大会集书之三——关于变工互助的几个具体问题》，第 3 页。
② 《晋绥边区第四届群英大会集书之三——关于变工互助的几个具体问题》，第 3~4 页。
③ 《晋绥边区第四届群英大会集书之三——关于变工互助的几个具体问题》，第 4~5 页。

限制。

在记工算账上，也改变了组员与组员间直接记工还工的办法，而是组内统一计算组员的出工、入工，满除满算。比如兴县温家寨村在打乱耕作时，全组用一本账，统一记工，组员所做的工，组里记入工，组员地上用去的工，组里记出工，按期结算，短工者给长工者还工或出工资。这样一来，使得全组的劳动力，可以有计划地分配使用，比如锄草时，分出一部分人力、畜力去开荒；秋收时，分出一部分人力及畜力用来翻地，或是做其他事情。①

1945 年，兴县变工互助做得较好的地方，夏秋中都采用了这种形式，节省出了更多人力，如温家寨村用 55 个劳动力，除种完全部熟地外，还抽出人力畜力，在本村和东山开荒 280 多垧。群众亲眼看到了打乱耕作的好处后，讨论了倒茬的办法，要把一道梁、一条坡的土地逐渐倒换成一种庄稼，使得今后耕种更为方便，同乡石岭则村，锄草的次数比往年增多了，还分出人开了荒，赶了运输驴，办了合作社。大体上说，这种形式运用得好，一个三四十户的村子，往出节省一两千个工是可以的，同时，这样打乱耕种，不仅能够节省更多的劳动力，而且对于变工组的稳定巩固也有很大作用。在轮流耕作的时候，一家的地做完了，工顶齐了，就不变工了，或是各家的整块土地轮得差不多了，留下零头，往往就自己"煞格"（干完活），抓得不紧，常是你变他不变，变几天歇几天。② 而打乱耕作就可以避免这种现象出现，使得变工组更加巩固。

在这种打乱耕作的基础上，变工组扩大了，三十几户的村子全村一组，或者小组合并成大组，所以零星的、女人和小孩的劳动力，也更容易吸收进来，做多少算多少，于是在有的村子，把所有的劳动力，不论全劳力半劳力、强的弱的、零的整的劳动力，都组织到变工组内，也因为是全组记账、满除满算，做什么也一样顶工，所以各种不同的劳作，从农业社的分工到其他劳作，都可以集合在一起，在这样的基础上，工作做得较好的村子，便发展成全村大变工。比如兴县刘有鸿的村子，在秋收中发展成全村变工，统一筹划，统一使用各种男女老幼劳动力，割的割、背的背、

① 《晋绥边区第四届群英大会集书之三——关于变工互助的几个具体问题》，第 5 页。
② 《晋绥边区第四届群英大会集书之三——关于变工互助的几个具体问题》，第 5 页。

打的打，秋收很快就完成，还空出人力榨油、搞纺织、办合作社。①

这两种耕作次序，大体上说，是一个发展过程，是由小而大，逐渐扩大发展，从而发生改变的。开始时是小组轮流变工，这在开始组织时，比较容易发动，因为它接近农民的习惯，容易为农民所接受，而且在春耕时期，轮流耕作的缺点还不十分明显，到了锄草、秋收等时候，宜与更多的人在一起劳动，既省工，效率又高，这时，群众认识到打乱耕作的好处，进而扩大到打乱耕作的大组，按照这样发展下去，就可以吸收更多的人参加劳动，突击完成收割，于是有的就发展到全村的大变工。所以说，这种发展改变，不仅是实际的由小而大的发展过程，而且是在春耕、夏锄、秋收的不同季节不同情形的实际要求下推动起来的。

五 兴县旧有劳动互助的变化

民间旧有的各种劳动互助，经过全面抗战期间大力的提倡和实行，不但在数量上有了空前的发展，而且在内容和组织形式上，也都发生了深刻的变化，我们可以总结为以下几点。

第一，过去的劳动互助都是无领导、自发的，所以多是短期的、不固定的，有的虽然"组织起来"，但也很难持久，往往因为一点小纠纷就解散，变化后的变工互助，很多是长期的、全年的。所以，短期的、临时的、不固定的劳动互助，在向着长期的、全年的、固定的劳动互助发展。

第二，过去"伙种""伙喂牲口""合牛犋"一类比较复杂的变工形式，只限于本族亲友之间，所以它的规模是小的，而如今的劳动互助，大多是农民群众为了发展生产和完成生产任务而组织的，所以很多变工组已经突破了本族亲友的圈子（虽然还有一部分是按本族亲友关系组织起来的）。

第三，过去各种形式的变工，因为规模很小，参加者又多是本族亲友，所以没有固定的组织和领导，也无必要遵守的劳动纪律，劳动日的计算通常也是不严格的。这也是过去变工不能扩大和持久的一个原因。现在

---

① 《晋绥边区第四届群英大会集书之三——关于变工互助的几个具体问题》，第6页。

由于互助范围的扩大，一般都有了比较严密的组织。有的是一个自然村
（或行政村）成为一个变工队，其下再相互调剂。小组或队一般都是民主
选举领导人（有的变工是给谁家做，由谁领导）。许多变工队又自己规定
了大家所必须遵守的劳动纪律。例如按时到工，不到必须向组长请假，由
组长批准；作息服从组长指挥；先给谁家做由组长分派；自己的田怎么
做，给别人的田也怎么做；不半途退出；等等。对于劳动日的计算，也比
较清楚，长余的工或是"补工"，或是按工价给工钱。个别的劳动互助，
对劳动力的强弱不等还规定了"折工"的办法。这些办法都使得劳动日的
计算更为公平合理，使劳动互助可以长期保持和持续扩大。

六 兴县开展互助合作运动中存在的问题

全面抗战时期，兴县的农业互助合作运动虽然取得了一定成绩，但也
不可避免地存在着某些问题。

（一）干部中存在的问题

第一，干部在工作中存在着形式命令主义倾向，在组织群众变工时，
不认真负责，甚至敷衍工作。他们组织变工，从主观的要求出发，而不是
从当地的具体情况出发，在具体组织过程中甚至有强迫命令的现象。

兴县二区在组织农民互助合作的过程中，既没有解决群众的生产困
难，也没有在思想上教育发动群众，直接开大会，说："实行民主，由你
们自愿组织吧。"由此，农民在变工中也是以应付为主，如碾子村一下组
织了 11 个变工组，但没有 1 个组真正变起来。[①] 在组织中，把变工互助看
作完成上级布置的工作任务，在发动组织变工时，为变工而变工，对老百
姓说："毛主席号召'组织起来'，村公所叫非参加变工不可，你还不参加
吗？你不变，就用各种各式的方法，强迫命令要你变，叫多支抗战勤务，
多招待过往军人。"有的村子变工互助还没有"组织起来"，就勉强和其他
村进行竞赛，更有甚者把地主、富农也编进了变工组内，但又无法对其进

---

① 《兴县二区各村变工办法有许多改进》，《抗战日报》1945 年 5 月 12 日。

行领导，最终影响组织内部的团结。蔡家崖前任村长温国华反省他自己时说，主观地订出全村生产计划、制定群众编组、规定变工办法，然后叫群众实现自己的计划。可是他和一个基层干部闹私人意见，双方都不领导检查，变工队不久就垮台了。① 温家川村长温克福，在动员会上一开口就说："你们快报名参加变工队吧，我也代表后湾的十一户全都报名登记了。"可后湾在场的人却表示一无所知。②

第二，不了解互助合作的真正意义，工作中生搬硬套，不能从实际出发。有些基层干部在报上看到或听别人说哪种变工组好，就不照顾当时当地的情况和条件，硬要搬来，强迫群众去执行，结果出了力、费了事还脱离了群众，引起群众的不满。

如兴县高家村村公所和农会，对于变工进行中的具体折工、还工办法是这样规定的。（1）变工组中牛主一律须给二流子、退伍军人、穷人、抗属的每种作物下种后，才能给自己下种。（2）牛主非经变工组长允许，不得自由给组外的非变工队员耕地，以赚取工资。（3）对于牛耕地工价规定：耕山地一垧给料一小斗（往年是斗二升），耕平地一垧给斗半（往年都是六七升），如给干草是35～40斤（往年是40～50斤）。（4）人工变牛工：如在牛主家吃饭还人工两个半，不吃饭则还两个（往年是三个）。③ 这个规定显然没有照顾到牛主的利益，特别是没有照顾到有牛的中农、贫农的利益，不够公平合理，让有牛的农户心生不满。

因为变工组不是各阶层自愿组织起的，加以折还工办法欠合理，所以，在春耕变工进行中，发生了很多问题。有的问题领导上门深入检查，研究底细，得到了解决；但有的问题即使发现了也没法立即解决，而是采用了另外一些强制、限制的办法，以达到在春耕和锄草中维持或巩固、扩大变工组的目的。例如，（1）谁不参加变工，变工组里的任何牛，就不准给谁耕地。结果因村里牛都已全部入变工组中，为了耕地，个别未加入变工的也只好参加进来，上中农刘宏胜就是在这种情形下参加的。（2）对不参加变工的富农和二流子，就多给派抗战勤务，二流子白健邦锄草时退出

---

① 《兴县二区扩干会议全面检查变工领导问题》，《抗战日报》1945年3月5日。
② 《晋绥边区财政经济史资料选编》农业编，第760～761页。
③ 《高家村卖牛现象发生原因及纠正办法研究》，《抗战日报》1945年3月18日。

变工，后来怕多交差，又参加进来。（3）战时指挥部个别干部在宣传时说谁不参加变工，在反"扫荡"时，互助组就不帮助谁进行空舍清野，不帮助转移人员、物资等，在这种情况下，三四家寡妇和地主白凤山也参加进来。高家村发生了集体卖牛事件，在 13 个变工组中，有 10 个变工组发生了出卖耕牛的现象，苏家塔村也有同样情形发生：高家村全村 29 头牛卖了 13 头，苏家塔 15 头牛卖了 3 头，卖牛的 16 家中，计富农 4 家，中农 9 家（新翻身的中农 4 家），贫农 3 家，中农贫农占了卖牛的多数。①

第三，干部不亲自参加生产，干部不能参与到群众的生产中去，造成干部对群众状况的不了解，造成脱节，极个别干部有自私自利现象，损害了农民的劳动积极性。

在兴县二期扩干会议上，劳动英雄白改玉反省说，高家村在春耕时被人认为模范村后，很多人去调查收集材料，区上经常检讨，一开会就几天几夜，干部几乎天天有会，变工组员平均两三天一次会，开会太多，耽误生产也多，他自己去年一年只参加生产三个多月，因此，没有时常在变工组里帮助积极分子，及时发现问题与解决问题，以致夏锄秋收时变工队不起劲，全村 29 头牛，卖掉 12 头，影响 1945 年群众生产。村长白怀崇也反省说，他坐在村公所领导生产，从没有到地里参加劳动，对群众情况一无所知。区干部牛应森同志，反省他领导高家村工作时说："自己没有参加劳动，光是开会问干部，使人打瞌睡，把营生也误了，结果对群众情绪不了解，对村干部有意见不提，不从政治上提高他们，如贷粮贷款，本来不应借给干部，为使他们好做工作，就借了，使群众不满，把干部看做不和群众一样，造成有些干部自私自利。"②

自私自利的基层干部，对互助合作的危害甚大，在兴县桑湾和沙圆崄，开始组织变工队时，组长大都是些只顾自己、不顾别人，处处为自己打算的人，他们在领导变工中，对贫苦农民不给予帮助，反而给他们造成种种困难。春耕时，规定每一个牛工，要还三个人工，而且一定是先给有牛的做上三天工，然后才给群众耕一天地。到夏锄时，他们规定，给谁家做，由谁家管饭。这就造成穷人没有吃的，当然做不成。并且，穷人长下

---

① 《高家村卖牛现象发生原因及纠正办法研究》，《抗战日报》1945 年 3 月 18 日。
② 《兴县二区扩干会议全面检查变工领导问题》，《抗战日报》1945 年 3 月 5 日。

的工，要求换工钱，可是有钱的人又不肯给钱，说是将来还工。贫苦农民要出去打短工，也不行，说是"政府的命令，得变到底！"[①] 这些自私自利的基层干部，把帮助穷人翻身的变工互助组织，当成解决自己劳动力困难的工具。还有，兴县某村变工组的组长"好占便宜懒劳动，偏三向四，硬吼人"，因欠了别人工钱而无法继续在原先组内变工，后加入另一组，也没有认识到自己的错误，经常早晨上地劳动后，就假借开会或有事离开，私自去自己田地里干活。变工组内计划第二天种谷，他却把耧借给关系要好的朋友，导致全组一天无法上地里劳动，夏锄时仅帮别人锄过两次地，又欠了十几个工，即使给自家锄地，也经常迟到。折算工分时，他把驻地军人帮助抗属和穷人锄地的工都算到自己头上，还厚着脸皮说："人家军队就是帮我哩！"其他组员对此十分不满，感到自己吃了亏。因此，变工十分不稳定，一年内变几天停几天，只有上级检查和组长自己需要人工时才变。群众对于此，非常不满意，私卜说："明年如果'法令'非叫和他变工，就只得变；能有个新办法，死下也不和他变了！"[②]

（二）农民中存在的问题

从农民角度来看，尽管之前接触、参加过旧的互助合作劳动，但数量不多、范围和规模普遍不大，多是短期的，且在亲友之间进行。如今大规模、大范围地进行变工互助，难免顾虑重重。首先，各家各户情况不一，比如土地有远近之分，劳动力有强弱之别，耕畜力有大小之异。其次，农田劳动须得符合农时，每一阶段劳动内容不同，所需技术也有所区分，此时劳动力如何调剂，如何确定耕作次序。最后，如果遇到"磨洋工"、懒散拖沓的情况，该怎样处罚。问题涉及各个方面，都关系农民群众的切身利益。另外，一些农民担心加入变工组后不自由，不能及时照顾自家营生。由此我们可以看出其身上保守和散漫的一面。

兴县二区几个乡 1945 年办起了合作社，有些社员存有"人多就办不了事，赚不了钱"的思想，情绪不高，"放羊一天，砍柴一捆"（"反正就是这一天"的意思）。赵家川口合作社在冬季就有 21 个人吃饭，20 头牛

[①] 《晋绥边区第四届群英大会集书之三——关于变工互助的几个具体问题》，第 28 页。
[②] 《一个没有搞好的变工组》，《抗战日报》1945 年 4 月 8 日。

驴，人多事情少，每天人、牛开支 6000 元，两月开支 30 万元，群众批评说："这合作社一天能吃条驴，三天能吃条牛，不做事，吃就吃倒塌啦！"还有一些社员在合作社中光吃饭、不分红，因之经常浪费粮食，这些社员就说："齐吃吧！反正赚了钱也分不到利！"① 临县杜家沟，组员高富生私心较重，上地劳动时区别对待，如果是给自己干活，则精耕细作；如果给别人干活，则敷衍了事，担心自家的耕畜出力，所以耕地时有意给别的农户浅耕，说："要细致你自己细致去吧。"类似这样的私心私念，经常破坏互助组内人员的团结，甚至有的组员产生了退出的想法。②

总的来说，全面抗战时期兴县的互助合作运动还没有形成普遍性的章程，基本是由组织的领导者推动，领导者强则组织强，领导者弱则组织弱，领导者的个人能力在组织中起着关键作用。此外，一些变工组、合作社不以生产为主，而是主要进行小买卖等商业活动。

第三节 解放区时期的互助合作运动

兴县的互助合作运动经过初步的实践，"组织起来"的号召越来越深入人心，广大农民的认同感愈加强烈，这都为农业互助合作运动的进一步发展奠定了基础。由于各地普遍成立了变工组织，除耕种外，还可以节余大量劳动力，用于发展副业生产，如兴、临等县，就将节约出的劳力，用于制造大量肥料，加强精耕细作，取得了良好的成效，做出了 1946 年每垧地可增产粮食 9 斤的预测。③ 截至 1946 年 6 月，兴县通过区村会议，指出偏向，克服春耕中区村级领导上的自流现象，各村的生产领导普遍加强，二区全区已组织互助变工组 1060 余个，全区耕牛 40% 都参加了变工，杨家庄把干部分配到群众中去，发动与组织领导 12 个变工组。④

根据中央的指示，抗战胜利后，各根据地开展了土地改革运动，中央

---

① 《兴县二区扩干会议关于合作社工作的总结》，《抗战日报》1945 年 3 月 10 日。
② 《组织变工中一个形式主义的例子》，《抗战日报》1944 年 5 月 18 日。
③ 《晋绥节余劳力，用于副业生产》，《人民日报》1946 年 6 月 15 日。
④ 《克服春耕领导自流，晋绥变工有大发展》，《人民日报》1946 年 6 月 2 日。

在《关于土地问题的指示》中提出："坚决拥护广大群众这种直接实行土地改革的行动，并加以有计划的领导，使各个解放区的土地改革，依据群众运动发展的规模和程度，迅速求其实现"，"解决解放区的土地问题是我党目前最基本的历史任务，是目前一切工作的最基本的环节。必须以最大的决心和努力，放手发动与领导群众来完成这一历史任务"。[①]

1946 年 5 月 4 日，《关于清算减租及土地问题的指示》（即"五四指示"）中决定将抗日战争时期的减租减息政策，改为没收地主阶级的土地，分配给无地少地农民的政策。"五四指示"规定不可侵犯中农土地，对富农和地主以及地主中的大中小、恶霸和非恶霸应有所区别，保护工商业，对开明绅士应当适当照顾等。5 月 12 日，中共中央晋绥分局即向县团以上单位发出《中央关于正确地发动与指导群众，解决农村土地问题的指示》的文件，传达了"五四指示"。6 月 19 日，晋绥分局召开了历时 1 个月的县、团以上和军队主要负责人参加的会议。张稼夫在会议上做了《发展运动解决土地问题》的报告，对边区前段时间的减租减息运动做了全面总结，会议就如何发动群众解决土地问题进行了充分的讨论，决定在狠抓新解放区的反奸清算的同时，积极准备将老解放区的减租减息转变为土地改革。会后，晋绥分局派出工作组，调查农村阶级关系和土地占有情况，制定了《怎样划分农村阶级成份》的文件，并有计划地培训了一批干部。经过一系列的准备工作后，晋绥分局抽调了一大批机关部队干部组成土改工作团，陆续开赴农村，开展土地改革试点工作。8 月 23 日，晋绥分局发出《关于发动群众解决土地问题的总结提纲》。10 月 26 日，又发出《关于发动群众解决土地问题的补充指示》，对土改中农民应该取得什么等问题做了具体解答。此后，晋绥解放区的土地改革工作就逐渐展开了。由于准备工作较为充分，运动开始阶段，发展是健康的，封建地主阶级的土地大量转移到农民手里，占全区 1/3 人口的新老区 100 万无地少地农民，得到了 460 余万亩土地。其中，老解放区经过 1943 年以来的减租回赎运动，41 万农民获得土地 260 万亩。得到土地的农民，革命和生产情绪大为提高，

---

① 《关于土地问题的指示》（1946 年 5 月 4 日），《刘少奇选集》（上），人民出版社，1981，第 377～378 页。

努力开荒种田，发展农牧副业生产。① 这一时期的农业互助合作运动也取得了较快的发展。

1947 年 1 月，晋绥分局召开了边区财经工作会议和地委书记会议，批评了过去土地改革中的右倾倾向，但没有提到应注意防止"左"的偏向。1 月 31 日，为取得解决土地问题的经验，中共中央发出《关于派考察团帮助解决土地问题给晋绥分局的指示》。2 月，康生、陈伯达受中央派遣来到晋绥解放区搞土改试点，一个土改试点在临县五区郝家坡行政村，另一个土改试点在静乐县。② 在试点工作中，康生将当过地主的工商业者定为"化形地主"，提出了"追历史""挖底财"等主张，把一部分中农和贫下中农也定为"破产地主""生产富农""破产富农"。③ 2 月 18 日，晋绥分局发出了《关于贯彻土地改革实现耕者有其田的初步意见》。3 月，晋绥边区行署下达了 7 项命令，禁止地主在土地未改革之前采取各种手段买卖、转让和隐瞒土地。4 月 5 日，《晋绥日报》发表了《坚持平均的公平合理的分配土地——土地分配的两条路线》的社论，指出在土改分配土地中，有一种代表富农路线的倾向，号召各级党政干部在思想上、行动上肃清"富农路线"，实现平分土地。4 月 7 日，晋绥分局召开了各地、县书记联席会议，决定彻底解决土地分配及其他问题。4 月 8 日，中共中央工作委员会书记刘少奇在兴县蔡家崖向晋绥干部做了讲话；16 日，又在晋绥六地委干部会议上做了报告，晋绥分局印发了报告中关于群众工作与土地问题的摘要。4 月 22 日，刘少奇在给贺龙、李井泉、张稼夫等人的信中，指出晋绥解放区土改和党的基层组织中存在的问题和处理方针，提出要放手发动群众，纠正包办和强迫命令等阻碍群众运动的错误做法。5 月 1 日，《晋绥日报》发表了《坚决联合中农，防止错定成份，反对地主假中农》的社论。④ 这一阶段，晋绥解放区的土地改革围绕反对右的偏向而展开，在实际工作中，由于错误划成分和机械地实行了绝对平分土地，所以 1947 年春天，在兴县实行的土地改革政策有部分损害到了中农的利益。

---

① 贾维桢等编《兴县志》，第 570~571 页。
② 贾维桢等编《兴县志》，第 571 页。
③ 《山西农业合作化》，第 665 页。
④ 贾维桢等编《兴县志》，第 571 页。

　　1947年5月7日，中共中央晋绥分局在临县郝家坡召开地委书记和各地土改工作团负责人参加的土改经验交流会，会上，时任中共中央社会部部长的康生大谈其"挖底财"的经验，攻击晋绥分局1946年搞的《怎样划分农村阶级成份》的小册子，陈伯达做了《有事和群众商量》的发言，由晋绥分局主要负责人亲自指导的兴县木兰岗土改工作组，则提出划分阶级成分要联系历史"查三代"，要"看铺摊摊大小"和"看政治态度和思想"等标准。会后，晋绥分局将前发《怎样划分农村阶级成份》的小册子统统收回销毁，重新编印了《关于兴县后木兰干（岗）自然村成份问题的研究》（即《木兰岗经验》）的小册子，发到各土改工作团。5月22日，《晋绥日报》社论以《有事和群众商量》为题，发表了陈伯达在土改经验交流会上的发言，文中列举了康生在临县郝家坡土改工作中的"创造"，提出"对群众认为不适应的决定，听凭群众推翻，由群众重作新的决定"，严重地助长了"群众要怎么办就怎么办"的尾巴主义错误。6月15日，晋绥边区行署颁布《控制地主活动暂行办法》。6月3日至7月23日，晋绥分局在兴县蔡家崖召开土改整党工作会议（又称"地委书记会议"），大反土地改革中的所谓"右倾偏向"，对晋绥根据地过去的四项动员、反顽斗争、统一战线、减租减息和土地改革进行了严厉的批评。在土地改革问题上，提出"采取打'落水狗'的办法"，彻底消灭地主阶级。又说分局去年划成分的小册子（指已销毁的《怎样划分农村阶级成份》）强调了剥削关系，"假如按那个一般条件划，那就在晋绥找不到地主，因为地主化形了"，"钻了我们奖励商业的政策和化形了"；"富农有多种，一种是生产富农，一种是封建富农"；定成分主要根据群众的意见来定，不能让群众服从咱们的意见，而是咱们服从群众的意见；"挖底财"主要经验还是用群众施加压力；"宣传群众愿意怎搞就怎搞的所谓群众路线"；"目前我们的组织状况，从支部到县委甚至地委，是不能胜任土地改革的任务，故须改造。区以上干部地主富农出身的占75%～85%，坏干部中有异己、投机、新恶霸三种分子，应该把他们清除出去"，"方针是完全交给群众处理"，"被群众斗的打的彻底的应该是上面说的三种分子"；"组织形式……今后第一种组织是农会，……现在政权里，行署有80%的地主富农成分……第二种是政权，村长、主任代表，由下而上的选举，第三种是民兵……民兵要掌握在贫雇农手里，第四种是党的组织"。会议结束后，康生、陈伯达就离开了晋绥，这次会议在反对土改中的右倾偏向时，从组织上对当时已经发生的"左"的偏向加以肯定，使"左"的错误扩大化、合法化了。①

1947年7月17日至9月13日全国土地会议期间，赵守功于8月8日在全国土地会议上做了关于兴县郑家塔村土改情况的发言。9月15日，晋绥分局做了《关于彻底平分土地的指示》。9月18日，晋绥边区农会临时委员会在兴县成立。9月24日，以农会临时委员会的名义发布了《告农民书》，提出：（1）要彻底打垮地主阶级，彻底消灭封建。（2）要彻底平分土地和公平合理分配一切果实。（3）要彻底发扬民主，并且有权审查一切组织和干部。不管是地主恶霸及其爪牙，还是那些坏党员、坏干部，"大家都拿去斗，就可以拿去斗"，"由农会监督和改造各级党政军机关"；对于那些好农民，"经大家讨论认为可以加入共产党的，可以由群众推荐他加入共产党，共产党一定批准他入党"；"在目前，凡是在那些不是替农民办事的人掌握政权的地方，农会就完全可代替政权"。《中国土地法大纲》公布后，晋绥农会临时委员会于10月11日公布全区执行，又进一步说明"前发《告农民书》仍然适用，不足之处，以土地法规定为准"。《告农民书》公布后，晋绥解放区许多地方采取"追历史"、"查三代"、以思想表现来划分阶级成分的办法，不经全体农民讨论，而由贫农团少数人随便决定成分，晋绥分局的土改试点木兰岗自然村，定为地主富农的户数，占到总户数的34%。②

毛泽东听到晋绥土改的情况后，即指示胡乔木到临县对此做了调整，12月18日，中共中央工委就确立贫雇农在土改中的优势向晋绥分局发出指示信，批评了后木兰岗自然村划分阶级成分的做法，指出晋绥土改中"所缺少的是党对于这种自发运动正确而有能力的领导"。1948年1月12日，中共中央工委发出《关于划分阶级成份的问题的指示》，纠正解放区土地改革中存在的"左"倾错误，强调："划分阶级只有一个标准，即占有生产手段（在农村中主要是土地）与否、占有多少及与占有关系相连带的生产关系剥削关系，如再提出其他标准都是错误的。"同一天，任弼时

---

① 贾维桢等编《兴县志》，第572页。

② 贾维桢等编《兴县志》，第572~573页。

在西北野战军前线委员会扩大会议上，代表中共中央做了题为《土地改革中的几个问题》的长篇报告，对晋绥土改中的错误做了严肃批评，报告中列举了兴县蔡家崖行政村土改中定为地主富农的户数（124户）占到总户数（552户）的22.4%，指出这种扩大化的做法搅乱了革命战线，帮助敌人，孤立自己，这样做的危险性是很大的。①

兴县作为晋绥革命根据地的大本营，受"左"倾思想的影响尤为严重，互助合作运动也因此受到挫折，在1948年6月22日兴县的统计中，全县8个区290个村在土改中被错划成分的中农就有690人，占总人数的36.4%。② 通过土地改革，农民的生活发生了很大的改变：首先，在经济上，土地占有逐步实现平均化；其次，在政治上，各阶级中贫雇农开始掌握绝对的话语权。这种改变所带来的是，一方面，农村贫雇农这一阶级从事农业生产的积极性有了很大提高，同时他们也是共产党领导农村工作的坚强后盾；但另一方面，在农村尤其是在中农阶层中产生了不良的影响，部分群众怕别人说自己"有"，怕担剥削名，怕加重负担，对生产抱着够吃够穿就行的态度。兴县四区张家岔是一个偏僻的山地村，全村55户，其中14户觉得有困难，但每日东奔西跑不安心生产。如中农张狗岐就抱着"穷光荣、富麻烦、够吃够穿"的思想，还有一部分群众担心别人"眼红"，不敢积极生产，一部分群众怕按成分承担粮食任务，怕"闹"下东西不能由自己，因此生产有顾虑。③ 我们可以看出，土地改革特别是1947年之后出现的"过火"行为，或多或少地损害了中农的利益，这就导致了因参与变工组等组织，生活得到改善的部分中农，对互助合作产生了迟疑的态度，踌躇或观望，而不是积极加入。加之，1948年的整党运动，部分干部在工作中削弱了对互助合作的领导，兴县的互助合作运动产生低落和收缩的现象。

新中国成立前夕，土地改革运动在兴县基本完成，稳定的生产及生活环境重新点燃了农民从事生产、扩大生产的激情，根据农民生产的需求和

---

① 贾维桢等编《兴县志》，第573~574页。
② 山西省史志研究院编《山西通史·解放战争卷》第9卷，山西人民出版社，2001，第146页。
③ 《兴县一九五三年春季生产初步总结》（1953年6月13日），兴县档案馆藏，档案号：A13-1-3。

要求，变工组等互助合作形式又重新"组织起来"，农民们不再用犹豫的态度看待互助合作，而是逐渐积极参与，其中西北偏关、河曲等九县"组织起来"的劳动力达到了 16.3%。[①] 在 1949 年冬季生产中，晋绥解放区农民也普遍地采用了变工合作的形式，把人力、畜力组织起来。[②] 互助合作运动不再低迷，开始回暖，但是，因为没有明确的指示与有力的领导，此时的互助合作运动亦没有大的进展。

小　结

兴县闭塞的地理环境和不利耕作的生态环境，制约了兴县经济的发展，但其沟壑纵横、山高坡陡的地理特征，也阻隔了日军及国民党军队的西进，兴县成为晋西北根据地的重要组成部分。为了军民生存和战争胜利，兴县农民通过互助合作的方式解决生产资料、劳力不足等问题。在农忙季节变工，几家农户之间在人力、畜力、农具甚至土地上相互调剂，这是中国农民传统的互助方式。而之所以会出现变工互助，则在于一户家庭中，或缺乏劳力，或缺少耕畜、农具，或受限于某一劳动技术，只凭借单户的能力与力量，不能完成劳动生产全程，所以，为解决生产中的困难，农民不得不选择互助与合作，越是贫困的地区，变工互助则越普遍、形式越多样。简言之，经济上的贫困是农民之间变工互助产生的基础。

[①] 山西农业合作史编辑委员会编《山西农业合作史互助组卷》，山西人民出版社，1996，第596页。

[②] 《晋绥冬季生产获利甚大，奠定今年春耕生产基础》，《人民日报》1949 年 2 月 23 日。

第二章 兴县农业互助合作运动的
进路（1949～1956）

自土地改革之后，"组织起来，发展生产"的基本政策在农村开始广泛实施，即引导农民按照自愿互利的原则，组织各种形式的农业生产互助合作，逐步走向农业集体化的道路。

众所周知，自愿互利是"组织起来"的基本原则。对于如何理解"自愿""互利"，《农业生产互助合作教材》中是这样解释的：什么是自愿呢？自愿就是农民参加互助组和农业生产合作社有完全的自由，不能有一点勉强，不愿参加的，应当允许他单干，不能打击他、排斥他；参加后又要退出的，也应当有完全的自由，经过劝说无效后允许他退出。之所以必须要自愿，是因为当农民还没有体验到组织起来的好处时，他是不会轻易参加的，农民是靠实际经验办事的，如果他心里不愿意，但被强迫地组织起来，生产情绪就会受到影响，结果不是形式上组织起来而实际上不互助，就是散伙垮台，这样反倒会给今后发展互助组、农业社埋下很多隐患，如果农民真正看到"组织起来"的好处，从心里愿意组织起来，这时候生产情绪就会高涨，会想各种办法提高生产，生产提高了，收入增加了，互助合作就巩固起来了，这样就会影响到别的农民，使他们也愿意组织起来，互助合作由此进一步地发展、壮大。而所谓"互利"，就是大家都不吃亏，都得到应得的利益，在互助组里实行互利最要紧的是评工、清工、记工要公平合理，等价交换。比如人工换人工，就要按劳动力强弱，技术高低和做活多少、好坏来比较计算；人工换畜工就要使无畜力的户不吃亏，不使有畜力的户光拿畜力来剥削劳力，但是也要使有畜力的户不吃亏，不能叫别人白使牲口或是工资很低，那样人们就不愿意拿出牲口来用了，甚至不愿意喂养牲口。有的地方，牲口很缺，大家需要牲口，牲口工资高些大家也愿意，因为总比没有牲口强，以后生产发展了，大家能买起牲口了，牲口数量增加了，其工资也就降下来了。[1] 就以某地来说，刚完成土地改革不久，农民牲口少，牲口工资虽然高些，人们也愿意和有牲口户互助，有牲口户也因为劳力弱些、少些等原因愿意和有劳力无牲口户互助，这就是在互利的原则下组织起来了，但是这种情况并不是一成不变的，在生产发展的同时就会产生变化，生产发展了，农民就不愿意有牲口户占便宜太多，就希望可以适当地降低牲口工资，无牲口户也可以自己凑齐钱来买牲口，也就不会吃亏太大了，[2] 所以，互利是要根据当前当地的条件来说的。总之，互助组的等价互利形式主要是"以工换工"，辅之以工资制度，实行齐工，这样既能防止组内的变相剥削，又能照顾组员劳力、土地不完全相当的情况，初级农业生产合作社等价互利最主要的形式是劳力、土地分红比例的合理，因为初级社与互助组不同，初级社的土地是集体经营，收获物是统一分配的。[3]

由上可知，自愿和互利是分不开的，自愿则是来去自由，强调意愿的重要性，这一原则也是基于对农民这一主体的了解。农民从事农业劳动的目的是什么？最低要求是可以满足温饱，满足最低要求的同时希望可以尽可能地增收粮食、增加收入、改善生活，而"组织起来"则是通过互帮互助，使农民可以进一步发展生产。这样一来，农民的要求就和"组织起来"的初衷达成了基本的一致，其意愿最终外化为参与互助合作组织的行动。如果说自愿是使农民参与到互助合作组织中来，那么互利则是互助合作组织得以巩固与发展的条件之一。互利的关键词则是公平，参与的各方都可以获得其所认可的利益，使互助合作组织可以稳固地、持续地保持下去，并且，部分农民在利益的驱动下，对互助合作组织由之前的观望转为参与，这也是互助合作组织得以扩大的原因之一，所以，自愿和互利可以说是相辅相成的关系。

在农业生产互助合作中，兴县作为革命老区，根据地时期就广泛尝试

---

① 华北人民出版社编印《农业生产互助合作教材》，1952，第62~64页。
② 《农业生产互助合作教材》，第64页。
③ 《农业生产互助合作教材》，第65页。

了互助组等农业互助合作组织形式，新中国成立之后，兴县的农业互助合作运动在之前的基础上进一步发展。1951 年，中共兴县地委对兴县互助合作组织形式和性质做了研究，明确了互助合作运动如同其他事物一样是由低级向高级逐步发展的，归纳起来有 5 种形式：第一种是初级形式的临时变工组；第二种是季节性互助组；第三种是长年互助组；第四种是长年且又有公共积累（当时叫公共财产）的互助组；第五种是土地、耕畜入社，按劳力和土地分配收益的农业生产合作社。① 总之，这一阶段，互助组作为普遍的形式广泛建立，初级农业生产合作社则主要是以互助组为基础，开始试办、发展与整顿，1955 年底初级社大量地转为高级社，完全社会主义性质的劳动组织自此建立，随着 1956 年初农业社会主义改造的基本完成，兴县农村的生产关系发生重大变革。

第一节　互助组：社会主义萌芽性质的合作组织

1949 年新中国成立，百废待兴，广大农村农民迫切地希望恢复生产、发展经济、安居乐业。为了实现这一目的，政府提出"在农业生产恢复较差的地方，组织起来应着重克服劳力、畜力和农具缺乏的困难；在农业生产已恢复战前水平或已超过战前水平的地区，应在组织起来的基础上着重改良技术，加强经济领导，进一步提高生产水平"。② 此项工作将作为新中国成立初期在农村继续开展"组织起来"工作的内容之一。兴县在 1950 年初，虽有不少变工组织，但大部分是临时性的，长期性的变工组织较少，同时互助组织的效能也较差，在此基础上，互助组作为"组织起来"具体的表现形式之一，因其形式较简单，便于组织，开始得到普遍的推广与建立。

---

① 《山西农业合作化》，第 667 页。
② 《华北局关于农村生产情况与劳动互助问题向毛主席的报告》（1950 年 7 月 27 日），《农业集体化重要文件汇编（1949～1957）》上册，第 15～16 页。

一 怎样组织起来

怎么样消除农民生产的顾虑，使他们能自觉、自愿地参与到互助合作的组织中来，这是中国共产党在农村开展互助合作工作必须要解决的一个关键问题。在兴县的具体实践中，通过思想教育、民主的作风，在农村中奠定了互助合作的基础，在及时解决问题中，给农民留下了良好印象，而且，妇女作为一支重要力量，被广泛发动起来参与农业劳动。具体如下。

第一，进行思想教育。思想作为行动的根源，思想决定行动。在组织互助合作中，如果农民思想上没有发生转变，行动上即使强迫其参与互助，最终也无法转化为有效的行动力，所以转变思想至关重要。

在思想教育中，利用基层干部普遍对群众进行劳动致富、物由自主、保护财权的宣传，对各种生产奖励政策进行讲解、宣传，并说明"新民主主义社会制度，仍是私有制度，谁刨闹下的东西仍归谁有，不是吃大锅饭"，[①] 而且批判了"眼红"思想。并强调，在具体对农民进行说服教育过程中，一定要有耐心，反复解释互助合作到底有什么好处，比单干强在哪里，给农民具体算个账，比如可以省多少工，可以不误农时，一人一手办不了的事，像改良土壤、发展副业、伙开渠、伙打井等，组织起来就能办，最好是拿已经组织起来的农户和单干户对比，一比就比出高低好坏了，而且在许多实际的生产活动中，随时拿组织起来的成绩向大家宣传。

通过政策解释、"算账"等宣传教育，农民对互助合作有了初步的认识，同时看到了组织起来的好处，在实际利益的驱动下，农民行为由观望变为试探，而在试探中，预期收益如果可以顺利实现，则上述宣传的可信度大为增加，互助组愈加巩固，内心达到真正信服从而转化为意愿，即主动参与互助组织。因此，在思想教育中，仅仅依靠口头宣传，显然不能够从内心真正打动群众，而身边所认识或熟悉的村民的真实经历，则往往比语言劝说来得更切实、更有效，农民需要的是眼睛可以看得见的真实事例。比如兴县弓家山村本来计划开荒480垧，组织变工后开荒超过原计划，

---

① 《兴县一九五〇年农业生产总结报告》（1950年11月18日），兴县档案馆藏，档案号：A13-1-1。

互相调剂基本可以解决每家生产上的困难；再比如，兴县温象拴计划通过组织劳动互助，改造村中二流子。他把二流子组织在变工队里，以便更好地监督他们，更有力地帮助他们；同时，温象拴还分工帮助贫苦农民，解决其耕牛、粮食问题，实行集体互助变工。① 通过真实的事例，农民看到了互助合作的切实可行，这样，务实的农民才有可能转变态度，从而加入互助合作。而刚刚加入的农民，也极有可能成为下一位加入互助合作组织者的参照者，由此成为一股浪潮。所以依靠真实事例打动群众，也是对农民进行思想教育的一个重要方面。

除对农民群众进行思想教育外，加强对基层干部的思想教育，也是农村思想教育的重要组成部分。1950 年春耕开始时，兴县部分干部存在着即使不领导群众也会生产、没东西（生产资料）不能领导生产并怕耽误了自己生产的种种不良思想，通过在各种会议上进行教育，干部们普遍从思想上认识到组织起来比单干强，并提高了对工作的热情，加强了领导。例如，1950 年，四区区委副书记范易仁 3 月到区工作 10 多天回家生产，经过教育后，回到四区工作，开始有了转变；又如五区高家崖村支委高两信，春初不愿工作，后经多次教育，思想发生转变，在夏锄中，他组织了 1 个变工组，坝了河滩地，并与新技术相结合，准备第二年还要搞变工合作社。② 由此可见，在思想教育中，基层干部和普通群众两方面都不能放松，并且，对于农民思想教育来说，这是一个长期的、持续的过程。

在兴县农村很多地方，如白家沟村、高家村、黑峪口村等，基层干部中很多还是劳动英雄，而劳动英雄本身生产成绩就比较好，在农村也更有号召力。因此，通过劳动英雄的现身说法来激励农民群众，成为提高农民思想觉悟的一个重要途径。兴县劳动英雄温象拴所在村的变工队，不但在发动组织前，经过深入的宣传教育，而且在组织以后也不放松，随时随地地教育群众，他说："新政权扶助咱们翻身哩，变工互助就是咱们翻身的路子。"村里有的人怀疑，多生产还不是要多出公粮，怀疑干部们那样

---

① 《晋绥根据地资料选编》第 2 集，第 254 页。
② 《兴县一九五〇年农业生产总结报告》（1950 年 11 月 18 日），兴县档案馆藏，档案号：A13-1-1。

"蹦跳"，还不是为了变起工来好叫大家给代耕。温象拴用事实给群众做解释，说"部队上也闹了生产，公粮不但不至于增加，还会减少，好好刨闹，打下粮食是自己的"。对于基层干部的问题，他说："干部们做多少顶多少，不会叫大家吃亏的，大家不要听别人的破坏话。"① 他教育基层干部和积极分子，然后通过他们，教育一般群众，并且定期开组长会议，在会上检查汇报工作，讨论各组所出现的问题，表扬好的，批评坏的，把这些工作上的问题，带到小组中去，不论是在道路上，还是在田地里，都随时随地进行教育。劳动英雄的影响力及信服力，给一般群众以信心，在农村中，劳动英雄在思想教育方面发挥的作用不言而喻。

上述的思想教育过程，宣传、会议、事例等所涉及的皆是本区域的人或事，如何与外界进行沟通和交流，报纸起了很大的作用。通过读报进行学习，对农村干部和群众来说，都是一种思想教育。比如温象拴所在村的变工组同时也是读报组，各组定期地利用晚上的时间，给组员读报，读完并进行讨论，在变工组里开展读报，又用报纸来推动变工。有时也在开会之前，先有计划地读报，准备讨论什么问题，就搜集一些这方面的材料、消息，把人们引导到要讨论的问题上面，这对于干部们的工作，帮助很大。自1950年春起，兴县杨家坡的几个干部，变工是干部们自己变，不愿意和群众变，批评了几次也不抵事，报纸上刊登了这一情形后，这一消息引起了很大的反响，杨家坡的干部读了报以后，认识到错误并很快地转变过来；白家沟村订了《山西日报》2份，《农民报》5份，《华北人民》《青年报》《妇女报》各1份，由贾维蕃领导学习。② 各种各样方式的读报学习，不仅让普通农民接触到了外面的世界，而且报纸上的事例也教育了干部和积极分子，并通过积极分子进而教育群众，积极分子将报上登载的好的、坏的事例，让群众去看、去听、去讨论，使群众可以明辨是非，了解什么是好的、什么是坏的，以达到推进先进经验，改进目前不足的目的。通过读报学习教育，干部和群众的思想认识有了很大提高，从而使得互助组的各项工作更容易开展，有助于互助组的组织与巩固。

第二，民主的作风。互助合作，讲究的是"平等、自愿、互利"，组

① 《晋绥边区第四届群英大会集书之三——关于变工互助的几个具体问题》，第18页。
② 《兴县一九五二年农业生产总结报告》，兴县档案馆藏，档案号：A7-1-34。

织起来以后，组里的事情大家自愿来办，即要经过民主讨论，征得大家同意，这样，大伙的积极性得到提高，组织内部也会稳定、团结，劳动生产更为努力，互助合作自然就能巩固和发展。这实质是"双赢"，是群众自己的事情。在群众真正觉悟的基础上组织起来，才是有力量的组织，在发挥了群众积极性和群众力量的基础上巩固起来，才是真正巩固的组织，而实行民主的领导，乃是发挥群众力量，巩固变工组织的基本办法。兴县三区阎罗坪村的劳动模范康银儿，同时也是该村的村长，1950 年春，政府计划增种棉花，任务下来后，他即抽暇宣传员，用付账的办法发动种棉，创造了"以生产领导生产"的方法，并主动地和二区预购棉籽 120 斤，并发动人背回来，康银儿自己带头种了 1 亩，在他的影响下，全村共种了 28 亩，超过任务 8 亩。1950 年春康银儿就先变起一个变工组来，由于他领导民主，变工自愿等价，因此组织很巩固，由 3 户 3 人发展为 10 户 12 人的大变工组，在他的影响下，全村共变起 16 组来，在生产中均完成并超过了所规定的任务。①

如何从民主管理到建立民主管理制度，这个问题是值得深思的，民主管理侧重的是"管理"，一个领导者运用民主的方式来管理群众，使得组织内部矛盾消除，继续工作，而民主管理制度更重要的则是"制度"，比如互助组内的劳动评工、记工、清工、齐工制度，奖励制度，批评与自我批评等，制度的性质是民主管理。具体来说，互助合作的基本原则是自愿互利，所以要使个体利益与集体利益一致起来，民主的管理是必不可少的，有些变工队、互助组因为民主管理得不好而散了伙，而有些变工队、互助组也正因为民主的管理，就一步一步巩固而长期坚持下来，如兴县贾宝执、临南李汝林，都非常善于运用民主解决问题。早在 1945 年春天，李汝林村的变工队中，有一个组是 5 个人伙买了一头毛驴变工，组里有一个二流子，"苦水差"，一个较奸猾的中农怕吃亏，不愿意变工了，就鼓动二流子说："你的地少，变工吃亏哩，一个驴也耕不过全组的地。"其他几个人，一听他说，也都不高兴地说："既是这样，你一个把驴并的去吧。"这中农就把驴并了，这个组就无形中垮下来了。李汝林知道这件事后，先找

---

① 《兴县一九五〇年农业生产总结报告》（1950 年 11 月 18 日），兴县档案馆藏，档案号：A13-1-1。

小组长和中农了解情况，再分别找另外三个人谈话，其中有一个说："自己的地不多，怕变工压住身子。"然后把五个人找到一起讨论，大家都说："怕地耕不过是实际问题，咱们想办法再朋的买个驴，将来也入运输队，抽出人来赶驴。"就这样，这个变工组再次组织起来。①

另外，在变工中开展了自我批评。李汝林村的妇女纺织变工中，有些妇女纺的、织的都很差，可大家伙谁都不提意见，大部分妇女都这样打算："纺好纺赖，就是这一次了，下次各做各的好。"眼看着这种变工纺织就难以继续下去了，李汝林听说这件事后，并没有去把妇女们训上一顿，而是发动他的"婆姨"，在会议上先批评自己，引起大家自我批评来改善工作。在妇女们开会的时候，他"婆姨"首先提出自我批评说："我在纺的时候，想多纺点，织的时候，想多织点，结果，纺的织的都不好，这是不对的。再说，我对别人纺的不好，织的不好，也都有意见，可是我不愿意说，积攒在心里，这也不对。"经过她的这种自我批评，妇女们都检讨了自己，并制定了纺好织好的标准和办法。自此以后，不但纺织的质量提高了，而且彼此之间的团结也加强了。② 由此可见，自我批评的作风，更有利于发挥队员、组员的积极性，大家不再"事不关己，高高挂起"，而是主动地关心变工队、互助组的事情，并积极想办法去解决队、组里存在的问题，这样群众的智慧、能力得以发挥，办法也就随之增加。并且，因为所制定标准、所想办法是集体、民主的意见和建议，不是少数人包干，所以组员互相间"闹别扭"的情况也大为减少，这不仅有利于培养集体观念和民主作风，而且有利于形成民主的管理制度。

民主管理制度不是一时就可以健全的，而是随着生产的发展，变工队、互助组的巩固程度，以及队员、组员觉悟的提高逐步改善的。有的地方，想让互助组短时间制定一套很完整的制度，或是想出一套制度去让变工队、互助组执行，这是行不通的，这种一蹴而就的制度，队员、组员不接受或者接受不了，即使勉强接受，也很容易成为形式主义。所以，制定民主管理制度需要根据变工队、互助组的条件，经过民主讨论，定出简明易行的制度，并不断地在生产发展过程中去逐步改善、补充。

① 《晋绥边区第四届群英大会集书之三——关于变工互助的几个具体问题》，第 22 页。
② 《晋绥边区第四届群英大会集书之三——关于变工互助的几个具体问题》，第 22 页。

第三，及时解决问题。各地的互助组织，很多都是从解决群众的困难开始的，假如群众没有土地、没有种子，怎么能开始变工呢？但就是组织起来以后，互助过程中也时常发生问题，譬如领导人选、耕作次序、评定劳动强度、打乱耕作时的按地评工等问题，这些问题在群众中极容易产生不同意见，甚至发生争执。在土地改革之后，农民得到了土地、牲畜，但思想上的顾虑还是不少，并不敢积极发展生产，这时，想要调动农民生产的积极性，就必须要解决他们最为关心的问题。首先就是地权问题，明确地权，颁发土地证，给农民吃下了一颗"定心丸"，并且适当地解决了土地所有权纠纷问题；其次是宣传了各种生产奖励政策，准许雇工，避免了部分农户因为家中劳动力的缺乏而致使土地荒芜，兴县四区的张狗岐在认清了政策后，1950年就雇了一个长工，除种熟地外，还另开了23垧荒地。另外，还从成分问题着手，决定在经过政府的批准与群众的讨论后，给生产好的地主、富农降低成分，比如兴县四区任家坡富农刘有孩，通过努力生产，并经过政府批准和群众讨论降低成分为中农。① 种种举措，从农民的需要着手，及时解决了农民内心最为彷徨的问题，为互助合作运动的开展奠定了良好的基础。

第四，积极发动妇女参加劳动。在农业互助合作运动中，妇女作为一支重要的力量，被广泛地发动起来。据调查，1950年山西各地妇女参加生产者已超过全国妇代会要求"动员50%以上妇女参加生产"的目标，不仅有50%以上的整、半劳力参加了春耕，在三秋阶段甚至有70%左右。② 1951年妇女参加生产的在山西老区约占妇女劳力（除孕、产、疾病、老弱妇女外）的90%，其中基础好的县占总劳力的60%左右，一般的县亦有15%左右。③ 互助组中也吸收了很多妇女劳动力，妇女的积极参与，为互助合作运动的发展提供了重要支持。

总的来说，这一时期的农业互助合作运动，之所以能组织起来，并得到巩固和发展，劳动英雄和领导干部发挥了关键性的作用。俗语有云，

---

① 《兴县一九五〇年农业生产总结报告》（1950年11月18日），兴县档案馆藏，档案号：A13-1-1。
② 《河北山西两省百分之七十妇女参加农副业生产》，《人民日报》1950年1月10日。
③ 《山西省怎样发动农村妇女走上生产战线》，《人民日报》1952年3月7日。

"火车跑得快，全靠车头带"，兴县一些村子中的变工队、互助组能发动起来，并取得良好成绩，概因其有一个强有力的领导核心。例如，兴县二区高家村，有一条渠从 1942 年到 1944 年共修了 3 次，花费人工 6840 个，因工程计划不够完善终未修成，中途失败了，不但浪费了民力，而且给群众留下了一个深刻的不良印象，说"这条渠永远修不成"。1952 年春，水利模范代表白建纲同志提议再修这条渠，但群众脑子里有"修不成"这三个字存在，不接受白建纲的提议，反映说："去年是大旱吃的也没有，还修什么渠。另外前几年费了那么多工也没修成，这不是瞎做呢！"抗拒思想相当严重，后经过县下乡干部的几次解释教育，初步扭转了群众不愿修的思想，终于在 3 月 20 日该村 5 里长的水渠开始动工，由于不断说服教育群众，提高大家的积极性，特别是白建纲同志的精确计划、民主领导、具体分工，经过 65 天的努力高家村村民胜利完成了 5 里渠的修整，共花费人工 1340 个，将 620 亩旱地变为水地，1952 年浇地两次增产棉花 1.584 万斤，获得了丰产。① 由此可见，劳动英雄、领导干部的组织力、影响力，在组织中发挥了不可或缺的作用。并且，在具体事务中，农村干部们首先做出示范，推动群众生产。就比如五区高家崖劳动模范高克成，作为村支部书记，他的领导方法是：自己积极组织变工组参加生产。他领导的 1 个变工组共 12 户，12 个劳动力，组内先后有 5 头牛，1950 年夏天时候，组内抽出 6 人带牛 5 头，上山开荒 112 垧，耕了 2 次，其余 6 人在家锄地，在秋收时，抽出男人秋翻地，动员妇女小孩参加秋收，共翻过地 140 垧，到 11 月变工组已发展为合作社性质，户数增加为 28 户，开了油坊、粉坊各 1 座，并利用节余的工，让农民上山做木杖 150 个，卖米 3 石，他又借出 5 斗粮，解决了组内缺粮户的困难。在防除病虫害上，高克成响应政府的号召，积极发动群众，深入宣传，并在群众会上做了实验，自己先带头进行温汤浸种，群众看见他浸，也都进行了浸种，全村浸种户达 60%。1950 年夏初，高克成从区上开会回村后，看见棉花上起了虫，他立即召开了党员干部会议，研究消灭办法，并决定使用"666"杀虫剂喷治，他和村主席亲自动手给自己种的棉花喷，试验生效后，又给旁人的喷，6 天以内共喷

① 《兴县爱国丰产劳模大会总结》（1952 年 11 月 22 日），兴县档案馆藏，档案号：A13-1-2。

治了 39 垧，喷过的棉花，害虫很快地死去，这样铁的事实教育了群众，在他的带领下群众都争先喷洒杀虫剂，最终全村共喷治棉花 134 垧，不但除灭了害虫，而且将 5 架喷雾器也推广出去了。[①] 村领导干部参加生产，这在当时很具有普遍性，也正是因为有领导干部和劳动模范的身先士卒、躬先表率，所以农业互助合作运动才得以迅速地发展起来。

二 互助组的规模与类型

从互助组的规模和类型来看，我们可以对兴县农业互助合作运动的发展有一个初步的了解。1950 年底，兴县各区参加变工的劳动力达到或接近50%，例如兴县五区，全区共有劳力 3360 个，参加变工组的劳动力有 1595 个，占总劳动力的 47.5%；三区阎罗坪全村共有劳力 93 个，参加变工的有 56 个，占全村劳动力的 60%。[②] 到 1952 年，通过统计，兴县全县共有临时季节变工组 1399 个，参加户数 3695 户，劳力 4472 个；长期固定互助组共有 385 个，劳力 2190 个，参加户数 1770 户。[③] 1953 年初，发展临时季节变工组 681 个，参加户数 3752 户，男女人口 16056 人，男女劳力6483 个；发展长期固定互助组 548 个，参加户数 4594 户，男女人口 20845人，男女劳力 9655.5 个。但是，由于在发展过程中出现了一定程度的盲目冒进倾向，后经过纠正与整顿，有 22 个农业社转为长期固定互助组，86个长期固定互助组转为临时季节变工组，同时，新发展临时季节变工组144 个，经整顿后，全县有长期固定互助组 484 个，参加户数 4019 户，男女人口 18454 人，男女劳力 8551.5 个，临时季节变工组 911 个，参加户数5088 户，男女人口 21554 人，男女劳力 10407.5 个。[④] 从中我们可以看出，兴县在新中国成立初期，农业互助合作仍然得到了较好的延续与发展，可

---

① 《兴县一九五〇年农业生产总结报告》（1950 年 11 月 18 日），兴县档案馆藏，档案号：A13-1-1。
② 《兴县一九五〇年农业生产总结报告》（1950 年 11 月 18 日），兴县档案馆藏，档案号：A13-1-1。
③ 《兴县变工互助组长代表会议总结报告》（1952 年 4 月 9 日），兴县档案馆藏，档案号：A7-1-34。
④ 《兴县一九五三年春季生产初步总结》（1953 年 6 月 13 日），兴县档案馆藏，档案号：A13-1-3。

以说，其不愧为中国共产党领导农村建设和推行农业互助合作的先期实践基地之一。

农业互助合作运动，是随着农村经济的变迁和农民生产的需要逐步发展起来的。各地实际情况不同，农业互助合作运动发展的过程自然也就有所差异。那么，就互助组的类型来说，通过对兴县各区的考察，大体上有临时性季节性互助组和常年互助组两种，具体如下。

临时性季节性互助组，是指在一定的农事活动（如播种、犁地、送粪、锄地、除虫等）或一个生产季节（如春耕、夏收、秋收）中，农民进行生产互助，其互助对象相对固定，一般有组长领导，三户以上组织起来，大体上可做到等价互利。[①] 这种互助形式较简单，容易组织，也可以解决牲畜、技术、地远等实际困难，所以，在农业互助合作运动初期得到了广泛的推广。并且，此种互助类型有较大的变通性，由此衍生出众多不同的互助情形。例如，有的农民在犁地时是和这几户互助，在下种时又和那几户互助，除虫时又和另几户互助，也就是说，农民在很多农活中都有互助，但互助对象不是完全固定，进一步说，农民的互助合作行为，从全年或者从全部农事活动上来看，其互助对象是不固定的，但就每个季节或在一定农事活动上，其互助对象却是固定的；还有的农户，只在一个或几个农事活动中互助，比如犁地、锄地，或是在固定的生产季节互助，比如夏收、秋收等，他们之间的互助时间很短，只有在农活特别忙的时候才进行互助，平常都是单干，但是互助的对象却是固定的，比如犁地时是这几户，夏收时还是这几户。互助的内容不多、时间不长，但对象固定，这可以说是临时性季节性互助组的基本特征。

临时性季节性互助组是互助合作最初级的组织形式，是从农民换工、变工等旧有的互助习惯发展而来的，其主要目的是解决农业生产中劳力、畜力的不足。这种组织形式的优点也使农民能够快速解决生产中的临时性困难，比如犁地时，一头牲口不好使，一个劳力不够用，则组织起临时性季节性互助组，进行牲口插犋、人力互助，互相补足人力、畜力的不足，犁地这一农活就不成问题了。又如在除虫中，一人一手除治不过来，大家

---

① 《农业生产互助合作教材》，第 20 页。

一组织，集中力量，就能很快除治了。抗旱下种时候，组织起来临时性季节性互助组，担水的担水，下种的下种，挖坑的挖坑，各司其职，很快就可突击完成抗旱下种的任务。在全面抗日战争与解放战争时期，兴县老区在劳力、畜力困难的条件下，能够按时完成季节生产，这种临时性季节性互助组起了很大作用。总的来说，这比农民自己单干的效率有所提升。

农民参加临时性季节性互助组，开始亲身体验劳动互助的过程，感受劳动互助带来的效率提高，同时，在此基础上进一步扩充劳动互助的内容、提高劳动互助的组织形式，所以，又可以说临时性季节性互助组是向农民进行集体教育的初级形式。这种互助组虽然是低级的、初级的组织形式，对发展生产所产生的作用有限，但与农民单干比，其效率较高，群众也最易接受。在新中国成立初期，此种形式的互助组在兴县地区大量存在，所以对此的考察是农业互助合作运动研究中不可忽视的一部分，没有普遍的初级形式，就不可能有中级、高级形式的出现，临时性季节性互助组是发展到常年互助组的基础。而临时性季节性互助组要发展为常年互助组，就要注意以下三点。

第一，提高组员"组织起来"的觉悟，这是临时性季节性互助组逐步转向常年互助组首要关注的事情。在一个农事活动完成以后，要给农民去"算账"，总结农民在互助过程中所获得的收益，使组员们感受到"组织起来"带来的具体实际的变化。

第二，帮助农民们具体解决农闲时间的互助内容问题。因为临时性季节性互助组常常是因为农民觉得"闲时互助没活干"[1] 才散了伙，所以在互助中，进一步要求互助需要和提高技术相结合、和副业相结合。在实际互助过程中，可以根据当地的生产条件和群众要求，充实互助的内容，找活儿干，这样互助合作就能逐步常年坚持。

第三，帮助农民解决等价互利问题。在临时性季节性的互助组中，往往不能很好做到等价互利，即有人吃亏或有人占便宜。评工记工方面，这类互助组不是按劳力强弱和技术高低作为评工记工标准，不是实行"死分活计"或者"以活计工"，而是"一个顶一个"，固定按一天或一晌记工，

---

[1] 《农业生产互助合作教材》，第23页。

这样达不到互助互利的目的，自然就不能常年坚持。[1] 所以帮助临时性季节性互助组改进评工记工办法，对临时性季节性互助组发展为常年互助组具有重要意义。

而要将临时性季节性互助组发展为常年互助组，就必须了解常年互助组的定义。在全年的几个主要农事季节（如春耕、播种、夏锄、夏收、夏种、秋收、秋耕、秋种）三户以上组织起来，对象固定，有组长领导，有简单的生产计划和一定的清工记工制度，这就是常年互助组，也可以说这是常年互助组的最低标准。并且，各个常年互助组的情形也不一定相同，比如有的互助内容比较简单，有的就比较复杂；有的只是单纯农业上的互助，有的不仅农业生产上互助，而且还和副业相结合，一部分人搞农业，一部分人搞副业，或者是农忙时搞农业，农闲时搞副业；有的还和提高技术相结合，有了某些技术上的分工，比如会犁地的犁地，会掌耧的掌耧，能担挑的担挑；有的还逐步设置了一部分公有农具和牲畜，积累了少量的共有财产；有的已经开始与供销社相结合，集体和供销社订立结合合同；有的生产计划性更强一些，制订了季节性的生产计划到全年的生产计划，甚至订了两年、三年的生产计划；有的则集体进行一些农业生产的基本建设，如修梯田、垒地堰、改良土壤、打井、按水车等。[2]

兴县地区的常年互助组一般是打乱耕作，发展出的形式则主要有两种。第一种是土地归个人，人力、畜力打分，集体劳动，以工还工。如1952年，这种形式的互助组全县共有302个，分别是一区石楼圪台王玉明等共32组，二区胡家沟贺来红等128组，三区宋家塔赵成珠等30组，四区松石村王明光等33组，五区郑家塔白应儿等52组，六区大峪口高乐德等27组。第二种是土地归个人，人工顶人工，耕畜顶租子，共同喂养合伙使用。如1952年有一区后发达村赵炮坑等3组，二区花园沟等27组，三区吴家沟王才林等16组，四区常申坪张继富等10组，五区王家崖高中见等27组。这种形式的变工组全县共有83个。[3] 由上可知，第二种的形式

---

① 《农业生产互助合作教材》，第23页。

② 《农业生产互助合作教材》，第25～26页。

③ 《兴县变工互助组长代表会议总结报告》（1952年4月9日），兴县档案馆藏，档案号：A7-1-34。

其实是低于常年互助组的标准，但是又高于一般的临时性季节性互助组，基本接近常年互助组。虽然他们的互助依旧是在个体小农经济的基础上等价换工互助，但这种形式已经比临时性的人牛变工有所进步，而且从劳动效率上来看，也比临时性的人牛变工效率高。

上述两种形式的常年互助组，具有以下共同特点：第一，二者都是在当地已有的变工习惯和群众觉悟的基础上，由临时性季节性互助组逐渐发展为常年互助组；第二，组织内有核心领导和骨干力量，起着决定性的作用；第三，在互助中基本贯彻了自愿等价、民主管理的方针，如多数互助组能根据实际情况自觉制定会议、学习、检查评分、具体分工、误工、补工等各项制度。此外，这两种形式的常年互助组，按发展情况来说，其优点是互助范围大，能节省较多的劳力用于副业与土地加工，遇到"天灾""人祸"也有一定的抵御性，农民不易破产。如兴县甄家庄组织全组 35 户在 30 里的区域进行有计划的集体打柴，其所打柴火能烧至 7 月底；弓家沟村的打井、送粪等活动，均在规定时间内提前完成。因为有领导和骨干力量的支持，常年互助组取得了一定的成绩，但也有其不足，在耕作的先后次序问题上农民的矛盾较多，此问题还未得到妥善解决。①

从以上来看，常年互助组确实比临时性季节性互助组显示出了更多的集体性，随着劳动集体性的增强，粮食产量及农民收入也比以往有所增加。总的来说，常年互助组的优点主要体现在以下几个方面。首先，因为农民常年在一起互助，这为互助组内制订简单的生产计划提供了条件，农民可以按照本组的情况，以及农作物耕作时间的先后、耕作的内容缓急去进行生产，不至于"顾东不顾西"，并且，在生产中有计划地调配劳动力，从而节余的劳动力，就可以用于进一步的土地加工、精耕细作、多锄多耙等，还可以进行一些较大的农业生产建设，如修滩开渠、整修梯田、改良土壤等。其次，农业生产可以和发展副业相结合，使农副业兼顾，副业支持农业。再次，因为组员擅长的农业劳动不同，技术也有高低之分，在常年互助组里，就可以做适当的技术分工，这样便于把劳力和技术结合起来，发挥专长，互教互学，取长补短。在使用新式农具上，因新式农具价

---

① 《兴县变工互助组长代表会议总结报告》（1952 年 4 月 9 日），兴县档案馆藏，档案号：A7-1-34。

格较高，一家一户买不起，而互助组内大家则可以伙买，并且，一家一户
买一架新式农具也是不必要的，比如一张七寸步犁每天可以犁七八亩地，
完全可以几户一起买，在使用新式步犁时，面临畜力缺少问题，一家一户
的畜力不足，互助组内则可以进行畜力调剂。最后，因为常年互助，生产
过程计划性强，这就便于和供销社相结合，能够集中组员的要求，有计划
地解决组员的供销问题，加强国有经济对互助组的领导。

　　在具体生产过程中，因常年互助组比临时性季节性互助组互助形式更
多样、互助内容更丰富，所以其所要处理的问题更多。而想要领导常年互
助组，则不是一件容易的事情。第一个是劳动力问题，在农忙季节，如何
有计划地、科学地使用劳动力？农活中如锄地、收割等劳动，既需要大量
劳动力，又需要"不违农时"，由此在耕作次序上，先做谁的、后做谁的，
最容易引起群众间的矛盾，如果计划不好，劳动力使用得不恰当，就会造
成先做的占便宜，后做的吃亏，而互助组也就有了垮台的风险。如 1952
年，某村的一个互助组，从播种时就对农活和劳力进行了安排，计划丰产
谷和一般谷分时段播种，极大程度上避免了间苗时农活赶到一块儿忙不过
来的情形，在收麦的农忙季节，全组共需完成八亩丰产棉、十三亩谷子的
间苗、浇水，二十亩麦子的收割等任务，算起来要用 100 个工，而此时全
组只有五个整男劳动力，两个半男劳动力，为了能够尽快完成，互助组动
员组内三个妇女和五个儿童也参与劳动，两个半男劳动力带领三个妇女和
五个儿童负责浇地、间苗，五个男整劳力负责拔麦、打场、播种、锄地，
经过这样安排，顺利完成了任务，哪家的活也没有耽误。① 还有的互助组
根据农田劳动的轻重缓急，选择先做急活，再做不急的活。如某个互助
组，在趁雨抢种晚田的时候，经过讨论确定先突击种干地，因村边上的地
如果不及时下种就干了，于是决定先抢种村边上的地，村东的地湿，就最
后种，经此组内成员的地都得到了及时的耕种。② 由此可知，常年互助组
需要根据实际的情况，合理安排劳动力，而要想做到合理地安排生产，生
产计划则是必不可少的。这也是问题之二，如何制订一个合适的生产计
划？常年互助组中普遍制订了短期的生产计划，十天或半月，或一个农活

---

① 《农业生产互助合作教材》，第 28~29 页。
② 《农业生产互助合作教材》，第 29 页。

要做之前，组内人员聚集在一起，先由各家自报，然后组员讨论，做个短安排，具体包括什么时候干什么活，得用多少工，由哪些劳力和牲口来干，做成个什么样子，最好每天晚上再碰一次面，具体商量第二天的安排。

评工记工制度，是"组织起来"全过程中的重要部分，也是农民最为关心的话题，涉及农民的具体收益。而制定合理的评工记工制度，则是常年互助组能否巩固，乃至进一步发展的关键环节，也是"等价互利"原则的具体表现。如果评工记工制度不合理，不能做到等价互利，长此以往，农户之间矛盾越来越深，互助合作必不能长久。因为各个互助组的实际情况不同，所以采用的评工记工制度也不尽相同，一般来说，常年互助组内采用的是"死分活计"的办法，所谓"死分活计"，就是按每人劳动力的强弱、技术高低定成"死分"，又按每人实际劳动的效率实行"活计"。比如把一天分成十分工，早晨两分，午前四分，午后四分，评工时按劳动力强弱、技术高低和做活多少，评成不同的工分，如体力壮、做活好的，就记十分工；体力弱些，技术差些的，就记九分或八分工；有的人做一般农活是九分工，但其专长是农活中的一种，比如锄地、扬场，那他在锄地、扬场的时候就记为十分工。① 每天晚上记一次工，十天半月或一月总结一次分数，一月或一季齐一次工，工资是按四季来评。妇女、儿童也是按做活的多少，和男子一样评工记工。"死分活计"的办法，顾及了各个阶段的劳动力，一方面不致使劳动力强、技术高的人吃亏，以至于挫伤劳动积极性；另一方面鼓励农民提升技术，提高劳动积极性。

第二节 初级社：半社会主义性质的合作组织

初级农业合作社是在互助组的基础上发展起来的，初级农业合作社作为互助组、初级社、高级社"三步走"中举足轻重的一步，是中国共产党变革农村生产关系中的重要环节，是引导农民由个体经济向社会主义集体经济过渡的关键性步骤，所以，初级社受到了中共中央和领导人的高度关

---

① 《农业生产互助合作教材》，第30页。

注。在中国共产党第七届中央委员会第二次全体会议上，毛泽东就说：
"占国民总产值百分之九十的分散的个体的农业经济和手工业经济，是可
能和必须谨慎地、逐步地而又积极地引导它们向着现代化和集体化的方向
发展的，任其自流的观点是错误的。必须组织生产的、消费的和信用的合
作社和中央、省、市、县、区的合作社的领导机关。这种合作社是以私有
制为基础的在无产阶级领导的国家政权管理之下的劳动人民群众的集体经
济组织。"① 这就意味着此时农业互助合作运动的重心已经发生了转移，由
发展巩固互助组到发展巩固初级社。在解放战争期间，兴县大部分地区已
经完成了土地改革，同时也积累了丰富的互助合作的经验，新中国成立之
后，中共中央提出在全国范围内兴办互助组和农业社，并加快兴办农业合
作社的速度，这一阶段，兴县根据山西省委的指示，也开始兴办初级农业
合作社。

一 初级社的含义与性质

在兴县，基层干部在组织动员群众参加合作社的过程中，发现有些群
众对合作社事业不大感兴趣，究其原因：一是过去有许多"假牌"的合作
社，给群众留下了不良的印象；二是部分农民还理解不了合作社的含义。
在抗日战争时期，兴县虽说试办了变工合作社，但有的公营商店，借办合
作社之名，挨门派股，群众只是感到又出了一笔摊款；或是贸易局拿出本
钱来做生意，获得的红利分与社员，这样看来，吃亏的是"公家"，但群
众不但不明此意，反认为是被派了"合作捐"；② 还有的三朋四友，你五百
他二百，联合经营某种业务，这是一种合伙生意，而对外，则说是兴办起
了合作社，即使真有相当数量的社员，并在其他方面也初具合作社的形
式，但它做业务的目的，在于赚钱，这种形式并不是真正的合作社。

为了消除群众对合作社的困惑，在组织起来之前，干部有必要对发展

---

① 毛泽东：《在中国共产党第七届中央委员会第二次全体会议上的报告》，人民出版社，
2004，第14页。
② 岳谦厚、张玮辑注《"延安农村调查团"兴县调查资料》，南京大学出版社，2020，第
584页。

怎样的合作社做一解释。而当时认为的真正的合作社则要具备三个条件：
"一是群众性的经济集团，二是办理一定的手续，三是执行合作社的基本
任务。"① 其中"群众性的经济集团"是指，在农村中创办合作社的目的是
改善广大群众的生活，所以在发展过程中要吸收广大群众来参加，参加合
作社的人，须拿出一定的股本，表示他们在经济上实行互助的联系，其关
键词是"群众性""经济集团"。比如股份公司，是一个经济团体，但不是
群众性的，而群众团体是群众性的，但没有在经济上发生一定的联系。办
理一定的手续是指合作社要向政府汇报登记，申请登记时，要将该社的社
章业务、社员社股、组织分工等做详细报告。这一方面表示合作社坚决执
行政府各项政策尤其是经济政策；另一方面也让政府及时了解情况，以便
指导和扶持。合作社的基本任务，从政治与经济两方面来说。政治上的任
务，在于从经济上组织起来，给群众以集体生活的教育，克服农民所固有
的散漫、落后的局限性，提高其文化水平与政治觉悟；经济上的任务，在
于社员依靠自己的劳动实现自给自足，求得经济上的发展，为新民主主义社
会经济打下基础。预备发展四种合作社：消费合作社（供给价廉物美的日用
品）、生产合作社（组织社员的劳动力，利用零散资财，改进生产技术，增
加生产量）、运销合作社（集合社员的生产品，直接卖给消费者）、信用合作
社（一面储集社员们的零散资金，一面低利借给社员钱款）。② 由此可见，规
定了合作社的参与人员、性质、目的以及预备发展的形式。在四种合作社形
式中，我们在这里讨论的主要是农业生产合作社。所谓农业生产合作社，它
的基本特点就是社员以土地、劳力入股，集体耕种，集体经营，所得的生产
收获物，也是按个人入股土地多少和劳动多少统一分配，这种组织是在互助
组多年发展的基础上产生的。农民在长期互助中，已经有了集体劳动的习
惯，有了技术上的分工和互助的经验，互助组里已经有了某些公共财物，并
且已经培养出有一定领导能力的骨干力量。在这种情形下，为了进一步发展
生产，农民群众已不满足于互助组的形式，进一步要求统一使用土地，实行
集体经营，而为了适应农民的这种要求，初级农业生产合作社应运而生。

　　初级农业生产合作社的性质，虽然基本上和互助组一样，也是在私有

---

① 吕梁文化教育出版社编印《开展合作运动》，1946，第3页。
② 《开展合作运动》，第4页。

基础上的劳动互助合作组织，但它较互助组具有更多的社会主义的因素。这些因素具体表现在：第一，生产上的集体性增强了。初级农业生产合作社已经不像互助组一样是分散个体的经营了，而是能够统一分配劳动力，统一计划并耕种社里的土地，统一经营社里的副业生产，也就是说，此时已经能够实行较大规模的集体生产，初级农业生产合作社已把个体农民小的生产单位联合成一个较大的经济单位，其不仅是劳动上的合作，而且是经济上的合作。第二，在收获物的分配上，除按入股土地付给一定的收获量，按入股的工具及牲口付给合理的报酬以外，其余是依照"计工取酬、按劳分红"的原则来分配收获物的，也就是按照劳动多少、劳动力强弱、技术高低来分配收获物，这种分配的原则与社会主义的分配原则基本是一致的，而且劳力分红的比例，也会随着合作社经济的发展以及社会觉悟的提高进一步增加。第三，初级农业生产合作社的公积金和公共财产比常年互助组来说，有较大的增加，集体的投资力量也进一步增强，而这些通常被看作社会主义的因素，随着合作社的发展和巩固而增加。

二　初级社的试办与巩固

（一）以真实事例改变思想

农民之所以愿意加入初级农业生产合作社，进行互助合作，除了政府对政策的宣传、对农民的思想教育外，主要的其实是实际收入的增加和农田产量的提高。1950年，兴县一区屈家沟农业生产合作社（3户，劳力16个）种地220垧，开荒地24垧，共种地244垧，每垧产粮4斗5升，共合产粮109.8石，每劳力均分粗粮6.86石多，瓷窑2座，赚米200多石，每个劳动力平均分米12.5石，群众看到有利，现有4户提出明年定要参加变工合作社，在他们的宣传动员影响下，距离村5里路的车家庄村有17户也组织起来，搞冬季生产，开了2座油粉房，并准备第二年还要搞农业合作社。[①] 由此可见，农民参与合作社最大的动因是"群众看到有利"，在利益

---

① 《兴县一九五〇年农业生产总结报告》（1950年11月18日），兴县档案馆藏，档案号：A13-1-1。

的驱使下，农民认为加入合作社这一行为是可行的。同时也可以看到一个身边好的事例给群众的影响，胜过千百倍的道听途说，正是屈家沟农业生产合作社的影响，促使本村及外村的农民组织起来，积极参与农业生产合作社。

而在具体的生产过程中，初级社的优越性也通过一个个真实的事例显示出来，不局限于兴县，在河北省饶阳县耿长锁合作社，社员李文姿有 3 亩园地，入社前因自己家吃菜不多，只种几畦菜，剩余的种了谷子，每亩产量折粮 50 斤；入社后，社里把 3 亩园地都种成菜，每亩产量折粮 200 斤，比原来提高了 3 倍。[①] 通过入社前后的对比，我们可以看出初级社的优越性之一，就是全社土地可以统一使用，按地质统一种植，可以充分发挥地力，从而增加产量，扭转了互助组时农民只能"要甚种甚""样样种点"的情况。而在劳力方面，因对劳力进行统一分配和使用，故可以按照社员的专长分工分业，采取的按劳分红原则，大大发挥了其生产的积极性，提高了生产效率。在山西省平顺县的川底村合作社，擅长犁地、播种、养牲口的，可以专门犁地、播种、养牲口，有技术经验的专门担任技术指导，力气大的专做重活，力气小的做轻活，并会抽出有木工技术专长的农民专门去搞副业。7 个月每亩省工 4 个，增产 112 斤，副业生产较互助组时多收入 8150 斤粮食，并且有 16 个妇女参加了农业主要劳动，7 个老年妇女从事次要农业劳动。由此可见，通过合理的劳力分配，可以使得人尽其才，充分发挥每一个人的作用。同时，社员为了提高农田产量，以获得更多的报酬，对学习先进生产技术热情高涨、积极性很高，从而提高了劳动质量。由于初级社集体性较高，则可以进行少数人所不能进行的农业建设，进一步改进耕作技术，如改造土壤、改造地形、兴修水利等，如山西省屯留县东坡村王成喜领导的初级农业生产合作社，自建社后，把 3 年没有修好的 6 个大水壑修好了，18 亩红黏土地每亩垫白土 220 多担，改良了土质，每亩产量由 9 斗提高到 1 石 4 斗。[②] 初级社在具有更大集体性的同时，打破地界，将小块土地连成了大块，为使用新式农具提供了便利的条件，节省了更多劳力，增加了产量。川底合作社之前 18 亩地分成 11

---

① 《农业生产互助合作教材》，第 34 页。
② 《农业生产互助合作教材》，第 35 页。

块，成立合作社后合成了 4 块，使用了新式农具，改良了其他生产条件，1951 年每亩玉荾收了 1050 斤，全社取消了 7 条土垅 28 个地角，扩大了半亩面积，省工 45 个。[①]

上述这些真实的事例，通过报纸、会议等宣传，逐渐被兴县的农民所知晓，群众进一步认识到了组建初级社对于扩大生产的优势所在。在互助组时，生产是以一家一户为单位，组员在农田劳动时自然都情愿先做自家的活，干活时"身在曹营心在汉"，即人在别人地里，心却在自己地里，经常惦记着自家的农活，活儿干得也不安心。而组建农业合作社后，土地由社员统一耕种，收获的东西也集中起来统一分配，并且有了公共财产，同时社员们的认识也进一步提高，"人人为全社，全社为每人"，在劳动中争取把集体利益和个人利益达成一致，关心全社和关心个人达成统一。

在兴县农村中，流传着这样一句话"不种百垧不打百石"，[②] 意思是不种上百垧地的庄稼，就收获不了百石的粮食，如果想要多打粮食，那就必须要多种地。纵观兴县人均种地亩数，1951 年兴县全县每口平均种地 12.7 亩，[③] 1952 年每个男劳力平均种地 63 亩，[④] 其中三区、四区、六区的大部分村庄每个男劳力平均种地达到 80 亩左右，[⑤] 由此可见，兴县人均种地亩数不可谓不多，但真的可以打下"百石"粮食吗？或者说，所收获粮食总量的增加，虽然与种地亩数有直接关系，但是否还有别的影响因素，比如平均亩产量的提高，等等。

通过上述数据可知，兴县 1951 年至 1952 年，农民种地的亩数确有增加，而在具体耕作过程的考察中，却发现农民的耕作技术相对粗糙，具体表现在：首先，施肥很少，1951 年仅 1/3 的耕地亩均施肥 3 驮（每驮以 120 斤计），其余 2/3 的耕地概不施肥，1952 年全县共耕地 1479461.4 亩（水地 15004 亩、坪地 72283 亩、塔地 77479 亩、山地 1314695.4 亩），仅

---

① 《农业生产互助合作教材》，第 36 页。
② 《兴县一九五二年农业生产总结报告》，兴县档案馆藏，档案号：A7-1-34。
③ 《兴县山区七年生产初步计划方案（五二年至五八年）》，兴县档案馆藏，档案号：A7-1-34。
④ 《兴县五三至五七年建设计划》，兴县档案馆藏，档案号：A7-1-42。
⑤ 《兴县五二年至五四年三年建设计划》（1952 年 5 月 10 日），兴县档案馆藏，档案号：A7-1-34。

有 37% 的土地（547400 亩）平均施肥 5.4 担，共施肥 295.596 万担，其余 63% 的土地不施肥；其次，大部分都是耕一犁，1951 年 60% 的耕地只耕一犁，30% 的耕二犁，只有 10% 的耕三犁，1952 年一犁地占 68%，两犁地占 32%，有的只犁不耙，还有少部分白茬下种，平均只耕 1.32 次；最后，1951 年有 50% 的种植物做到二锄，20% 做到三锄以上，30% 只锄一遍，1952 年种的作物以谷类为大宗，占 40%，豆类占 31%，麦类占 20%，经济作物占 4.6%，山药瓜类最少，占 4.4%，锄次则是谷物 3 次、豆类 2 次、棉花 7 次、夏田 1 次、莜麦 1 次，平均 2.5 次，锄草也很差，半数禾苗平均锄两锄，甚至有部分一锄者。① 由此可见，施肥、犁地、锄地方面都较为不足，那么农民耕作技术的粗糙，是因为所要耕作的农田亩数增加所致呢，还是本地区一直以来的耕作传统？我们与全面抗战前的平均亩产量做一比较，粮食作物方面，全面抗战前每亩平均产 40 斤，1950 年平均亩产 37.5 斤，1951 年平均每亩仅产 37.7 斤，1952 年平均亩产 38 斤，达全面抗战前的 95%；棉花全面抗战前亩产 15 斤，1951 年亩产 16 斤，与全面抗战前水平基本持平。② 由上可知，1950 年至 1952 年粮食作物亩均产量甚至达不到全面抗战前的水平，但相差不大，1951 年棉花平均亩产稍超过全面抗战前，可以说，新中国成立初期，兴县农村农田作物的平均亩产量与全面抗战前相差不多。由此说明，这一时期兴县农民与战前的耕作条件、耕种技术基本一致，再加之灾害时有发生，所以导致农作物的产量不高。因此，这一时期农民的普遍思想仍是"不种百垧不打百石"，想要收获更多的粮食，必须耕作更多的土地。

针对这种情况，1952 年春初，兴县政府号召农民培育丰产田，可农民的生产计划还是要多耕种土地，并没有从以往"不种百垧不打百石"思想中转变过来，比如兴县赵桂治组内的组员全部不接受，赵桂治自己也不接受，主要是嫌麻烦，认为"要多产粮还是必须要多种地，培育上几亩丰产地顶个啥"，但他为了响应政府号召，应付地在不好的山地上培育了 12 亩

---

① 《兴县山区七年生产初步计划方案（五二年至五八年）》，兴县档案馆藏，档案号：A7-1-34；《兴县一九五三年农业生产计划（草案）》，兴县档案馆藏，档案号：A7-1-44。

② 《兴县五二年至五四年三年建设计划》（1952 年 5 月 10 日），兴县档案馆藏，档案号：A7-1-34；《兴县一九五三年农业生产计划（草案）》，兴县档案馆藏，档案号：A7-1-44。

丰产谷子，一切耕作施肥与一般谷子相同，只是施了 1 次追肥，羊粪 40
驮，结果一般谷亩产 40 斤，丰产谷亩产 75 斤，超过 1950 年亩产 35 斤的 1
倍多，超过一般谷子亩产的 87.5%，这一下就给了组员们一个很大的教
训，在会上交流了经验，决心以后要转变思想。[①] 而这一实践，也为农民
改变以往的生产方式带来了转机。

1952 年，兴县召开爱国丰产劳模大会的同时，举办了"高额丰产农作
品""互助合作优越性""农具药械"三个内容的展览馆，组织劳模代表
和 7000 多名农民前去参观，以"活"的事实教育广大群众。例如，馆内
有二区高家村白建纲亩产 337 斤籽棉的棉花标本，白家沟农业合作社 1 尺
7 寸长的谷穗，兴县国有农场 1 斤 2 两重的金皇后玉茭[②]棒子，贾宝执合作
社组织起来全面丰产的连环漫画等，农民们参观后，更加信服劳动模范的
丰产成绩，并对自身克服"生产到顶"的守旧思想产生积极的作用。而举
办爱国丰产劳模大会，更是向群众展示了真实的生产事例。如王照凯农业
合作社今年（1952 年）共种地 868 亩，共产粮 65964 斤，平均亩产 75.15
斤，超过 1950 年亩产 37.12 斤的 50%，超过今年原计划 46.12 斤的 38%，
超过当地群众今年平均亩产 37.5 斤的 50%；贾宝执农业合作社创造山地
丰产纪录，今年（1952 年）共种地 993 亩，每亩平均产粮 90 斤，超过当
地今年每亩产量 28.6%，超过 1950 年每亩产量 50%，高额丰产山地谷子
7.3 亩，每亩产粮 374 斤，创造了山地高额丰产最高纪录（兴县范围）；一
区白牛奶农业合作社 1952 年有计划地培育丰产谷子六亩，每亩产谷子 803
斤，创造了水地最高丰产纪录（兴县范围），超过 1950 年最高亩产 600 斤
的 33.8%。[③] 举办这一大会给群众以生产信心的同时，更重要的是希望群
众学习丰产模范之所以能丰产的经验。通过展览，日常忙于种田或家庭琐
事的人们看到了关于某一主题的集中展示，而展示的人物"自己"恰巧知
道或认识，真实性得到了验证，真实的展示品、事例、数据开阔了农民的
视野，并且，众多劳动模范的丰产事实也教育了群众，同时激发了农民积
极生产、参与合作社的热情。

---

① 《兴县爱国丰产劳模大会总结》（1952 年 11 月 22 日），兴县档案馆藏，档案号：A13-1-2。
② 玉茭，即玉米；"金皇后"及后文的"土玉茭"均为玉米品种。
③ 《兴县爱国丰产劳模大会总结》（1952 年 11 月 22 日），兴县档案馆藏，档案号：A13-1-2。

（二）以竞赛评比激励生产

进行爱国主义丰产竞赛，是组与组、社与社之间进行良性竞争的一种方式。1952年，兴县爱国丰产竞赛运动由春到夏，竞赛运动的规模逐渐扩大，春季参加竞赛的劳力占总劳力的44%。在春耕中甄家庄种谷播墒下种发动竞赛，计划5天种完，由于社员们争先恐后、积极努力，4天就完成原计划，在夏锄时六区往年普锄1次到2次，锄3次者很少，1952年由于竞赛，所取得成果单以张家坪村来说，全行政村共种谷子、高粱、山药8165亩，均锄过3次，其中1460亩锄过4次，比往年来说锄次超过1倍。[①] 由此可知，竞赛与生产已经成为一种良性的互动，在竞赛中，群众以竞赛内容的完成程度作为标准，将其看作互助合作组织之间的交流，而竞赛的内容则通常为某种农田劳动，在农田劳动中通过对农民心理上的激励，以达到鼓励生产的目的。

另外，从生产成绩方面来说，实行了对生产优秀者进行奖励，对生产不良者进行批评的政策，这有效地激励了人们积极生产。在1952年秋，兴县普遍开展了丰产评比运动，全县评比出合乎省府规定奖励标准的丰产单位计有3个农业合作社，4个互助组，18个农户，合乎县奖励标准的有6个合作社，13个互助组，37个农户，合计农业合作社9个，互助组17个，农户55个，共计81个丰产单位。各区产量最高者白家沟农业社创造了全面丰产，种地993亩，共产粮86836斤，亩均产90斤，较全面抗战前亩产43斤增产了109%，超过当地群众亩产28%，超过1950年50%，超过计划3.4%，其中2亩黍子共产819斤，亩均409.5斤，超过当地群众45.3%，超过1950年67.2%，超过计划89.6%。一区车家庄白牛奶农业合作社6亩水地谷子每亩产803斤，超过一般农户25.3%。棉花产量最高者二区高家村白建纲亩产籽棉337斤，超过原计划87%，超过当地群众亩产110%。山药（土豆）产量最高者四区甄家庄高雨生农业合作社2亩坪地山药亩产3500斤，超过一般亩产2000斤的75%。莜麦产量最高者如四区小坪头村孟润成的莜麦2亩实产525斤，每亩平均产量262.5斤。[②] 从以上这些丰产

---

① 《兴县一九五二年农业生产总结报告》，兴县档案馆藏，档案号：A7-1-34。

② 《兴县一九五二年农业生产总结报告》，兴县档案馆藏，档案号：A7-1-34。

单位来看，收获农作物产量均超过一般水平的 25% 到 50%，通过评比，评出了棉花、山药、莜麦产量的最高者，其中合作社取得了很大成绩，这也越来越让群众意识到组织起来的重要性。而且，丰产评比在激励群众进行生产的同时，也进一步使他们意识到过去"不种百垧不打百石"说法的片面性，比如有的农民就感慨道："地不在贪多，只要作务精强。"① 意思是说在农业生产中，所耕种农田不是多多益善，不能片面地追求种地的亩数，而是要把重点放在加强耕作技术上，通过此，全面、正确的生产观念开始树立起来。

（三）以社章规范端正态度

初级农业生产合作社半社会主义性质的体现，在初级社社章中我们可以窥之一二。社章中具体规定了社员的义务和权利、合作社的组织与分工、经营业务、盈利的分配办法等等。社章通常根据政府合作社组织条例拟定，并经社员大会或代表会通过，正式生效。凡是合作社的一员，均要服从社章的规定，所以说，社章是合作社实际活动的准则，没有社章或不服从社章，均会使得社务混乱，人员发生分歧，甚至使组织陷入瓦解境地。

初级农业生产合作社是在私有制的基础上，实行土地入股，进行集体的劳动生产。所以，在征收社员时，要采取完全自愿的原则；组织动员时，则要把组织合作社的好处进行深入宣传，把政府颁布的组织合作社条例及对合作社的优待办法等，在群众中进行讨论和解释，并且让群众了解过去的假牌合作社政府已下令取缔。对于社员的资格，有以下规定：年满十六岁，无不良嗜好，自愿遵守社章，可以经常参加劳动生产。入社手续，须有两个社员的介绍或由本人申请，经社员大会通过，方为社员。社员大会或代表会为合作社的最高权力机构，社员有权参加社员大会，有选举权和被选举权，但是不论股额多少，每个社员均只有一票选择权，以避免少数人的操纵把持。已有成绩的合作社，可向政府请求合作贷款，扩大

---

① 《兴县一九五二年农业生产总结报告》，兴县档案馆藏，档案号：A7-1-34。

业务。①

对于地主、富农参加农业合作社问题，社章中也阐述道，互助合作组织是农民自己劳动生产、平等互助的组织，所以社内部不允许剥削关系存在，不能允许社员带雇工入社，也不允许合作社雇长工耕种土地。对于已经带雇工参加了合作社的富农分子，应该向农民解释清楚，经过社员通过，把他们清洗出去，土地改革前的旧富农或土地改革后的新富农，虽然放弃了雇佣剥削，未带雇工入社，但在入社后，必须按照社的规章办事，不准有任何变相剥削。对待富农，合作社的态度是即使入了社，他们也不可以作为合作社的领导干部，而富农自己组织的所谓农业生产合作社则不予承认，不允许他们盗用合作社的名义，以免在农民中引起思想混乱，曲解农业生产合作社的性质。对待地主，则分为没有改变成分的地主和已经改变成分的地主。没有改变成分的地主是不允许他参加农民的互助合作组织的，因为互助合作组织是劳动农民的集体生产组织，国家给予了很多经济上、政治上的便利和优先权，如贷款、奖励、民主生活等，而地主是不可以享受这些权利的；已经改变成分的地主，自己劳动生产，服从人民政府的领导，可经社员大会讨论决定是否准许他入社，入社后，也绝不可以让地主当领导人，并且要时时注意地主的思想、行为，经常加以教育改造。②

三 初级社的规模与类型

由于党政领导的重视，在 1951 年冬，兴县各村组织了互助筹备委员会，指定专人负责整顿与发展互助合作，特别是在党员、团员干部中进行了"两条道路两个前途"的教育，以及互助合作优越性具体事例的激励，干部与群众基本上对"组织起来"的前途较之前有所明确的认识，所以到 1952 年，全县在"组织起来"方面的数量与质量上均有提高，其中农业合作社发展为 20 个，比 1951 年增加了约 1 倍。农业生产上，各区的互助组、

---

① 华北人民出版社编印《农业生产合作社问答》，1953，第 4、6 页；《开展合作运动》，第 5 页。
② 《农业生产合作社问答》，第 5~6 页。

合作社在 1952 年均取得显著成绩，例如上述白家沟贾宝执农业生产合作社
创造了全面丰产的成绩，一般地平均亩施肥 11 担，耕 2 次，锄 4 次，全部
选种优种，消毒拔病株，收获时每亩均超产 90 斤，为全面抗战前的
109%，超过一般单干户 28%。一区白牛奶农业合作社 6 亩地创造了丰产，
每亩产了 803 斤。① 总的来说，从 1952 年农业社的一般农产来看，我们可
以看到农业合作社在农业生产中较互助组、单干户表现得更出色，而互助
组相比单干户也有一定的优势。因而，1952 年兴县不少地区的农民都要求
所在互助组转为农业合作社，如六区马家山村两个 18 户的互助组要求转为
农业合作社，还有的互助组与其他组合并为一个农业合作社，如四区交楼
申贾富生与郑来双两组 19 户，合并为 1 个农业合作社。② 从农民的态度
中，我们可以看到不少群众认可了农业社，认识到了组织起来、互助合作
的优越性，农业合作社正在逐步地扩大和发展。

　　兴县各地生态条件有所差异，对互助合作的认识理解也有所不同，所
以组织起来的形式就各不相同。1952 年兴县变工互助组长代表会议召开，
会议根据一年多的实践情况再次对全县互助合作情况、组织类型做了总
结，截至 1952 年 4 月，初级农业合作社在全县已经办起的有 13 个，准备
发展的有 49 个，共 62 个，③ 根据其发展程度可分为以下四种。

　　（1）劳力和土地评分、统一经营、集体劳动，所得收入按股分红（土
地分 30%~40%，劳力分 55%~65%，公积金分 5%）。这一类型的合作社
计有一区屈家沟、贺家圪台、车家庄、白家梁、奥家湾、孙家庄，二区冯
家庄、贺家沟，三区弓家沟、阎罗坪，五区白家沟、木崖头、长家墕、刘
家峁、姚子峁、各家里、庙子井（三个社）、高家峁、杨家山、王家里、
杨家吉、范家疃、山庄上、杨塔村、王家崖等 28 个农业合作社，④ 其中，
五区白家沟、一区屈家沟两社组织起来的时间较长，基础较好，因此合作
社规模较大。以五区白家沟为例，白家沟农业合作社共 25 户，有 29 个劳
力，土地 500 余垧，牛 7 头，骡马 4 头，从 1944 年就组织起来，实行土地

---

① 《兴县一九五二年农业生产总结报告》，兴县档案馆藏，档案号：A7-1-34。
② 《兴县一九五二年农业生产总结报告》，兴县档案馆藏，档案号：A7-1-34。
③ 《兴县变工互助组长代表会议总结报告》（1952 年 4 月 9 日），兴县档案馆藏，档案号：
　　A7-1-34。
④ 档案中记录农业合作社总数为 28 个，但只列出 27 个。

劳力打分、集体经营，在所得收入中土地分 40%、劳力分 55%、公积金分 5%，畜力和生产资金的来源主要是由公积金屡年积累，少部分采用社员入股的办法。如果合作社有副业生产，所节余的劳动力则分配到副业方面，比如白家沟以开油坊、粉坊、药铺、养羊业、运输业为主，屈家沟则以铧磁业、养羊、运输为主。如合作社没有副业，以五区长家塔合作社举例，长家塔合作社共 7 户，有劳力 8 个，土地 170 垧，公共伙养牛 2 头，按其土地、劳力入股，按股分红，没有副业生产，其所节余的劳力则大部分用于土地加工。这类型的合作社，绝大多数是在长期固定互助组的基础上，于 1952 年春开始转为合作社的，所以大多资金不足，基础较差，规模不大，但方向和做法都是向白家沟看齐。①

进一步说，上述类型的合作社，其优点在于社员是从组织起来的实际利益上，进一步认识到了组织起来的优越性，在这个思想基础上，基本上贯彻了"等价自愿、民主管理"的组织原则，因而能较大发挥人力的作用，基本做到人尽其才、地尽其利，从而节省了更多的劳力，在搞好副业生产的同时，全力地支援了农业，最终达到技术互助、爱国增产的目的。其中，需要改进的地方则有两点：第一，所节余的劳力，主要应使用于土地加工上，搞副业则应放在次要的位置。第二，从入股分红的比例上来看，有的农业社土地、资金分红所占的比例大于劳力分红的比例，但原则上来说应该是劳力分红要比土地、资金分红所占的比例更大，所以需加以改进。②

（2）按劳力评分、以分带地、按地扎工（每个劳力带地 20 垧至 34 垧），个人计划生产、集体劳动经营，所得收入是谁的土地归谁，畜力则是租入社共同喂养、共同使用。这一类型计有二区杨家坡（3 个），四区甄家庄、白家坪，五区郭家峁、天窊村、孟家窊、郝家沟、王家里、杨家吉、任家里、西会村、西沟、白家沟（贾油则、贾耒多 2 个）、苏家里、王家山、史家山、铁炉塔、吕家沟（高奴则、高寨畔 2 个）、木崖头（高

---

① 《兴县变工互助组长代表会议总结报告》（1952 年 4 月 9 日），兴县档案馆藏，档案号：A7-1-34。

② 《兴县变工互助组长代表会议总结报告》（1952 年 4 月 9 日），兴县档案馆藏，档案号：A7-1-34。

买奴）、酉江村等共24个，他们的发展情况如四区甄家庄，由1950年的临时变工组于1951年转为长期互助组，1952年又转为农业合作社。该社共有38户，41个劳动力，种地960垧，养牛11头，驴6头，劳力折分、以分带地，每一劳力带地20垧至25垧，牲畜资金大部分由社员入股、少部分由政府贷款扶植，副业生产上养羊240只，开油坊1座，及烧石灰、跑运输等，副业收入则按股分红。①

从这一类型合作社的发展来看，其优点是能较合理地使用劳力，免除了拨工、记工、还工等一整套烦琐的手续，且能与副业生产相结合，其既支援了农业生产的发展，又增加了社员的收入，所产生的副业红利则完全按劳力分红，在极大程度上避免了剥削。但也有其缺点：首先，劳动力方面，限制了剩余劳动力在土地加工上的数量，相当一部分剩余劳动力投入了副业生产，而副业生产不可避免地带有商业性质；其次，土地耕种方面，因土地没有打乱耕种，不能统一计划，所以突破不了小农经济的局限，如在具体农田劳动中，先耕或后耕、先锄或后锄等问题经常引发农民争执，农民在庄稼作务上意见也不能始终一致。②

（3）土地不评分，并且不论地质好与坏、多与少全部入社，劳力评分，所得收入除负担外按股分红，畜力由社员带入折股分红，耕作上是集体计划、集体经营。这一类型合作社有一区李家塔，六区沙盆湾、募强等共计3个，其发展情况如六区沙盆湾合作社，该合作社共有7户，劳力9.5个，种地205垧，养牛2头、驴4头，1951年开始长期变工，1952年在大家的要求下转为农业合作社，土地归公、劳力评分，公共出负担、按劳力分红，没有副业生产。③

这一组织形式，优点是对所得收入进行分红时注重了按劳力分红，而缺点则是不能贯彻等价的原则，恐不能长期巩固。此外，劳动力与副业生产方面，剩余劳动力应尽量安排土地，并且应积极发展能支援农业的副业

---

① 《兴县变工互助组长代表会议总结报告》（1952年4月9日），兴县档案馆藏，档案号：A7-1-34。
② 《兴县变工互助组长代表会议总结报告》（1952年4月9日），兴县档案馆藏，档案号：A7-1-34。
③ 《兴县变工互助组长代表会议总结报告》（1952年4月9日），兴县档案馆藏，档案号：A7-1-34。

生产。①

（4）土地租入社内、畜力向外租回，劳力折成分数，进行集体经营，生产收入除负担外按股分红。这一类型合作社有一区王家沟、庙儿上、奥家湾，二区杨家坡（杨有命组），五区姚家会（闫大清组）、任家坡、彰和塄等共7个，其发展情况如五区彰和塄合作社有农户13户，劳力13个，种地559亩，养牛3头，由1951年的长期变工组于1952年群众要求下转为农业合作社，其土地全部按通产租入社内，畜力也是向外租回，劳力则打成分数，集体耕种，打下粮食除负担外按股分红。②

这一组织形式基本上执行了"等价自愿、民主管理"的原则，可以较合理地使用劳动力，其缺点是资金困难，没有相应的副业生产来支援农业的发展。而其所采用的土地租入方式，如果遇到灾荒，则会使得在分红上，土地多的占便宜，付出较多劳力的吃亏。此外，应积累公共财产。③

以上就是兴县根据互助合作的具体实践情况，对本地区出现的不同形式的合作社所做出的归纳与总结。由此看来，上述四种形式的农业合作社各有其优缺点，但从中我们可以看到由低级向高级发展的运动趋势，以及劳动人民的集体智慧，同时也明确了农业合作社这种形式，就是一般变工组、互助组所努力的方向。

四 初级社的发展与整顿

（一）合作化之初级社大量发展

在1951年，兴县农业生产遭受了严重的旱灾侵袭，于是在1952年对农业生产提出了新的奋斗目标，即在1950年每亩产量37斤的基础上提高到44斤，超过原产量的18.9%，增产原粮10356227斤。1952年，兴县全

---

① 《兴县变工互助组长代表会议总结报告》（1952年4月9日），兴县档案馆藏，档案号：A7-1-34。
② 《兴县变工互助组长代表会议总结报告》（1952年4月9日），兴县档案馆藏，档案号：A7-1-34。
③ 《兴县变工互助组长代表会议总结报告》（1952年4月9日），兴县档案馆藏，档案号：A7-1-34。

县共耕地 147 万亩，但因为灾害频发，其中 25 万亩的小麦、豌豆收成极差，其余秋田经过抗旱保苗、除虫运动后尚好，耕地共产粮 5215.1 万斤，每亩均产 35.5 斤，[①] 由此可以看出，1952 年农田产量已接近 1950 年平常年景的收成。总的来说，虽然没有完成任务，但已顺利地度过灾荒，1952 年的农业生产还是取得了成绩。而之所以能获得成绩，其经验概括如下。

1. 政治与生产结合

进行"组织起来"，向群众说明"组织起来"的前途，以及农业经济发展的方向，这一政治导向，在组织生产中与各个互助组、合作社均有不同程度的结合。如白家沟贾宝执领导的农业合作社，其紧紧把握"爱国公约"，并与本区 9 个合作社开展了连环竞赛，及时进行访问、检查、评比等，对群众经常进行时事读报教育，因此，社员在政治觉悟提高的同时，生产也搞得很起劲，1951 年虽然天旱，但他们的农业产量还是达到了通产的 50%，超过一般群众的 20%，捐献出小米 2 石。[②] 由此可以看出，群众对农业合作社的感性认识逐渐上升为理性认识，对合作社的理解也更为透彻。

在互助合作实践中，如何对"组织起来"进行准确的定位，这就需要一个长期的过程。一些干部、代表初来时，对"组织起来"的认识模糊，有的是为了响应号召才"赶时髦"，有的则是为了贷款才组织，在组织互助合作中存在依赖心理。比如他们认为能够贷款、借粮才能变工，贷不了款、借不到粮，互助组织就要垮台，把农业社、互助组等认为是给公家变，至于互助组织能变或不能变，巩固与不巩固，完全要依靠公家是否贷款来决定。[③] 以兴县三区张家塌行政村、温家塔等 6 个自然村为例，1952 年 6 个自然村组织了 6 个组 80 户，为了贷款组织土地合作，认为"组织起来短下甚，政府就能解决甚"。对此区干部张爱英解释说："各种困难要全靠自己解决，组织起来在同样条件下有优先权。"经了解后他们不组织合

---

① 《兴县一九五二年农业生产总结报告》，兴县档案馆藏，档案号：A7-1-34。
② 《兴县变工互助组长代表会议总结报告》（1952 年 4 月 9 日），兴县档案馆藏，档案号：A7-1-34。
③ 《兴县变工互助组长代表会议总结报告》（1952 年 4 月 9 日），兴县档案馆藏，档案号：A7-1-34。

作了，说："那么咱变他做甚哩！"又如1952年白念珍组织了刘黄孩等6户进行合作，他说："咱变起来贷款借粮方便，闹生意有资本。"组织起来两月后，没有贷下款，这时他说："不顶事，快算了吧！"[①] 还有一部分人存在着"靠公吃社"思想，困难了就依靠政府救济和贷款解决，甚至误认为劳动与不劳动一个样，反正政府不叫饿死人，兴县当地流传的一句话可以用来形容这种现象："春天吃贷粮，夏天歇阴凉，秋天减公粮，冬天穿衣裳。"[②] 由此可见，这是群众对于这种单纯依靠救济而不思劳动之思想、行为的讽刺和不满。

为了扭转这种应付、"赶时髦"、单纯靠公的不正确思想和行为，各互助组、农业合作社组织群众进行了认真的学习，尤其是学习以往大会上做过的报告，其中地委黄书记的报告，引起了大家一致的重视，大家在小组中开展了热烈讨论，并且联系个人经历进一步地深入思考。如在六区谷渠村，李占仁、马宏元等人平常懒于劳动，不愿变工，而以高利贷、出租牛等方式获利，认为农业生产不如商业能赚钱，大家一致认为这种行为是不对的，并经过初步分析明确了农业经济发展的正确方向。中农任郎子说："我原来准备买上牲口搞营业，这次才明白了这是违背了组织起来的方向的，回去一定要领导好互助组，以牧畜、植树造林、修梯田来支援农业生产的向前发展。"[③]

2. 党员与骨干带头

要组织好农业互助合作运动，必须要有坚强的干部及领导，通过骨干力量带头、以身作则。就以白家沟农业合作社为例，其可以从1944年坚持到现在，以贾宝执为主的骨干及领导发挥了重要的作用，其中贾宝执吃苦耐劳，以身作则，可以耐心听取社员的意见，并对民主管理制度与生产计划进行讨论，工作中认真检查、奖惩严明，该社所确立的贯彻民主管理、自愿等价原则等社章条例，在实践中也确实起到了其应有的作用。

---

① 《兴县变工互助组长代表会议总结报告》（1952年4月9日），兴县档案馆藏，档案号：A7-1-34。
② 《兴县一九五三年春季生产初步总结》（1953年6月13日），兴县档案馆藏，档案号：A13-1-3。
③ 《兴县变工互助组长代表会议总结报告》（1952年4月9日），兴县档案馆藏，档案号：A7-1-34。

此外，在农业互助合作运动中，将生产与技术、副业、供销等进行结合也是各互助组织在合作及发展中不可忽视的一个方面。在与技术结合上，白家沟农业合作社1951年新修梯田14亩，浸拌种做到100%，能及时地防止病虫害，使得农业产量超过了一般群众的20%。与副业结合，则能够以副业支援农业，使得农副业共同向前发展。1953年白家沟农业合作社养羊200余只、猪70余口，不仅增加了肥料的来源，而且生产资金也相应增加，并可以进行扩大再生产。与供销结合方向，有三区弓家沟白应儿互助组，所有组员全部入股供销社，以1951年的数据来看，白应儿互助组共买土布27匹，每匹布比私商便宜小米5升，总共便宜1.35石，并能适时供应人员盐、烟等，免除了私商高利之剥削，解决了组员困难，得到了组员的拥护，使该组由15户增至25户。[①]

由上可知，要组织好互助组、合作社，并使其巩固发展下去，坚强的骨干领导必不可少，并且组织内应贯彻自愿等价原则，实行民主管理，与技术、副业、供销相结合。这些互助合作的经验，在兴县试办农业合作社阶段得到进一步的实践和总结。

1952年冬至1953年春，农业合作化运动进入了新阶段，农业合作社由试办逐渐走向全面发展。在1953年兴县的春耕播种中，据101个行政村的不完全统计，全县已完成了1171809.06亩土地的播种任务，其中夏田作物231802.88亩，占20%；经济作物50640.57亩，占4.3%；大秋作物889365.61亩，占75.8%，[②] 在改良技术、作物改组、种植丰产田方面取得了实质性的进展，具体如下。

从改良技术上来看，普遍有所提高，其中施肥量普遍增加，1952年平均耕1.32次，耙磨1.32次，37%的土地上施肥亩均5.4担，1953年根据白家坪等13个典型村的材料，耕次提高为1.52次，耙磨1.52次，在70%的土地面积上施肥亩均5.34担，715872.51亩麦类糜谷等作物中浸拌种的达342148.58亩，占比47%；白家沟贾宝执、屈家沟胡海多等27个农业

① 《兴县变工互助组长代表会议总结报告》（1952年4月9日），兴县档案馆藏，档案号：A7-1-34。
② 《兴县一九五三年春季生产初步总结》（1953年6月13日），兴县档案馆藏，档案号：A13-1-3。

社，1952 年平均耕 1.53 次，耙磨 1.53 次，70% 的土地施肥亩均 3.65 担，1953 年提高到平均耕 1.78 次，耙磨 1.78 次，70% 的土地施肥亩均 10.2 担；六区的耕作技术，过去极其粗糙，今年（1953 年）也开始讲究技术，耧种、点种的糜谷从去年（1952 年）的 50% 增到 80%，撒种的减少了 20%（过去大都是撒种），使用兴县铧 19 个，吴家沟村今年（1953 年）新买耧 2 只，该村王启熏互助组种谷 515 亩，耧种、点种的达 97%；兴县农场经营土地 63 亩，施肥 3695 担，亩均 58.4 担，耕一犁的 3 亩，耕两犁的 10 亩，耕三犁的 50 亩，平均耕 2.75 次，耙磨 2.75 次。[1]

从作物改组上来看，1953 年耕种多产作物普遍比去年有所增加，少产作物亦逐渐减少。如一区去年（1952 年）种谷子 47338.4 亩，今年（1953 年）实种 51813.5 亩，比去年增种 4475.1 亩，山药比去年增种 3794.2 亩，莜麦比去年增种 6930 亩，玉茭比去年增种 662.5 亩，豌豆比去年少种 1467.75 亩。[2]

从种植丰产田来看，全县有 1155 个丰产单位（社、组、户），种植丰产田 5623.7 亩（谷子 3055.7 亩，高粱 18 亩，小麦 330 亩，莜麦 210.3 亩，棉花 215.5 亩，山药 976.7 亩，玉茭 765.4 亩，其他 52 亩）。丰产田的耕作施肥比一般作物有显著提高，耕耙平均 2.5 次，施肥亩均 36 担，全部选用优种，并进行种子消毒，如四区弓家沟王拖见农业生产合作社种丰产田 15 亩，普耕 3 次，其中玉茭 4.5 亩，谷子 8.5 亩，两种作物均亩施肥 70 担，山药 2 亩，亩施肥 80 担。[3]

由上可见，在 1953 年兴县农业生产中，使用了更多的劳动力用于土地加工，种植作物方面也将多产作物和丰产田纳入计划并开始实施，而取得这样的成果，与初级农业合作社开始试办和发展密不可分。我们根据农村试办初级农业合作社的数据可以看出：初级社在资源的合理配置、劳力的统一规划、技术的有效利用等方面都具有互助组所不具备的优势。如在夏

---

① 《兴县一九五三年春季生产初步总结》（1953 年 6 月 13 日），兴县档案馆藏，档案号：A13-1-3。

② 《兴县一九五三年春季生产初步总结》（1953 年 6 月 13 日），兴县档案馆藏，档案号：A13-1-3。

③ 《兴县一九五三年春季生产初步总结》（1953 年 6 月 13 日），兴县档案馆藏，档案号：A13-1-3。

季的生产中，据兴县 52 个农业社统计：在种植农作物与产量上，共种一般小麦 6437.3 亩，共产 328903 斤（每亩平均 51 斤），其中有 22 个社种小麦 2588.9 亩，共产 149256.8 斤，超过互助组 19.5%，超过单干户 28.6%；12 个社种农产小麦 65.92 亩，共产 11104 斤（每亩平均 168 斤），其中 3 个社种农产小麦 17.9 亩，共产 2963 斤，超过互助组 17.2%，超过单干户 19.8%；12 个社共种大麦 44.65 亩，共产 8862 斤，其中有 4 个社共种大麦 7.45 亩，共产 2299 斤，超过互助组 10.3%，超过单干户 13.4%；44 个社种植豌豆 1782.5 亩，共产 62772.5 斤（每亩平均约 35 斤），其中有 10 个社种豌豆 498.5 亩，共产 21737 斤，超过互助组 14.2%，超过单干户 21.1%。① 由此可见，农业社在农作物产量方面，所取得的成绩普遍超过了互助组与单干户。又如，在 1953 年开展的爱国丰产检查运动中，评出丰产单位 155 个（国有农场 1 个，丰产村 1 个，农业合作社 16 个，互助组 15 个，个体农户 122 个），从丰产单位的已知丰产事迹来看，其中成绩最显著、最突出的是五区白家沟贾宝执合作社，该社今年（1953 年）共种地 1642 亩（全是山地），其中粮食作物 1601 亩，每亩平均产原粮 139.3 斤，超过本社去年亩产 87.7 斤的 58.8%，超过今年本村一般群众亩产 98.8 斤的 41%，成绩显著，已获得了全面丰产的光荣称号，并且在该社影响下，白家沟全村种植的 613 亩（山地）谷子，达到了亩均产 136.12 斤，实现了一种主要作物的全部丰产。② 从中可以看到，白家沟贾宝执合作社已经对周边形成了一定的影响力，该影响力不仅仅在其内部，而且向外辐射。所以，中央认为初级社在"目前整个互助合作运动中日益显出重要的地位，并日益变成为我们领导互助合作运动继续前进的重要的环节"，③ 并且"各级党委有必要更多地和更好地注意对于发展农业生产合作社的领导，根据当地的具体情况，准备逐步试办和逐步推行的条件，继续贯彻'只许

① 《中共兴县县委关于五十九个农业社夏季生产总结报告》（1953 年 9 月 10 日），兴县档案馆藏，档案号：A13-1-5。
② 《兴县一九五三年农业生产工作总结》，兴县档案馆藏，档案号：A13-1-7。
③ 《中国共产党中央委员会关于发展农业生产合作社的决议》（1953 年 12 月 16 日），《农业集体化重要文件汇编（1949~1957）》上册，第 218 页。

办好，不许办坏'方针，从而带动整个互助合作运动前进"。①

在政府的号召以及各方面的帮助下，1952 年冬至 1953 年春，兴县农业互助合作运动进展迅速。兴县县委制定了如下要求："全县 70%的男劳力、40%的女劳力参加互助组，普遍要有临时季节互助组，长期固定的互助组要做到 40%，每区在原有农业合作社的基础上至少发展 2 个至 3 个农业合作社。"② 那么兴县是否能完成上述要求？从发展基础上看，1942 年兴县全县开始互助大变工，1943 年召开了劳模大会，1944 年出现了白家沟贾宝执的农业生产合作社；从互助合作的优越性来看，贾宝执农业合作社 1952 年山地亩均产 91 斤，而当地单干户亩均产都在 40 余斤。由此可见，兴县作为中国共产党领导农村建设和推行农业互助合作的先期实践基地之一，有着良好的互助合作基础，而且，当地群众在深深体会到组织合作社、互助组的好处后，更踊跃、积极地报名参加，所以，这一阶段互助组、合作社等发展很快。

但是，通向高级形式互助合作的道路仍然是崎岖、曲折的。在兴县初级农业合作社发展过程中，由于基层领导对互助合作政策没有足够领会，因而在发展过程中表现出了急于求成、盲目冒进的倾向。在兴县 1953 年农业生产计划中，要求当年新建社 62 个，连同原有的社达到 80 个，参加农户由原来的 645 户发展到 1280 户。③ 在 1953 年兴县具体的发展中，全县共有农业合作社 75 个，其中 1953 年内的新办社有 57 个，占全部合作社的 76%，户数为 1418 户，男女人口 5787 人，男女劳力 2452.5 个；并有长期互助组 548 个，4594 户，男女人口 20845 人，男女劳力 9655.5 个；临时互助组 681 个，3752 户，男女人口 16056 人，男女劳力 6483 个。④ 从上述数据我们可以看到，兴县对初级农业合作社的发展计划由"每区在原有农业

---

① 《中国共产党中央委员会关于发展农业生产合作社的决议》（1953 年 12 月 16 日），《农业集体化重要文件汇编（1949~1957）》上册，第 218 页。
② 《兴县变工互助组长代表会议总结报告》（1952 年 4 月 9 日），兴县档案馆藏，档案号：A7-1-34。
③ 《兴县一九五三年农业生产计划（草案）》（1953 年 3 月 5 日），兴县档案馆藏，档案号：A7-1-44。
④ 《兴县一九五三年春季生产初步总结》（1953 年 6 月 13 日），兴县档案馆藏，档案号：A13-1-3。

合作社的基础上至少发展 2 个至 3 个农业合作社"① 到"新建社 62 个"，②
一年时间其进程不可谓不快。再看初级农业合作社的具体发展，1953 年在
原有 18 个农业社的基础上共发展 57 个，对比之下可知，其并没有达成
"新建社 62 个"的计划，那么是什么原因导致计划没有完成？我们已知兴
县农村中有一定的互助合作基础，而且农民相对愿意参与互助合作，在这
样的条件下，没有达成计划，是否是最初计划制订与实际不符？在初级农
业合作社的发展过程中，基层干部工作的盲目冒进、急于求成求快，必然
会导致一些问题。

首先，由于事先没有深刻了解改造小农经济的长期性、艰苦性，因
此干部在审查办社条件的具体工作中不够严谨、严格，本来达不到办社
条件的互助组勉勉强强组成了初级社。基于此，不少社员忧心今年
（1953 年）是否能够增产，还有的社员产生了"只管今年不问明年"的
思想，情绪低落，严重影响生产，甚至对党的互助合作政策也开始抱有
怀疑态度。兴县 27 个社的七八户社员于 1953 年 9 月提出退社，占总 27
个社现户数的 18%，乔三村刘务云等三社，提出退社者 28 户，占三社总
户数的 50.9%。③ 可见，急于求成、求快不仅达不到"组织起来"、积极
生产的目的，反而让群众产生了消极情绪。

其次，由于工作中没有认真贯彻"等价互利"的基本原则，部分农业
社出现了随便打乱土地、过多积累公共财产，将牲畜全部折价入社等现
象。兴县高雨生农业社 58 户，1953 年积累公共财产 6800 万元之巨，使得
社内的生产投资普遍偏低。在分红中，有的社劳力分红过高，影响劳力
少、地多的社员生活，而有的社土地分红比例高，劳力多、地少的社员又
觉得吃亏。据全县 53 个社统计，有活分红 7 社，死分红 41 社，未确定分
红比例 5 社，劳力分红最高的后彰和塌社劳力占分红比例的 73%，土地占
20%，公积金占 5%，土地的分红刚刚够或者不够社员对公粮的缴纳，因此

① 《兴县变工互助组长代表会议总结报告》（1952 年 4 月 9 日），兴县档案馆藏，档案号：
A7-1-34。
② 《兴县一九五三年农业生产计划（草案）》（1953 年 3 月 5 日），兴县档案馆藏，档案号：
A7-1-44。
③ 《中共兴县县委关于五十九个农业社夏季生产总结报告》（1953 年 9 月 10 日），兴县档案
馆藏，档案号：A13-1-5。

地多的社员就觉得吃亏；土地分红最高的寨上社劳力占比 50%，土地占比 45%，公积金占比 5%，① 此种分红比例，毫无疑问又会降低劳动者的积极性，从而影响农业社的巩固。

最后，具体的"等价"问题纠纷不断。比如兴县三区麻子塔 1 个初级社内，有个懒汉本来劳力不值"十分"，但社员们为迁就他给顶了"十分"；还有的社直到 1953 年 9 月，去年的账簿还未算清，特别是尚有 17 个社，土地还未评产，土地多的社员，为此思想动荡不安、情绪恐慌，担心土地是否能够分到合理的利益，另外有 7 个社的劳力未评分，不论劳力强弱、技术高低，都是一律按"十分"计算，有社员就说："动不动，顶十分。"所以社内磨洋工、旷工现象非常严重。② 如此下去，必然会影响农业社内的团结。

随着初级农业合作社的发展，上述问题逐渐引起了人们的注意，但对这些问题的解决与克服，并不是一朝一夕的事情，在意识到基层干部工作中存在盲目冒进，急于求成、求快的倾向后，兴县政府开始纠正与整顿。

（二）合作化之 1953 年纠偏

针对初级农业合作社发展中的冒进倾向，1953 年 3 月，党中央发出指示，指出"必须确实纠正农业生产互助合作运动中正在滋长的冒进倾向"。③ 1953 年 4 月 12 日，《山西日报》发表题为《坚决纠正互助合作运动中的冒进倾向》的社论，要求"各级党政领导机关，首先必须亲自负责，确实按照中共中央'关于农业生产互助合作的决议'中所规定的五个办社的条件，将今年新办的或扩大了的农业生产合作社，一个一个地进行一次全面的、严格的审查。对完全具备了办社条件的农业生产合作社，应加强领导，帮助它们克服困难，把社办好。凡是不具备或不完全具备条件的农业生产合作社，应在下种以前一律停下来，转为互助组"。④ 根据上述

---

① 《中共兴县县委关于五十九个农业社夏季生产总结报告》（1953 年 9 月 10 日），兴县档案馆藏，档案号：A13-1-5。
② 《中共兴县县委关于五十九个农业社夏季生产总结报告》（1953 年 9 月 10 日），兴县档案馆藏，档案号：A13-1-5。
③ 《农业集体化重要文件汇编（1949~1957）》上册，第 104 页。
④ 《坚决纠正互助合作运动中的冒进倾向》，《山西日报》1953 年 4 月 12 日。

指示，兴县结合1953年春季生产，先后共整顿了农业合作社67个，长期互助组337个，临时互助组628个。[①]

在具体整顿中，一方面，就互助合作政策对农民进行了宣传与教育，以消除农民内心的顾虑，提出解决办法；另一方面，则严格按照办社条件，将不够条件的初级社进行停办，并帮助其转为优等的互助组，对初级社、互助组内随便打乱土地、过多积累公共财产等问题进行了纠正。经过整顿，由初级社转为互助组的共有22个，常年互助组转为临时互助组的有86个，新发展临时互助组144个，原来75个农业合作社，1418户，男女人口5787人，男女劳力2452.5个，长期互助组548个，4594户，男女人口20845人，男女劳力9655.5个，临时互助组681个，3752户，男女人口16056人，男女劳力6483个，整顿后更改为53个农业合作社，1082户，男女人口4631人，男女劳力2031个，长期互助组484个，4019户，男女人口18454人，男女劳力8551.5个，临时互助组991个，5088户，男女人口21554人，男女劳力10407.5个，总共组织起10189户，占总户数的36.3%，组织起劳力2.099万个，占总劳力的43.2%。[②] 以上数据我们列为表2-1。

表 2-1   1953 年整顿农业社互助组前后变化

		整顿前	整顿后
农业社	数量（个）	75	53
	户数（户）	1418	1082
	男女人口（人）	5787	4631
	男女劳力（个）	2452.5	2031
常年互助组	数量（个）	548	484
	户数（户）	4595	4019
	男女人口（人）	20845	18454
	男女劳力（个）	9655.5	8551.5

[①] 《兴县一九五三年春季生产初步总结》（1953年6月13日），兴县档案馆藏，档案号：A13-1-3。

[②] 《兴县一九五三年春季生产初步总结》（1953年6月13日），兴县档案馆藏，档案号：A13-1-3。

续表

		整顿前	整顿后
临时互助组	数量（个）	681	991
	户数（户）	3752	5088
	男女人口（人）	16056	21554
	男女劳力（个）	6483	10407.5
组织起来总户数（户） （占农村总户数比重）		9765 （34.8%）	10189 （36.3%）
组织起来总劳力（个） （占农村总户数比重）		18591 （38.3%）	20990 （43.2%）

资料来源：《兴县一九五三年春季生产初步总结》（1953 年 6 月 13 日），兴县档案馆藏，档案号：A13-1-3。

由表 2-1 可知，经整顿，农业社数量减少了 22 个（全部转为常年互助组），户数减少 336 户，男女人口减少 1156 人，男女劳力减少 421.5 个；常年互助组数量减少了 64 个（农业社转常年互助组 22 个，常年互助组转为临时互助组 86 个），户数减少 576 户，男女人口减少 2391 人，男女劳力减少 1104 个；临时互助组数量增加了 230 个（常年互助组转临时互助组 86 个，新发展临时互助组 144 个），户数增加了 1336 户，男女人口增加 5498 人，男劳力增加 3924.5 个。总的来说，经过整顿，农业社、常年互助组的数量有所减少，但"组织起来"，即参与到互助合作组织中的人数却有所增加，总户数增加了 424 户，总劳力增加了 2399 个，由此可见这次整顿取得了一定效果。

在这次整顿中，基本上贯彻了互助合作的决议与保护私有的政策，因而不仅纠正了偏向，巩固了社、组，消除了一些人以往思想上存在着的"怕吃大锅饭"的顾虑，而且在极大程度上提高了组员、社员与众多群众的生产积极性，他们生产劲头比以往更大、更足。以一区东坡村张明唐农业生产合作社为例，该社共有 18 户、17 个劳动力，在整顿前，社内思想十分混乱，存在着严重的窝工、不等价问题，社员生产情绪普遍不高，且 17 个劳动力中，有 7 个都是工人，因这些工人只是将地入社，本人却不上地生产，所以社内除两个劳动力放羊外，只有 8 个劳动力上地劳动。可想而知，这 8 人要耕种社内 17 人的土地，任务多么繁重，因此他们上地劳动的积极性不高，更谈不上进行土地加工。但是，在将该农业社转为互助组之前，社员们却普遍认为目前状态良好、没有问题，不愿意改变，后经过多方面的教育、对比，才打通思想，一致认为不能这样继续下去，否则合作社将来极有可能面临垮台的风险。随后，根据大家的意见及在大家帮助下，该农业社转为互助组，并在自愿互利原则下，解决了所存在的具体问题，除 4 户仍旧将地入社、不上地劳动外，其余农户皆上地进行生产。在1953 年春季种谷竞赛时，该组组员们生产情绪高涨，7 天就完成了全组的播种任务，大伙儿的生产积极性得到发挥，在较大程度上改善了以往生产中不等价、窝工的情况。[①] 针对农业社分红中劳力或土地分红比例一方偏高的问题，经过集体讨论，认为按照大部分农业社的实际情况来说，在分红比例中，劳力占比 55%~60%、土地占比 35%~40% 比较合理。[②] 在土地与折价入社牲畜等问题的处理上，一般采用了土地各归各家，牲畜各归原主的办法，并且在整顿、扭转中特别注意了 1953 年春后初级社的巩固问题，帮助其制订了生产计划与必要可行的制度，指出今后的具体做法。[③]总之，通过这一阶段对互助合作中所出现问题的纠正与整顿，基本扭转了工作中的盲目冒进，急于求成、求快倾向，群众在生产情绪上比以往更为高涨。

（三）合作化之第一个发展高潮

1953 年 12 月 16 日，中共中央发布了《关于发展农业生产合作社的决议》，决议指出："为着进一步地提高农业生产力，党在农村中工作的最根本的任务，就是要善于用明白易懂而农民所能够接受的道理和办法教育和促进农民群众逐步联合组织起来，逐步实行农业的社会主义改造。"[④] 此

---

① 《兴县一九五三年春季生产初步总结》（1953 年 6 月 13 日），兴县档案馆藏，档案号：A13-1-3。
② 《中共兴县县委关于五十九个农业社夏季生产总结报告》（1953 年 9 月 10 日），兴县档案馆藏，档案号：A13-1-5。
③ 《兴县一九五三年春季生产初步总结》（1953 年 6 月 13 日），兴县档案馆藏，档案号：A13-1-3。
④ 《中国共产党中央委员会关于发展农业生产合作社的决议》（1953 年 12 月 16 日），中共中央文献研究室编《建国以来重要文献选编》第 4 册，中央文献出版社，1993，第 661~662 页。

外，还提出当前农村工作的重心就是发展互助合作运动，使农业能够由落后的小规模生产的个体经济变为先进的大规模生产的合作经济，这一决议无疑对各地初级农业合作社的发展起了加速和推动作用。此时中共中央实行了粮食的统购统销政策，以应对全国性的粮食危机，农民与市场的关联被强制断开。

1953年，兴县政府开始宣传和普及粮食统购统销政策，在兴县农村实行统购统销粮食政策过程中，农村代表在这一政策的宣传与实行中发挥了引领作用。如东坡乡代表刘赶当按计划应卖收购粮500斤，却自动卖粮1800斤，并动员3户亲戚卖粮5700斤，带头发动全村卖粮1.5万斤（按计划收购7700斤），超过任务近一倍。在农村代表们的引领及带头下，兴县1953年国家统购完成数为900万斤，超过任务量50%。① 再看1954年，据1954年统购摸产计算，当年粮食作物实播种面积1237274亩，每亩平均实产49.8斤，是1953年亩产51.75斤的96.23%，达计划亩产59.6斤的83.5%。由此可见，1954年兴县粮食作物亩产量并没有达到计划产量，但是当年兴县依然超额完成国家给予的1120万斤购粮任务。② 那是什么因素促使农民普遍支持统购统销粮食政策呢？究其原因：一方面出自农民对国家政策的积极配合，另一方面则表现出农民已累积有一定数量余粮。在积极配合方面，兴县6区14乡共有3107户售粮户，其中积极售粮争取超额者为1248户，占总售粮户的40%。另据52村调查，党员929人、团员664人中超额完成任务的有党员556人、团员398人，占总人数的59.9%。同时，为发动村民出售余粮，白家沟乡召开烈军属座谈会，再次声明"残烈军属卖了余粮照样能享受代耕优耕政策"，烈属王引留当场卖粮1000斤，军属王茂招亦超额完成统购任务1500斤，并带动全村4天内摸实产量。蔡家崖乡干部李芝荣检讨自己上年没有卖足余粮而自报卖新旧粮4000斤。白家沟村妇弓焕兰自报卖粮150斤，并带动该村6个妇女卖粮900

---

① 《兴县各界人民代表会议常务委员会关于五年来的工作总结》（1955年3月），兴县档案馆藏，档案号：A13-1-21。

② 《兴县人民政府一九五四年的几项主要工作总结和五五年农业生产计划草案报告》，兴县档案馆藏，档案号：A7-1-56。

斤。① 由此可见，兴县农村中农民积极售粮已成风气，而兴县在1954年没有达到计划产量的情况下，依然能超额完成1953~1954年统购任务的很大原因则在于此前的累积，使得农民有较多的余粮出售，自然，余粮的累积必须投入大量的劳力。

1953年12月20日，《山西日报》发表了一篇社论，题为《大力发展与巩固农业生产合作社、互助组，为明年农业增产做好准备》，指出要"积极地稳步地发展与巩固农业社，促进整个农村互助合作运动的发展，保证农产品不断地增产，并逐步实现对农业的社会主义改造，乃是今后长时期内农村工作压倒一切的中心任务。谁要忽视了这一点，谁就要犯路线性质的原则错误。各级党政领导机关及所有农村工作干部，必须全心全意地为实现这个伟大目标而奋斗"，② 山西省委对这个社论批示："《山西日报》的社论，各地党委应当作为省委的指示看待，认真研究并贯彻执行。"③

在1954年对兴县全县的统计中，共6个区86个乡，有农户28037户，人口119058人，其中男劳力24657.5个，女劳力22593个，共有劳力47250.5个。根据山西省委大力开展互助合作运动的指示，在兴县1954年的农业生产计划中，要求在1953年的基础上，组织起来的农户争取达到75%，其中合作社、常年互助组达到组织起来的60%，计划新建农业社59个，连同原有的社共112个，参加农户由原有1082户增加到2650户，占总户数的9.5%；常年互助组由原有484个发展到663个，参加农户由原有的4019户发展到10500户，占总户数的38%；临时互助组由原有991个发展到1436个，参加农户由原有5088户发展到7000户，占总户数的24%，共组织起来20150户，占总户数的71.8%，争取达到75%。④ 那么，这一

① 《兴县人民政府一九五四年的几项主要工作总结和五五年农业生产计划草案报告》，兴县档案馆藏，档案号：A7-1-56。
② 《大力发展与巩固农业生产合作社、互助组，为明年农业增产做好准备》，《山西日报》1953年12月20日。
③ 山西省农业合作史编辑委员会编《山西农业合作史大事记卷》，山西人民出版社，1996，第83页。
④ 《兴县一九五四年农业生产计划（草案）》（1954年3月15日），兴县档案馆藏，档案号：A7-1-56。

次兴县是否能如期完成"组织起来"的计划？

在互助合作的不断发展中，截至 1954 年春，兴县共发展新老农业社 146 个，入社农户 2990 户，常年互助组 1009 个，参加农户 7567 户，临时互助组 989 个，参加农户 4536 户，组织起来的户数已达总户数的 60.4%，超过 1953 年组织起来总数的 48%。① 由此可见，1954 年春，兴县已完成"组织起来"计划的 75%。具体则表现在：首先，社的发展规模不断扩大，全县有 50 户以上不满 100 户的大社 6 个，30 户以上不满 50 户的 10 个，10 户以上不满 30 户的 115 个，10 户以下的 15 个，全县 86 个乡镇除 15 个空面乡外，71 个乡都建立了农业社，可见这一阶段兴县农业合作社的发展在广度与规模方面都发生了新的变化，全县约有 82.6% 的乡镇都成立了农业社，规模方面则以参加户数为 10 户至 30 户的农业社为最多；其次则是农业社内部公共财产和社会主义因素的不断增加，根据 112 个社统计，现有公共财产牛 494 头、羊 7777 只、驴 60 头、马 9 匹，112 社中 89 个社喂猪 180 头，68 个社有大农具 98 件，小农具 318 件。②

在华北农村互助合作会议后，兴县普遍进行了一次整顿，对新建社进行了慎重的审查，并采取批准与试办两种方法，即凡是具备条件的批准建立，不够条件的帮助其成为长期互助组，创造条件，争取以后建为农业社。工作中，对认识模糊、三心二意、勉强入社经教育暂不觉悟的 29 个农民批准退社，对群众自发要求办起的 13 个社做了详细了解及批准试办。而且，在审查办社条件的同时，也十分注意对社内成员的审查，根据 5 个区 126 个社的审查结果，入社农户 2642 户，其中贫农 690 户，中农 1902 户，改变成分的地主富农 38 户，其他人员 12 户，其中充当领导职务的有 4 人，审查中清除出社 6 人，撤换社务委员或正副社长 4 人，③ 经过审查，进一步贯彻了党的阶级路线，纠正了排挤贫困户的现象，密切了中农、贫农关系，确定了分配比例，使得农业社内部更为巩固，因此，1954 年农业生产

---

① 《兴县一九五四年春季农业生产总结报告》（1954 年 7 月 13 日），兴县档案馆藏，档案号：A13-1-15。
② 《兴县人民政府一九五四年的几项主要工作总结和五五年农业生产计划草案报告》，兴县档案馆藏，档案号：A7-1-56。
③ 《兴县人民政府一九五四年的几项主要工作总结和五五年农业生产计划草案报告》，兴县档案馆藏，档案号：A7-1-56。

上也呈现出了新的面貌。

（1）加强了生产计划性。根据国家计划和需要，扩大了小麦、棉花、油料作物的播种面积，白家沟等8个社春小麦播种面积超过去年50%，油料作物播种面积超过去年58%，棉花播种面积超过去年28%。[1]

（2）开展技术改革。施肥方面，1954年兴县施肥量普遍增加10%，其中农业社增加15%~20%。农业社中，二十里铺、孟家坪、吴儿申、乔子头、白家沟、马家湾、贝塔村、裴家川口、蔡家会、团厂村等11个社1953年积肥48235担，[2] 60%的土地亩均施肥7.9担，1954年积肥77700担，65%的土地施肥亩均10.2担，超过去年亩均施肥2.3担，其中以白家沟合作社最为显著，1953年亩均施肥12.3担，1954年亩均施肥17.3担，超过1953年亩均施肥5担。再如王家峁农业社，1953年65%的土地上亩均施肥10.5担，1954年70%的土地上亩均施肥16担。由此可见，兴县1954年各社施肥量比1953年均有普遍提高，究其原因则是：1954年春季，兴县开展了持续不断的积肥运动，开辟肥源达11种，3月至5月全县共积肥6400担，解决了914亩土地的肥料问题。深耕保墒方面，也比1953年更加注意，特别是六区在郭家沟郭志德社的示范带头下，全区推广县犁67张，县铧242个，开始转变以往耕作粗放的习惯。其他方面，对小麦、糜谷种子进行消毒的社达到70%；屈家沟等5社兴修水渠4条，码头2个，增浇地247.5亩；王家崖社坝河滩地9.7亩；甄家庄社挖卧牛坑618个。[3]

（3）订立了农业社、信贷社、供销社结合合同，促进了农业社、信贷社、供销社的交流，互相支援、共同发展。春季新建基层社7个，发展社员1778人，股金3509万元，新建信贷社6个，发展社员3881人，股金9348万元，17个农业社和供销社订立了结合合同。[4]

（4）普遍建立互助合作网，带动了互助组的发展。每个社都固定联系

---

① 《兴县一九五四年春季农业生产总结报告》（1954年7月13日），兴县档案馆藏，档案号：A13-1-15。

② 档案中记录农业社总数为11个，但只列出10个。

③ 《兴县一九五四年春季农业生产总结报告》（1954年7月13日），兴县档案馆藏，档案号：A13-1-15。

④ 《兴县一九五四年春季农业生产总结报告》（1954年7月13日），兴县档案馆藏，档案号：A13-1-15。

几个互助组，帮助互助组制订生产计划，建立规范制度，传授技术，共同举办生产竞赛等，解决互助组的生产困难。农忙季节，农业社会向互助组发起挑战竞赛，以带动互助组的生产情绪，通过网的形式，逐步提高、巩固、发展长期互助组，有 40 个长期互助组争取秋季要转为农业社。①

由上可见，建立高质量的农业社，对农民加强生产计划性、提高耕作技术水平、完成国家农业计划等有很大帮助，甚至产生了"以点带面"的效果。在农业社的带动下，1954 年兴县的常年互助组也有很大发展，特别是常年互助组的发展不仅仅表现在数量上的增加，而且质量上也有显著提高。根据 24 个乡审查的结果，共有常年互助组 302 个，共分为三种类型。其中第一种类型的常年互助组有 71 个，占总数的 23.5%，特点是组员思想觉悟高、有热情，领导骨干强，有简单的生产计划和经营管理制度，个别组还有少量的公共财产，基本上具备办社条件；第二种类型的有 168 个，占总数的 55.6%，特点是组员有一定思想觉悟，但由于领导骨干力量薄弱，组内存在着"憨厚"（不能灵活变通）思想，虽有简单的生产计划和经营管理制度，但有时不能严格执行，评分实行"死分不评"，劳动积极性不能完全发挥；第三种类型的有 63 个，占总数的 20.9%，特点是大部分组员对"组织起来"认识模糊，比如有的人为响应号召而组织起来，有的人怕被认为"落后"勉强参加，组内没有生产计划和经营管理制度，评工记工方面，不论劳力强弱、技术高低一律采取"顶工"的办法，甚至有的领导干部自私自利、谋占便宜，经常引发组内争吵，组员之间不能团结，而有的组则长期无人领导，自生自灭，处于垮台散伙状态。第一种类型和第二种类型的常年互助组共 239 个，占总常年互助组 302 个的 79.1%，占农村中的绝大多数。② 与此同时，以社、组为旗帜，也带动了个体农户积极进行生产。如石岭村农业社在抗旱种棉运动中，首先担水种棉 39.5亩，在该农业社的推动下，北坡、木兰岗等村也担水种棉 41 亩，全区经过充分地发动，共担水种棉 573.5 亩，取得了良好的成绩；又如胡家沟刘加

---

① 《兴县一九五四年春季农业生产总结报告》（1954 年 7 月 13 日），兴县档案馆藏，档案号：A13-1-15。
② 《兴县人民政府一九五四年的几项主要工作总结和五五年农业生产计划草案报告》，兴县档案馆藏，档案号：A7-1-56。

小农业社，为了达到增产的目的，发动社员进行积肥，用一下午时间积肥（脏土）420 担，并带动了刘拗大互助组，花费两下午一早上时间积肥 300 担，带动单干农民 22 户积肥 610 担；杨家坡农业社分得积肥任务 800 担，在妇联副主席李丑丑的带领下，发动全村 86 个妇女积肥 550 担，全村共积肥 2320 担，奠定了增产的基础。[①]

总的来说，1953 年冬到 1954 年春，兴县农业互助合作运动的发展是比较稳妥、健康的，虽然距上级的要求（组织起来户数占总户数的 75%）还有一定的距离（相差将近 15 个百分点），但在发展的过程中基本上克服了盲目性。[②]

1954 年春后，兴县经过全年的生产运动，到冬季时在农村掀起了农业合作化运动的第一个高潮，截至 1954 年 11 月统计，兴县全县农业生产合作社已由春季的 146 社发展为 412 社，入社农户由 2990 户快速增为 9984 户，占农户的 36.6%。其中，原 146 个老社 2990 户扩大为 4432 户，新建社参加农户 5552 户，并由 494 个互助组转成，其中有个体农民入社者 707 户。还有正在酝酿的 42 社（1666 户），参加农户已达到总农户的 42.7%，连同发展的 876 个常年互助组、临时互助组，入社入组的农户已达 17012 户，占总农户数的 62.4%。[③]

在不断加快步伐的"组织起来"中，初级社、互助组的数量不断地增加，规模也越来越大，农业的合作化运动取得了较大的发展，但与此同时，各合作社、互助组中也存在着一些问题，如 1954 年春季的互助组织就存在如下问题。

（1）存在着发展不平衡的现象。兴县全县 86 个乡，"组织起来"达总农户数 70% 以上的有 8 个乡（新窑上、白家沟、白家齐、固贤、木崖岭、官道吉、大坪塌、武家峁），"组织起来"占总农户数 70% 以下 35% 以上的

① 《兴县第二区五四年春耕生产总结报告》，兴县档案馆藏，档案号：A13-1-14。
② 《兴县人民政府一九五四年的几项主要工作总结和五五年农业生产计划草案报告》，兴县档案馆藏，档案号：A7-1-56。
③ 《兴县人民政府一九五四年的几项主要工作总结和五五年农业生产计划草案报告》，兴县档案馆藏，档案号：A7-1-56；《中共兴县县委关于农业社发展巩固工作的总结与今后进一步全面巩固农业社和改进党对农业社的领导问题的报告》，兴县档案馆藏，档案号：A116-1-4。

有 72 个乡，"组织起来"占总农户数 35% 以下的有 6 个乡（城关、曹家坡、刘家庄、康宁、吴城、魏家滩）。根据上述对农业社的划分，第一类的社有 41 个，占比 28.1%；第二类社有 84 个，占比 57.5%。[1]

（2）互助合作组织内规章制度不健全。146 个农业社，除 75 个已制定社章外，其余 71 个尚未制定社章，有的甚至连生产计划也没有，造成了经营管理上窝工混乱，社员劳动积极性不能发挥。三区乔山村农业社春耕播种落后于互助组；郝家沟农业社社员当天早上还不知道自己当天要做什么，到哪块地劳动，社员找组长，组长找社长，每天吃了饭 1 个钟头后才能上地，社员积极性不高，谁都怕劳动多了吃亏，5 月 24 日检查时尚有 300 余亩土地没有下种，今年（1954 年）生小羊 26 只，因无人负责已死 5 只。有的社虽然有了社长，但只是为应付社干制度而设立，社长流于形式，不能真正成为指导社内生产和处理解决基本问题的骨干，还有的社由于经营管理的混乱，窝工、浪费严重，影响了农业增产及农业社的巩固，甚至面临垮台散伙的危险。[2]

（3）各级干部中重社轻组思想尚未彻底扭转，对互助组的领导普遍不够重视，有些互助组开始出现涣散情绪，有的已经散伙或者正在散伙。如明通沟乡春季组织起来长期组 5 个、临时组 15 个，组织不久就已垮台临时组 4 个；恶虎滩村仅有临时组 4 个，但据群众说根本未变的有 1 个，其余 3 个也是应付了事；孟家坪乡春季有长期组 5 个，已垮台 1 个，临时组 22 个，已垮台 3 个。[3]

（4）在农村中存在着的某些根深蒂固的观念，也影响着互助合作政策的正确贯彻和互助合作的进一步巩固发展，比如有的人嫌贫爱富，不愿意吸收贫困户参加社、组，有的看到贫困户的困难，但帮助解决力度不够。就以二十里铺农业社来说，有 1 户贫困户没有口粮，社里本来能够帮助其解决，但让他打短工赚口粮。农业社、互助组中出现重副业、轻农业现

---

[1] 《兴县人民政府一九五四年的几项主要工作总结和五五年农业生产计划草案报告》，兴县档案馆藏，档案号：A7-1-56。
[2] 《兴县人民政府一九五四年的几项主要工作总结和五五年农业生产计划草案报告》，兴县档案馆藏，档案号：A7-1-56。
[3] 《兴县人民政府一九五四年的几项主要工作总结和五五年农业生产计划草案报告》，兴县档案馆藏，档案号：A7-1-56。

象，剩余劳动力较愿意搞副业运输，而不愿意在土地上多加工，即使进行土地加工，也经常三心二意、身在社心在家。还有部分人对外出租土地、牲畜，如水江头村副支书高铁汉卖了村中土地，准备去城里做买卖，大善村党员李油老向外出租土地32亩。而某些富农分子、富裕户也加入互助合作组织，却不遵循"等价"原则，比如苏家里刘六儿雇工吃租做投机买卖，今年（1954年）加入互助组内，以1个驴工换2个人工的不等价办法，剥削劳动力，今年（1954年）积肥1000余驮，全部卖了准备明年入社；孟家坪农业社孙老虎5户租地134亩，带入社内，因为土地只需出公粮，而带入社内土地参与分红，所以投入劳力多的农户觉得吃了亏。此外，对一些挑拨、破坏互助合作的言论缺乏应有的警惕，李家塌李枝儿在社员大会中公开说："农业社是倒塌社，王家崖农业社办了好几年，王兆凯越办越没办法。"西山角地主杨秀明入了农业社后，担任会计职务，经常造谣说："入了社就没东西啦，入了社身子也不能自由，想打短工赚些吃的也不行。"①

（四）合作化之1955年整顿

为了解决在初级农业合作社中发现的问题，纠正初级农业合作社发展中的冒进倾向，以及缓解农村目前的胶着局面，1955年4月4日，《中央山西省委关于当前巩固与提高农业生产合作社工作中的几个主要问题的指示》中要求："当前在巩固农业生产合作社的工作中应十分注意解决的几个方面的问题：一、普遍发动农业生产合作社，挖掘生产潜力，找出增产门路，使农业生产合作社不断增加生产；二、正确贯彻党的互利政策，安定群众的生产情况，充分发挥农民的生产积极性；三、要把老社的劳动管理工作提高一步；四、加强政治思想工作和培养合作社干部，推广先进经验，改进领导方法。"② 4月5日到12日，在山西省委召开的地、市委农村工作部长会议中，对1955年农业社的发展提出"在巩固现有社基础上，

---

① 《兴县人民政府一九五四年的几项主要工作总结和五五年农业生产计划草案报告》，兴县档案馆藏，档案号：A7-1-56。
② 《中共山西省委关于当前巩固与提高农业生产合作社工作中的几个主要问题的指示》，《山西农业合作化》，第181~192页。

有条件有控制发展方针"。① 5 月 21 日，山西省委召开第三次党的代表会议，针对全省初级农业生产合作社发展的现状以及存在的具体问题，确定了"对农业生产合作社的发展工作，根据不同地区的不同情况，分别采取该停止的停止发展，该收缩的要适当收缩，可能发展的要适当发展的方针"。② 兴县在 1955 年中，9 月以前的农业合作化运动，基本上遵照了山西省委的指示，以"典型示范、逐步推广、全面发展"的模式稳步推进，建立了中心社、互助合作先进组 86 个，充分发挥"以先进带落后、典型推动一般"的作用，③ 接下来，我们就简要回顾一下兴县这段时间的互助合作具体情况。

1955 年初，全县有新老社 426 个，比 1954 年底略有增加。全县 86 个乡都有了农业社，1~2 社的乡有 9 个，3~5 社的乡有 41 个，6 社及以上的乡有 36 个，其中基本达到合作化的乡 25 个；778 个自然村，有社的村 418 个，占到总自然村数的 53.7%，基本达到合作化的自然村 178 个。④

具体而言，我们可以从党员和团员数量、入社成分、社的规模、社的质量上考察 1955 年初兴县农业生产合作社的发展状态。党、团员数量上，全县党员有 2940 人，其中入社者 1981 人，占到党员总数的 67.4%，团员有 3009 人，其中入社者 1574 人，占总团员数的 52.3%。入社农户的成分中，有贫农 2835 户，新中农 3664 户，老中农 2957 户，富裕中农 528 户，共 9984 户。社的规模方面，31 户以下的社有 335 个，31 户至 50 户的社有 69 个，51 户至 100 户的社有 14 个，百户以上的社有 2 个，其中有两村一社的 6 个。关于社的质量，全县的 426 个社可分为三类。一类社划分标准为社员思想觉悟高、社的领导能力强，存在问题不大，冬季生产好，并有相应制度，共有 178 个，占总社数的 41.8%。二类社则是冬季生产好，但社内还是存在问题，社员基本上思想安定，共有 187 个，占总社数的 43.9%。三类社则社内政策贯彻执行差，问题多，领导力量弱，有极少数

---

① 《山西农业合作史大事记卷》，第 96 页。
② 《山西农业合作史大事记卷》，第 96 页。
③ 《关于一九五五年巩固农业生产合作社和全年生产的基本总结》（1955 年 12 月 31 日），兴县档案馆藏，档案号：A13-1-30。
④ 《中共兴县县委关于农业社发展巩固工作的总结与今后进一步全面巩固农业社和改进党对农业社的领导问题的报告》，兴县档案馆藏，档案号：A116-1-4。

社员思想动荡，有 61 个，占总社数的 14.3%。[①] 由此可知，兴县 1955 年初农业互助合作发展中，党团员入社数分别达到了 50% 以上，入社农户成分中以贫农、中农为主，规模上 30 户以下的农业社居多，对农业社办社质量的划分中一类社、二类社占到总数的 85.7%，发展得较为稳妥。

针对兴县 1954 年底到 1955 年初这一阶段的农业社发展与巩固工作，确切时间是从 1954 年 12 月 20 日开始，历时 2 个月，[②] 县、区、乡干部全部转向了巩固与整顿农业社的工作。在工作中，发现了组织领导上、社员思想上存在的问题，以及老社、新社发展中的弊端，经过整顿，以达到"组织纯洁"的目的。据 426 个社的统计，经整顿，将动机不纯的坏分子清洗了 3 人，改错定地富 12 人，并将不自觉的农民清除出社 138 户，其中有 78 户又加入了互助组，整顿的重要任务则是对社内的地主、富农进行整顿，对担任农业社职务的地主、富农进行改选，对影响社内团结的进行清除。例如，寨底村有一个 12 户的社，因为 7 户是改定地富，所以农业社接到了停止办社的指令；魏家峁上会计魏怀公（改定地主）对社进行破坏事情 3 起，经常煽动社员，令其思想不安与社闹不团结，所以清除出社；柳叶村新社将改定富农选为社长，也进行了改选。[③]

在这次整顿中发现了老社、新社中存在的问题，首先是老社的问题。

（1）社干贪污。不少社的社长、会计发现有贪污现象，如二区蔡家会农业社副业为开粉坊，会计贪污 130 万元公款，官庄农业社副社长卖羊贪污 11 万元公款。类似这样的问题有很多，虽然发现了但没有得到适时的解决，给群众以领导不力的印象。[④]

（2）有少部分的农业社在 1954 年的秋收分配中，全年账还未结束清算，影响到了老社的建社、扩社工作，特别是其中有 12 个社经营管理不善

① 《中共兴县县委关于农业社发展巩固工作的总结与今后进一步全面巩固农业社和改进党对农业社的领导问题的报告》，兴县档案馆藏，档案号：A116-1-4。
② 《中共兴县县委关于农业社发展巩固工作的总结与今后进一步全面巩固农业社和改进党对农业社的领导问题的报告》，兴县档案馆藏，档案号：A116-1-4。
③ 《中共兴县县委关于农业社发展巩固工作的总结与今后进一步全面巩固农业社和改进党对农业社的领导问题的报告》，兴县档案馆藏，档案号：A116-1-4。
④ 《中共兴县县委关于农业社发展巩固工作的总结与今后进一步全面巩固农业社和改进党对农业社的领导问题的报告》，兴县档案馆藏，档案号：A116-1-4。

导致减产，这不但在群众中没有产生良好的影响，而且这些合作社本身也面临着垮台的危险，如康宁镇王福善社，已经有部分社员思想动荡，提出要退社，退社的原因主要是感到 1954 年没有增产，社的产量相当于互助组，[1] 所以，工作方式的不合理，不仅对社员的生产情绪有极大影响，而且阻碍了社的巩固和发展。

（3）由于农业社制度体系不完善，对群众劳动动员不足，特别是 1954 年冬季，部分社的生产门路找得不多，在牲畜的饲养上无人关心，甚至造成牲畜伤亡现象，有的社新社员入社后，因是新手，对牲口没做适当的处理，造成一些大牲畜在春耕中受伤。[2]

由于老社的人员大部分已经固定，所以入社农户大多都是自愿入社，并且在生产资料的处理和生产投资方面都形成了一定的共识，而新建社的问题恰恰就在此，主要有以下几点。

（1）在思想动员方面，工作做得不够充分，因此，在吸收社员上存在变相强迫行为。据了解，全县因入社分家的有 43 户，分地的有 17 户。据兴县一区统计，农民不愿入社而勉强入社的有 30 户，另外一区紫家塬村在建社过程中，一连开了 6 晚群众会，并说"不入社就离开村子住"。在收购粮食的数量方面，入社与不入社也有不同，如中农张志科不入社，应卖400 斤余粮，但强制他卖了 500 斤，后来这人入社了。在二区上里村，新建社强迫高小华入社担任会计，结果这人跑到了神木县。[3]

（2）在生产资料方面，部分新社面临着饲草不足的困难，耕畜的饲草问题难以解决，主要原因则是耕牛折价入社后，原有牲畜的农户便不再将牛的饲料带进社里。如一区高本家村，新建农业社有耕牛 10 头折价归社，但耕牛归社后 7 户农户就不再带牛料入社，在 1954 年冬季，牛每天要送粮但吃不到草料，可以说是有人使用但没人关心，很快 10 头耕牛中已有 7 头

---

① 《中共兴县县委关于农业社发展巩固工作的总结与今后进一步全面巩固农业社和改进党对农业社的领导问题的报告》，兴县档案馆藏，档案号：A116-1-4。
② 《中共兴县县委关于农业社发展巩固工作的总结与今后进一步全面巩固农业社和改进党对农业社的领导问题的报告》，兴县档案馆藏，档案号：A116-1-4。
③ 《中共兴县县委关于农业社发展巩固工作的总结与今后进一步全面巩固农业社和改进党对农业社的领导问题的报告》，兴县档案馆藏，档案号：A116-1-4。

瘦得不成样子，春耕开始后已病得上不了地。①

（3）在生产资料的处理方面，大部分社是将牲口一律折价入社，存在折价偏高或偏低的现象，而这种"图省事"的办法，也引起了中农、贫农的矛盾，社内关系紧张。例如一区武家塔社，强迫中农田商原将牲口折价入社，据不完全了解，因入社出卖耕牛的有18户，出卖羊的有12户。又如高家村有3户贫农，把耕牛卖了后入社，原因则是怕耕牛折价入社后，牛不属于自己，而折下的钱也不能花。再如一区王家畔社，有牲畜户愿意将其牲畜以租的方式带进社里，可是一部分人坚持要将耕畜折价，结果牲畜折价归社后，每人摊派50万元股金，到牲畜户讨要结余投资股金时，一般社员拿不出来，造成社员之间互有意见。②

（4）在生产投资方面，大部分农业社的现状是按劳入股投资、土地不投资，羊工则是按照所赶牲口的数量计算劳动量，而不是以劳动日计算从而赚付工资，因此羊工感到在劳动中吃了亏。根据兴县61个社了解，羊工赚工资的仅有6社，此种状况引发了部分羊工的不满。③

另外，在"四评"工作方面，虽然要求各农业社进行"四评"工作的文件已下达，但据了解，已结束"四评"工作的仅有146个农业社，正在开始"四评"工作的有164个农业社，还未开始"四评"工作的有116个社，其中114个社制定了社章，但大部分没有制订生产计划，少部分社社章还未制定完成。④

以上老社、新社的问题，虽然在1955年初整顿中已注意解决及纠正，但效果并不明显。

1955年春，经整顿后，农业生产合作社发展为434社，入社农户增为10884户，占到总农户数的40%，入社人数48600人，入社土地492368

---

① 《中共兴县县委关于农业社发展巩固工作的总结与今后进一步全面巩固农业社和改进党对农业社的领导问题的报告》，兴县档案馆藏，档案号：A116-1-4。
② 《中共兴县县委关于农业社发展巩固工作的总结与今后进一步全面巩固农业社和改进党对农业社的领导问题的报告》，兴县档案馆藏，档案号：A116-1-4。
③ 《中共兴县县委关于农业社发展巩固工作的总结与今后进一步全面巩固农业社和改进党对农业社的领导问题的报告》，兴县档案馆藏，档案号：A116-1-4。
④ 《中共兴县县委关于农业社发展巩固工作的总结与今后进一步全面巩固农业社和改进党对农业社的领导问题的报告》，兴县档案馆藏，档案号：A116-1-4。

亩，占到全县总耕地面积的 38.7%，与 1955 年初比较，农业生产合作社增加了 8 个，入社农户增加了 900 户。[①]

1955 年 3 月底，兴县全县 434 个农业社全部进行了整顿，其中已经结束整顿工作的有 414 个社，尚未结束整顿工作的有 20 个社，[②] 通过整顿，春耕时节农业生产基本走上计划轨道，并且适当地解决了社员投资问题，纠正了评产偏低、自流、土地分红占比偏高等做法，具体来说，有以下几方面。

（1）对组织进行整顿，加强社干的培养

按照互助合作、平等自愿的原则。从自愿性上来看，兴县整顿前共有农业社 442 个，入社人数中，积极要求入社的占总人数的 45%，自愿入社的占总人数的 48%，有 7% 的农民并不愿意加入农业社，后经过向农民进一步地讲明互助合作政策，入社农户对农业社的理解有了明显提高，同意让不愿入社的中农 127 户、贫农 30 户退出农业社，且将 8 个（166 户）条件不达标的农业社转成互助组。在对农业社成员的审查中，开除出社地主、富农共 34 人，以及顽固人员 13 人，并将在社内担任领导职务的进行改选。二十里铺改定地主王亮珠，在社内担任会计职务，却暗地对农业社进行破坏，挑动群众，不听领导指挥，影响社内团结，开除出社，待将事实继续查清，再做行政处理。[③]

农业社内领导成员的构成中，首先，434 个社的社长中，有党员 359人，团员 14 人，只有 61 人是非党团干部。其中大部分是积极负责的同志，并在行政乡也担任着支部委员。从 434 个社的社长中了解到，其中积极办社的有 326 人，较积极的有 54 人，有 54 人工作积极性不高，而积极性不高的原因，主要是感到自己能力弱，并且没有领导经验。在此次整顿中充分发扬了民主，调整社长 37 人、社务干部 84 人，并已基本确定全县现有434 个农业社、入社农户 10884 户，各农业社通过整顿，实现了组织上的巩固，且社内成员思想认识也有所提高。在对农业社办社质量的划分中，

---

① 《关于一九五五年巩固农业生产合作社和全年生产的基本总结》（1955 年 12 月 31 日），兴县档案馆藏，档案号：A13-1-30。
② 《关于整顿巩固农业社的综合报告》，兴县档案馆藏，档案号：A116-1-4。
③ 《关于整顿巩固农业社的综合报告》，兴县档案馆藏，档案号：A116-1-4。

在整顿前，一类社有 178 个，二类社有 203 个，三类社有 61 个；经整顿后，一类社增为 188 个，二类社不变，依旧是 203 个，三类社减为 43 个，①农业社的总数量减少了 8 个，由 442 个降为 434 个，虽然略有下降，但在质量上却有所提高。

（2）纠正了某些关于政策执行上的偏向

关于土地评产，纠正了两种不正确的观念，一种是怕评产高，要多卖给国家余粮，如二区有一些社怕评产多了，国家多要余粮；另一种则是图省事，土地按照通产的做法评产，如苏家沟社没有按照评产标准执行，社长图省事，统一按照每石通产加 2 斗产量的做法评产，既不公平，也不合理，造成了社员的不满。此外，还有一部分地区因为土地的质量不好，又对统购统销政策学习得不够认真，而出现不评产的做法。在整顿中，大家畅所欲言，针对这些观念及现象，开展讨论，重新对土地进行评产，纠正了评产偏低现象。②

在土地、劳力分红比例问题上，农业社经常因土地、劳力分红比重的不合理而引发社内矛盾，在此次整顿中，发现有些社土地分红偏低，甚至取消了土地分红。例如，四区弓家沟农业社，1954 年因灾减产，土地没有分红，在 1955 年初计划中，本决定进行土地分红，但在实施中又决定土地不分红，通过此次整顿工作了解到，因为 1954 年土地没有分红，农业社内很多社员非常不满，那么，1955 年弓家沟农业社根据社的实际情况，到底应不应该取消土地分红？后来经过全体社员的讨论，一致认为取消土地分红不合适，所以又确定了 1955 年土地分红占 25% 的比重。还有，一些社过分压低土地分红的比例，如石岭则农业社的土地位于川地，原定为 30% 的比例用以土地分红，可由于土地是经济作物区，社员们普遍觉得土地分红 30% 的比例较低，对此产生意见，后来经过社员的讨论，大家认为土地占 35% 的分红比重为宜。③

纠正了部分农业社自留地过多的现象。在整顿中，已经规定了农业社社员自留地的标准，即一般已确定自留地比例的社，自留地比例不得超过

---

① 《关于整顿巩固农业社的综合报告》，兴县档案馆藏，档案号：A116-1-4。
② 《关于整顿巩固农业社的综合报告》，兴县档案馆藏，档案号：A116-1-4。
③ 《关于整顿巩固农业社的综合报告》，兴县档案馆藏，档案号：A116-1-4。

10%，未确定自留地比例的社，按全县人口平均土地的 1% 至 5% 留地，但是，不少社的自留地比例已达到 10%，甚至有些社超过 10%，如樊家圪台乡有 9 个农业社，其中有 5 个社自留地在 9% 至 10%，剩下的 4 个农业社自留地都在 10% 以上，还有吕家塌农业社自留地就占到总土地的 18%。① 类似这种情形，对此进行改变时，首先着重扭转了社员对自留地的认识——个人自留地过多，则会损害农业社的整体利益，产生不良的影响，从而使大家意识到，如果自留地多了，社就不能够办好。通过整顿，大部分农业社都在加强社员认识的基础上，对自留地过多的情况做了适当的纠正。②

纠正了盲目投资，反对牲口一律折价，将每个社员应缴纳的股份金确定下来。从此次整顿中，发现农业社中盲目投资现象较严重，大部分社员生产投资、股份金混淆不清。如三区黄家窊农业社将牲口一律折价归社后，每社员平均摊派 130 元，都作为社内股份基金，这样就有贫农觉得股份金金额太大了，被吓得不敢入社，后经过整顿，将股份基金和当年的生产投资分开，一部分贫苦农民才放下心来。在农户股金缴纳过程中，贯彻真正贫苦者缓交、少交、免交的办法，或采用折中的办法代替部分股金，例如三区黄城农业社有 5 户贫农感到投资金额大，入不起社，提出要出社，经过讨论采用折中的办法，将折价羊作为投资，按比例分益，耕牛则以出租方式租入社内，5 户贫农的问题得到解决，都说"这回不出社了"。尤其需要注意的是，各农业社改革了"投资长余部分 3 年内不行息"的制度，这对鼓励各村中农进行生产投资有推动作用，同时也有利于解决农民的生产困难。在农村有的中农对牲口折价归社 3 年不行息的制度早已不满，此次改革以后，一部分人又将现款拿到社里用来购买农具。另外，农业社内纠正了只按劳力、忽视土地投资的偏向后，使得贫农劳动积极性更高，中农也感到公平合理。③

（3）改善了经营管理

在"有组织、有秩序、有计划的进行生产"的要求下，兴县 434 个农业社中，有 263 个社订出社章，312 个社订出生产计划，各农业社都按照

---

① 《关于整顿巩固农业社的综合报告》，兴县档案馆藏，档案号：A116-1-4。
② 《关于整顿巩固农业社的综合报告》，兴县档案馆藏，档案号：A116-1-4。
③ 《关于整顿巩固农业社的综合报告》，兴县档案馆藏，档案号：A116-1-4。

社的大小分编了生产队或小组，根据社员住址远近、劳力强弱、技术高低，进行了合理搭配，如高家村农业社给入社的孤、寡等28人分配了抬耙任务，劳动的同时，他们也感到自己在生产上有了正当的"出路"（有对应的农活可干）。①

根据目前了解，434个农业社中，有282个社采用了较合理的经营管理方法，其中包工包产的社有35个、常年包工的社有34个、按季包工的社有80个、临时包工的社有133个，这样的管理方法使农民感受到了包工的好处，特别是在1955年送肥活动中，既快且好地完成了任务，很多农业社对此也深有感触。此外，石岭则等农业社则计划推广白家沟畜牧类管理经验。②

通过以上举措，推动春耕生产的准备工作。"一年之计在于春"，春耕生产，对农民来说，是一年中的头等大事。首先，积肥送肥方面，从组织社员开始到3月上旬，据307个农业社的统计：共积肥1037806担，送到地里则是628452担，送肥数占到了积肥数的60%，而且又制订了积肥计划，计划在春耕中完成积肥30.067万担。其次，饲草及饲料方面，缺少饲草的社发动社员进行打野草，如一区的青草乡、四区的交楼申乡共打野草8000余斤，解决了饲草不足的问题。在解决饲料不足问题上，充分发动社员，如马家塔农业社在社内表扬了积极投资的社员后，有16户除两户正在卖粮外，14户都主动地投资牛料，于是社内8头牛的饲料问题得到解决。再次，农具方面，248个农业社整修了大农具543件、小农具480件，新购大农具423件、小农具2402件，四区寨上等农业社请铁匠到社内来进行整修，社内生产农具方面的问题初步得到解决。最后，其他方面，李家塔等农业社进行水土保持、土地整修工作，新编70亩的湾地。在积柴备燃上，307个社共5192个社员，总计积柴6057.05万斤，解决了春、夏两季对木柴的需要。在对种子问题的解决中，有126个社进行了籽种的调换，调换棉籽1000斤、莜麦籽7089斤、其他籽种2995斤，另有四区张家湾农业社，通过对社员进行算账教育，社员徐有财等两户主动拿出6石2斗莜麦子以帮助社内解决种子问题，社内原计划需要山药蛋种子5000斤，在骨

---

① 《关于整顿巩固农业社的综合报告》，兴县档案馆藏，档案号：A116-1-4。
② 《关于整顿巩固农业社的综合报告》，兴县档案馆藏，档案号：A116-1-4。

干社员的带动下，不仅 5000 斤计划得以完成，而且还超出计划 1000 余斤，于是社内山药蛋计划增种。①

总的来说，经过这一时期的农业社整顿，解决了很多政策执行上的问题，使得农业社组织更加巩固，大部分农业社可以稳步发展，社员积极地进行农业生产，少部分社存在的问题主要是在投资、经营管理方面。具体来说，在投资问题上，在"三定"工作前解决投资问题的有 130 个社，基本上解决了投资问题的有 204 个社，没有解决投资问题的有 100 个社，后经过进一步地贯彻"三定"政策，不少农业社的投资问题有所解决，现有 216 个社是全部解决投资问题，基本上解决投资问题的有 164 个社，只有 54 个社的投资问题没有得到解决，例如弓家山农业社，到 1955 年 3 月底大部分籽种还收集不起，小麦任务也没有完成，牛租问题社员争执不下，又例如，据高家崖、瓦塘两乡 7 个农业社了解，7 社已有耕牛 14 头无力耕地。② 此外，这部分农业社的农民在思想上普遍存在依靠国家贷款、支援等依赖倾向，对于社的自力更生、自主发展多数缺乏信心。至于经营管理方面，全县 434 个农业社中有 283 个社推行了合理的经营管理方法，在余下 151 个社中，评工记分方式大部分采用"死分活评"，个别社甚至连劳动底分都没有，就如三区的报东村农业社。针对妇女劳动方面，有的农业社存在着对妇女上地劳动不评底分的做法，而是采取"看活计发工分"，还有的社不给妇女们发工票，例如东岐农业社在发动妇女上地刨谷茬中，17 个妇女刨谷茬 70 亩，虽然有劳动底分，但没有给妇女们发工票，影响了她们的生产积极性。③ 这些问题还需要进一步地解决。

（五）合作化之第二个发展高潮

1955 年 8 月 12 日至 14 日，在毛泽东主席《关于农业合作化问题》报告之后，山西省委召开了地市委书记会议，传达中央会议精神，集中解决在农业合作化问题上的所谓右倾保守思想问题。"根据中共中央的指示精神，会议检查了 1955 年 4~5 月在农业合作化问题上曾暴露出的所谓'在

---

① 《关于整顿巩固农业社的综合报告》，兴县档案馆藏，档案号：A116-1-4。
② 《关于整顿巩固农业社的综合报告》，兴县档案馆藏，档案号：A116-1-4。
③ 《关于整顿巩固农业社的综合报告》，兴县档案馆藏，档案号：A116-1-4。

指导思想上有过摇摆和右倾保守情绪'"①，并认为，"这主要表现在要求农业合作社发展的速度上：1955年1月预计入社农户指标为全省总农户的60%，4月又将其指标降低为55%，并预计1956年指标为68%，5月又将1955年指标降低至45%，并预计1957年指标为60%"②。而且，"会议在过分强调发展速度的指导思想下，确定了1955年至1957年三年内全省农业合作化进程和目标：要求1955年农业合作社发展到4.2万~4.5万个，入社农户占农户总数的51%~55%；1956年发展到5.2万~5.4万个，入社农户占农户总数的67%~70%，并达到村村有社；1957年发展到5.6万~5.8万个，入社农户占农户总数的70%~80%，即到1957年，在全省范围内基本上完成半社会主义性质的农业合作化"③。自此，农业合作化运动在山西各地广泛地开展，大到城市、小到村庄都在大力地推动与发展农业合作化。

在兴县1955年不断扩建社的工作中，秋季前全县的608个互助组，经过秋冬合作化运动的高潮，大部分转为了合作社。④ 在10月4日至11日的中共中央七届六中全会中，提出了"在全国大多数地方，大体上可以在1958年春季以前，先后基本上实现半社会主义的合作化"。为贯彻七届六中全会精神，在随后的10月28日至11月8日，山西省委召开了全省农村工作会议，会议把原拟定的农业合作化发展进程修改为："到1956年春耕前，社数发展到48000个左右，入社农户达到全省农户总数的65%左右，到1957年春耕前社数发展到58000个左右，入社户数达到全省农户总数的85%左右，即在全省范围内基本完成农业的半社会主义改造"，⑤ 这个计划，无疑脱离了当时农村的实际情况，让本来已高速发展的农业合作化进程再次加速。例如，在兴县1955年的合作化运动中，全县在11月前入社农户

---

① 《全省地市委书记会议》（1955年8月12日至14日），山西省史志研究院编《当代山西重要会议（1949~2002）》上册，中央文献出版社，2002，第326页。
② 《全省地市委书记会议》（1955年8月12日至14日），《当代山西重要会议（1949~2002）》上册，第326页。
③ 《全省地市委书记会议》（1955年8月12日至14日），《当代山西重要会议（1949~2002）》上册，第326页。
④ 《关于一九五五年巩固农业生产合作社和全年生产的基本总结》（1955年12月31日），兴县档案馆藏，档案号：A13-1-30。
⑤ 《全省农村工作会议》（1955年10月28日至11月8日），《当代山西重要会议（1949~2002）》上册，第329页。

是 17874 户，占农户总数的 65.4%，仅 1 月的时间就发展了 1222 户，增加了 4.6 个百分点，达到 19096 户。[①]

农业合作化运动开展得如火如荼，使得新社不断建成，老社持续扩大。截至 1955 年 11 月底，兴县全县入社农户共有 19096 户，占到农户总数的 70%，在 1954 年 40% 的基础上增加了 30 个百分点。其中老社 434 个（入社农户 10884 户）中有 401 个社共增加了 3561 户；新建社 265 个，入社农户 4651 户。之前确定的兴县入社农户占总农户数 75% 的计划，预计在 12 月 10 日前可以完成。[②] 从以下几点我们可以进一步了解农业社的构成及发展情况。

（1）从社员成分来看，19096 户社员中，贫农 7638 户，占入社农户的 40%；新下中农 4583 户，占入社总户的 24%；老下中农 4392 户，占入社总户的 23%：以上三种成分共 16613 户，占了入社农户的 87%。新卜中农 955 户，占入社总农户的 5%；老上中农 1113 户，占入社总农户的 6%；地主富农 415 户（原来老社吸收的）占入社总农户的 2%。[③]

（2）从党、团员数量来看，全县有党员 3271 人，已入社的有 2976 人，占党员总数的 91%，未入社的 295 人，大部分是农村供销社和乡的补给干部及小学教员；全县有团员 3009 人，已入社团员 2497 人，占团员总数的 83%。[④]

（3）从合作化程度来看，全县 86 个乡中，已有 52 个乡达到基本合作化，其中合作化程度达到 90% 以上的乡有 2 个，80% 以上的乡有 15 个，70% 以上的乡有 35 个；其余未达到合作化的乡有 34 个，其中合作化程度在 70% 及以下 60% 以上的乡有 21 个，60% 及以下 50% 以上的乡有 12 个，

---

① 《关于扩建社工作第三次报告》（1955 年 11 月 30 日），兴县档案馆藏，档案号：A116-1-4。
② 《关于扩建社工作第三次报告》（1955 年 11 月 30 日），兴县档案馆藏，档案号：A116-1-4。
③ 《关于扩建社工作第三次报告》（1955 年 11 月 30 日），兴县档案馆藏，档案号：A116-1-4。
④ 《关于扩建社工作第三次报告》（1955 年 11 月 30 日），兴县档案馆藏，档案号：A116-1-4。

50%及以下40%以上的乡有1个。①

（4）从社的规模来看，在434个老社中，100户以上的社有4个，100户及以下50户以上的社有50个，30户以上50户及以下的社有107个，20户以上30户及以下的社有231个，20户及以下的社有42个；在265个新社中，100户及以下50户以上的社有1个，50户及以下30户以上的社有15个，30户及以下20户以上的社有48个，20户及以下10户以上的社有157个，10户及以下的社有44个。新老社的户数平均起来每社有27户。②

由上述数字可见，1955年春后，兴县的农业合作化运动以风驰电掣般的速度发展，到1955年底，农业合作社发展增至762个社，入社农户27087户，占到总农户数（28556户）的94.8%。③到1955年底，农业社的发展情况如下。

（1）从各乡的合作化情况来看：全县86个乡，全部合作化的有4个乡，合作化程度达到95%以上的有36个乡，90%以上的有31个乡，85%以上的有13个乡，80%以上的有2个乡。④

（2）社的分布情况是：1乡内有4社的，4个；有5社的，4个；有6社的，12个；有7社的，9个；有8社的，9个；有9社的，10个；有10社的，13个；有11社的，13个；有12社的，3个；有13社的，7个；有14社、15社的，各1个。全县778个自然村，除9个地处山沟窝的村和4个5户以下的小村外，其余都建立了农业社，并且多数村基本已合作化。⑤

（3）社的规模上：10户及以下的有43个社，10户以上20户及以下的有211个社，20户以上30户及以下的有151个社，30户以上40户及以下的有150个社，40户以上50户及以下的有74个社，50户以上60户及

---

① 《关于扩建社工作第三次报告》（1955年11月30日），兴县档案馆藏，档案号：A116-1-4。

② 《关于扩建社工作第三次报告》（1955年11月30日），兴县档案馆藏，档案号：A116-1-4。

③ 《关于一九五五年冬季农业合作化运动的基本总结报告》（1956年1月21日），兴县档案馆藏，档案号：A13-1-30。

④ 《关于一九五五年冬季农业合作化运动的基本总结报告》（1956年1月21日），兴县档案馆藏，档案号：A13-1-30。

⑤ 《关于一九五五年冬季农业合作化运动的基本总结报告》（1956年1月21日），兴县档案馆藏，档案号：A13-1-30。

以下的有 50 个社，60 户以上 70 户及以下的有 23 个社，70 户以上 80 户及以下的有 17 个社，80 户以上 90 户及以下的有 15 个社，90 户以上 100 户及以下的有 4 个社，100 户以上 200 户及以下的有 23 个社，200 户以上的有 1 个社。[1]

（4）从社的质量上来看可分为三类。第一类执行力强，自愿互利政策贯彻较好，经营管理完善，绝大多数男女社员劳动积极性高，领导及骨干能力强，共有 330 个社，占农业社总数的 43.3%；第二类比第一类次之，有 367 个社，占 48.2%；第三类对贯彻互利政策执行较差，部分社员思想动荡，领导及骨干能力弱，有 65 个社，占 8.5%。[2]

（5）从政治面貌上：全县共有农村党员 3116 人，已入社的有 3010 人，占党员总数的 96.6%，有农村团员 3187 人，其中已入社的有 3170 人，占团员总数的 99.5%。[3]

（6）入社农户的成分方面：全县共入社农户 27087 户，其中有贫农 9909 户，新下中农 4895 户，老下中农 5679 户，三者共 20483 户，占总入社户数的 75.62%，新上中农 1972 户，老上中农 3100 户，二者共 5072 户，占总入社户数的 18.72%，改定地主富农 1481 户，占 5.47%，未改定地富 51 户，占 0.19%。[4]

（7）从社员的思想类型来看：在入社农户 27087 户中，可分为三类。第一类标准为热心为社服务，工作积极负责，劳动热情高，制度执行力较强，共有 11697 户，占入社户数的 43.2%；第二类比第一类次之，有 10734 户，占入社户数的 39.6%；第三类则比第二类次之，有 4656 户，占 17.2%。[5]

---

[1] 《关于一九五五年冬季农业合作化运动的基本总结报告》（1956 年 1 月 21 日），兴县档案馆藏，档案号：A13-1-30。
[2] 《关于一九五五年冬季农业合作化运动的基本总结报告》（1956 年 1 月 21 日），兴县档案馆藏，档案号：A13-1-30。
[3] 《关于一九五五年冬季农业合作化运动的基本总结报告》（1956 年 1 月 21 日），兴县档案馆藏，档案号：A13-1-30。
[4] 《关于一九五五年冬季农业合作化运动的基本总结报告》（1956 年 1 月 21 日），兴县档案馆藏，档案号：A13-1-30。
[5] 《关于一九五五年冬季农业合作化运动的基本总结报告》（1956 年 1 月 21 日），兴县档案馆藏，档案号：A13-1-30。

下面我们把 1955 年兴县农业合作社的几次发展，以表格的形式进行更为直观的呈现（见表 2-2）。

表 2-2　1955 年兴县农业合作社发展情况

		1955 年初	1955 年 11 月底	1955 年底
合作社数量（个）		426	699	762
入社农户总数（户）		9984	19096	27087
入社农户成分（户）	贫农	2835	7638	9909
	新中农	3664	5538	6867
	老中农	2957	5505	8779
	富裕中农	528		
	改定地主富农			1481
	未改定地富		415（原老社吸收）	51
党团员数量（人）	党员总数	2940	3271	3116
	入社党员数量	1981	2976	3010
	团员总数	3009	3009	3187
	入社团员数量	1574	2497	3170
社的规模（个）	30 户以下	335	522	405
	31~50 户	69	122	224
	51~100 户	14	51	109
	101~200 户	2	4	23
	201 户以上			1
	两村一社	6		
乡合作化程度（个）	100% 合作化			4
	70% 以上 100% 以下	25	52	82
	70% 及以下	61	34	

资料来源：《关于扩建社工作第三次报告》（1955 年 11 月 30 日），兴县档案馆藏，档案号：A116-1-4；《关于一九五五年冬季农业合作化运动的基本总结报告》（1956 年 1 月 21 日），兴县档案馆藏，档案号：A13-1-30；《中共兴县县委关于农业社发展巩固工作的总结与今后进一步全面巩固农业社和改进党对农业社的领导问题的报告》，兴县档案馆藏，档案号：A116-1-4。

由表 2-2 可见，1955 年底比 1955 年初合作社数量增加了 336 个，入社农户增加了 17103 户。从入社农户成分来看，中农占了很大的比重，均在

50%以上，从而，在进一步说明农村"中农化"倾向的同时，暴露出基层干部在发动群众时存在的"对中农放的松，对地主、富农卡的紧，对贫农冷淡"①的偏向，具体而言，就是对中农入社教育不够；对地主、富农不看具体条件一概不要；对贫农特别是孤寡老弱户，不是采取积极态度帮助他们解决入社问题，而是采用不理不睬的冷淡态度去应对。因此，有些乡村至1955年底还未满足农民的入社要求。

在全面进行农业合作化运动的过程中，兴县农村农业社数量大量增加，虽然过快的发展带来了发展不平衡、领导一般化等问题，但是，我们不能否定确实有部分社取得了不错的成绩。比如，在762个农业社中，有396个社制订了切实可行的生产计划，396个社实行了谷种包工的办法，10个社进行了牲畜定额管理，341个社财务管理良好，适应了农业生产的需求，大部分社改良了旧账，采用了新式簿记。一般来说，财务工作的好坏切实关系到社员的生产情绪，从这341个农业社来看，社员劳动生产积极性较高，在分配工作上基本可以做到社里满意、社员满意。②还有的农业社经常组织观摩活动，并互相交流经验，由于小农经济有其固有的保守、落后等特点，对新的事物总是抱有怀疑态度，所以必须通过真实事例去教育农民，帮助他们克服守旧思想，使得工作顺利开展起来。比如在玉茭贮青中，开始时群众普遍的顾虑是"怕沤坏"，在甄家庄，群众王桃拴、甄三保等针对此说道："尽是瞎胡闹，硬把好草药沤坏。"于是该乡的农业社干部就试沤了一坑，试验成功后，组织了5个乡的乡村干部、群众代表50余人进行了观摩，王桃拴、甄三保两人也主动去看其是否沤坏，当他们看到没有沤坏时，又怀疑牲口是否吃，直到最后看到牲口挺愿意吃时，他俩才说："这个办法就是好，政府的话没有错，叫咱干甚咱干甚。"经观摩试验后，仅甄家庄一社就贮青了19.7万斤，固贤农业社也贮青了5万斤。③由此可见，抓取典型、组织观摩、交流经验等活动，对于进一步推动农村

---

① 《兴县人民委员会关于一九五五年农业生产工作总结报告》，兴县档案馆藏，档案号：A13-1-22。
② 《关于一九五五年巩固农业生产合作社和全年生产的基本总结》（1955年12月31日），兴县档案馆藏，档案号：A13-1-30。
③ 《兴县人民委员会关于一九五五年农业生产工作总结报告》，兴县档案馆藏，档案号：A13-1-22。

工作有较大成效。

而在上述建社、扩社工作开展的同时，兴县政府对新社、老社的"四评"工作也逐渐展开。截至 1955 年 11 月底，新建 265 个社中，开始"四评"工作的有 242 个农业社，占新建社总数的 91.3%，125 个社完成了 2～3 评，蔡家会等 30 乡 100 个农业社中，有 29 个社结束了"四评"。① 截至 1955 年底，全县 762 个新老社中，全部结束"四评"工作的有 487 个社，基本结束"四评"工作的有 249 个社，最后新建的 26 个社正在"四评"中，② 具体情况如下。

（1）农业社在进行"四评"的同时，重视了对生产资料的筹集，根据对 744 个农业社的调查，共需籽种 421.59 万斤，现（1955 年 11 月底）已集起 382.21 万斤，占所需数的 90.7%。749 个社需要饲料 356.03 万斤，已集起 320.65 万斤，占所需数的 90.1%。698 个社需草 2502.95 万斤，已集起 2242.4 万斤，占所需数的 89.6%。此外，在对牲畜问题的处理上，采取了农业社与畜主双方满意、互不吃亏的方法，根据不同情形进行了不同形式的处理，正确贯彻并执行了互利政策。具体来说，在 762 个农业社中，共需耕畜 12635 头，根据对 757 个农业社的了解，已确定入社耕畜 10424 头，其中除老社原有耕畜外，新建和扩大的老社中有 273 个社集资购买耕畜 1585 头，有 279 个社租倰耕畜 1710 头，有 261 个社作价入社耕畜 2340 头。并且，在成年耕畜入社的同时，农业社对小的牲畜也做了适当的处理，402 个老社中原有小畜 2041 头，经过畜主同意，采用作价入社的小畜有 1147 头，租倰的 128 头，261 个新社中，采用作价入社的小畜有 361 头，租倰的 240 头，总共有 3917 头，如此村中的小畜已大多进入社内，而这样的处理方式，不仅可以使得小畜安全过冬，而且给今后农业社大量发展畜牧事业创造了极为有利的条件。关于牲畜的饲养形式，农业社中有 655 个社的牲畜由社内集体喂养，106 个社则由畜主饲养，社内统一

---

① 《关于扩建社工作第三次报告》（1955 年 11 月 30 日），兴县档案馆藏，档案号：A116-1-4。

② 《关于一九五五年冬季农业合作化运动的基本总结报告》（1956 年 1 月 21 日），兴县档案馆藏，档案号：A13-1-30。

使用。①

（2）对于股份金的筹集，则是按照社的生产需要，并结合社员的经济条件。全县已有 480 个农业社，根据示范章程草案确定了股份金，并根据宓家会等 30 个农业社的了解，应摊 47558.1 元，已基本集中起来。②

（3）劳力评分方面，采用"死分活评"的方式，已有 605 个农业社按劳力好坏、强弱评出了底分，并且根据男女同工同酬的原则，不少农业社对妇女劳力的底分也进行了评议。如刘家庄等 72 个社，将妇女劳力按其劳动能力进行了划分，并经过讨论确定了劳动底分，于是在 1955 年冬季生产中，妇女社员的劳动积极性被广泛调动。③

（4）土地评产与报酬方面，全县 762 个农业社中有 538 个农业社进行了土地评产，其中以三定产量为标准的有 306 个社，以老社员评产的有 74 个社，以通产稍加调整的有 158 个社。在评产中，根据社章规定"以劳动分红为主，兼顾土地报酬"的分配原则，经过社员的民主讨论最终确定了土地报酬比例，多数老社准备取消土地分红，为进一步过渡到高级社准备条件，新建社中土地分红比例确定在 30% 以下，比如在后发达村一带有新社 15 个，土地分红比例为 25% 左右。④

在农业合作化运动的第二个发展高潮中，截至 1955 年秋前，兴县白家沟等 14 个乡、甄家庄等 245 个村走上了半社会主义的合作化，⑤ 1955 年底兴县基本上实行了半社会主义的农业合作化，并有白家沟等 110 个有条件的老社转为完全社会主义性质的高级农业社，其农户数占入社农户总数的 25%，⑥ 同时，根据毛泽东指示的"全面规划、加强领导"的方针，进行

---

① 《关于一九五五年冬季农业合作化运动的基本总结报告》（1956 年 1 月 21 日），兴县档案馆藏，档案号：A13-1-30。
② 《关于一九五五年冬季农业合作化运动的基本总结报告》（1956 年 1 月 21 日），兴县档案馆藏，档案号：A13-1-30。
③ 《关于一九五五年冬季农业合作化运动的基本总结报告》（1956 年 1 月 21 日），兴县档案馆藏，档案号：A13-1-30。
④ 《关于一九五五年冬季农业合作化运动的基本总结报告》（1956 年 1 月 21 日），兴县档案馆藏，档案号：A13-1-30。
⑤ 《关于一九五五年巩固农业生产合作社和全年生产的基本总结》（1955 年 12 月 31 日），兴县档案馆藏，档案号：A13-1-30。
⑥ 《兴县人民委员会关于一九五五年农业生产工作总结报告》，兴县档案馆藏，档案号：A13-1-22。

了农业合作化的全面规划，希望通过规划，在兴县农村中进一步加强贫农、中农的团结，孤立地主、富农，限制与封堵资本主义在农村的发展，基本上完成对农业的半社会主义改造。此规划不仅给 1956 年大生产运动创造了有利条件，而且为由初级农业生产合作社转变为高级农业生产合作社奠定了基础。

为了能进一步促进农业社的发展，兴县在 20 世纪 50 年代初期普遍对党员和群众进行了社会主义前途教育和合作社优越性教育，如 1954 年秋季训练了 3 期新社骨干，包含了 325 个社 713 人，每期经过 7 天的训练，使其在社会主义前途及合作社政策上有了较系统明确的认识。① 除此之外，还采用了以下几种措施。

（1）改进爱国丰产竞赛方式

针对生产竞赛中出现的乱挑乱应、只挑不应、应而不战的现象，1953年兴县组织发动的竞赛采用了"群众做甚组织发动竞赛甚"的方式，特点是范围小、内容少、时间短，更有利于竞赛双方互相了解，以便于日后检查评比，这种方式确实在一定程度上改变了过去乱挑乱应、只挑不应、应而不战的形式主义现象。②

在 1953 年春耕中，兴县组织发动村与村、社与社、组与组、户与户之间的生产竞赛，参加竞赛的单位共计 37 个行政村，其中有农业合作社 28 个，劳力 589 个；长期互助组 118 个，劳力 1440 个；临时组 110 个，劳力 699 个；一般农民 1291 户，劳力 1549 个，总计参加单位 1547 个，劳力 4277 个，有力地推动了春耕生产。③

在爱国丰产竞赛中，以一区车家庄行政村最为突出，该村于 1953 年 4 月 29 日开展了竞赛，民主选出评判委员 7 人，组成评判委员会，并制作了红旗，竞赛内容是比耕作，比施肥，比密植，比时间，比领导。竞赛中副村长吕万儿在奥家湾村一面积极发动组织群众，一面领导互助组的 8 个劳

---

① 《中共兴县县委关于农业社发展巩固工作的总结与今后进一步全面巩固农业社和改进党对农业社的领导问题的报告》，兴县档案馆藏，档案号：A116-1-4。
② 《兴县一九五三年春季生产初步总结》（1953 年 6 月 13 日），兴县档案馆藏，档案号：A13-1-3。
③ 《兴县一九五三年春季生产初步总结》（1953 年 6 月 13 日），兴县档案馆藏，档案号：A13-1-3。

力担水种棉 2 亩，在他的影响下，群众马保则、马玉春也在当天种棉 3 亩。车家庄全行政村原计划 5 天种棉 329 亩，在竞赛的推动下，仅用 3 天就种棉 568 亩，超过原计划 239 亩，所种棉田经检查均系两犁下种，全部浸种，并用草木灰拌过，密植方面山地株距 1.5 尺，平地株距 1.2 尺。最后竞赛评比以奥家湾吕万儿互助组最优，该组去年（1952）种棉 3 亩，亩施肥 16 担，今年种棉 20 亩，亩施肥 21 担，同时还推广了"打花捉籽"和"地干踩苗"的保墒办法。在种棉活动结束后，车家庄行政村紧接着于 5 月 5 日开展了第二次竞赛，时间是 10 天，主要以播种谷子、山药、玉茭等作物为竞赛内容，在竞赛的有力推动以及先进农业社、互助组的带领下，车家庄、奥家湾、屈家沟等 3 村在 8~10 天完成了谷子 1590 亩、山药 449.5 亩、玉茭 20 亩的播种任务。①

1953 年、二区高家村行政村在党支部领导下也连续开展了两次竞赛，第一次于 4 月 22 日开始，至 5 月 2 日结束，共计 10 天，主要任务是抢墒种棉；第二次是 5 月 16 日至 5 月 22 日，共 6 天，主要任务是播种谷子。竞赛开始时，张家塌农业社首先向全行政村白怀多等 19 个互助组提出了挑战，他们的要求是比时间、比技术，在此影响下全行政村的社、组、户均积极加入了竞赛热潮，争先浇地、耕种。由于竞赛的有力推动，高家村行政村不仅改变了过去群众播种时"怕冻、等雨、不旱种"的思想，而且按时完成了播种任务，共播种棉花 1100 余亩、谷子 2239 亩。在检查评比时以高家村白怀多等 9 个互助组完成得最早、最快，并且浸拌种均在 70% 以上，其他组户所用播种时间比以往有所缩短，技术上亦比过去有所提高。②

兴县各互助合作组织以短期竞赛的方式来推动春耕生产，在 1954 年更为普遍。例如在兴县二区，1954 年全区参加竞赛的村有 19 个，其中农业社有 6 个 163 户劳动力 198 个，互助组有 35 个 251 户劳动力 275 个，个体农民 12 户劳动力 12 个，参加竞赛的户数总共 426 户劳动力 485 个。又如二区杨家坡乡高家村，全村共 22 户，高丑奎、高成拴分别组织了互助组共

---

① 《兴县一九五三年春季生产初步总结》（1953 年 6 月 13 日），兴县档案馆藏，档案号：A13-1-3。
② 《兴县一九五三年春季生产初步总结》（1953 年 6 月 13 日），兴县档案馆藏，档案号：A13-1-3。

14 户开展竞赛，两组共种谷子 178 亩，竞赛计划为保证 5 天内谷子全部下种完成，在两组的竞赛比拼中，高成拴组 4 天将 82 亩谷子全部种完，高丑奎组 4 天半将 92 亩谷子全数完成，并带动 6 户单干农民 5 天下种谷子 84 亩。再如石岭村李锦珺农业社 4 个生产队开展大秋作物播种竞赛，原计划 10 天种豇豆 164.5 亩、种苜蓿 7 亩、种大麻子 4.2 亩、背粪 1780 担，在竞赛的推动下 8 天完成，节省出两天的劳力背粪 1700 担，补种棉花 4.5 亩，锄苗 63 亩。[①]

由上可见，在 1953 年兴县改变竞赛方式后，竞赛内容、竞赛要求、竞赛评比都变得比以往更为接地气，"群众做甚组织发动竞赛甚"的方式一方面使得农业生产不违农时，另一方面则在最大程度上激发了农民的生产积极性。而为实现全面丰产、大面积丰产、一种主要作物的全部丰产和高额丰产新纪录，1954 年兴县要求参加竞赛户数达总户数的 80% 以上，因此，竞赛方式采用了以互助合作网带动一般农民开展劳动竞赛的方式，推广"一站三网"，以政治技术传授站为中心组织宣传网、生产竞赛网、技术推广基点站，使政治与生产技术密切结合，把生产先进经验有系统总结及时有效地推广下去，并按时组织检查评比，总结交流经验，用活的事例教育农民。在 1954 年兴县全县共组织了 27 个互助合作网，重点是白家沟等 4 社，先后总结了白家沟畜牧管理、石岭则开展生产竞赛的经验等，使农民充分认识到农业社的优越性，吸引并团结单干农民。据 1954 年石岭则社包工竞赛时统计，全社 60 个劳动力进行为期 10 天的竞赛，共节省 120 个劳动日；从按时播种上看，农业社比互助组和单干农民提前播种 5～10 天；从收获量上看农业社收获粮食平均每亩 53.5 斤，互助组则是平均每亩 49 斤，一般农户平均每亩 45 斤。[②]

（2）加强国家银行和供销社对农业生产的扶持

在农业生产中组织起来，这只是"组织起来"的一方面，农民还要从供销上、从信贷上组织起来，这样才是全方位的"组织起来"。进一步说，供销与生产是相辅相成的关系，如果农民的农业、副业产品推销不出去，

---

① 《兴县第二区五四年春耕生产总结报告》，兴县档案馆藏，档案号：A13-1-14。
② 《兴县人民政府一九五四年的几项主要工作总结和五五年农业生产计划草案报告》，兴县档案馆藏，档案号：A7-1-56。

所需要的生活、生产资料买不回来，那么农民就无法扩大再生产，更不能进一步地改善生活。比如说，农民生产了棉花、粮食或其他副业产品卖不出去，他拿什么去买农具、水车、肥料等生产资料呢？拿什么去买油、盐、布匹等生活资料呢？反过来说，他生产的棉花、粮食卖出去了，但买不回农具、水车、肥料和油、盐、布匹等东西，同样也不能扩大再生产和改善生活。所以说，解决农民的供销问题，是商业经济停滞阶段的一个重大任务，供销合作社应运而生。供销社根据国家、城市和工业的需要，告诉农民应该多生产什么、少生产什么和不生产什么，使农民的生产逐渐增强计划性，同时，工业和贸易就可以有计划地去生产和供应，并有计划地推销农民的产品。因此，供销合作社是国有经济和农民经济、工业和农业、城市与乡村之间的一道桥梁。

在互助组和农业生产合作社与供销合作社的结合过程中，较推荐形式是订立"结合合同"。所谓"结合合同"，就是互助组、农业生产合作社把需要用的生产资料和生活资料，比如农具、水车、农药、肥料、布匹、火柴、煤油等东西，和要卖出去的东西，比如粮食、棉花、山货土产等，做一个全年的全面的计划，清楚全组、全社这一年要用到哪些、要用多少、要推销哪些、推销多少，供销社则根据各组各社的要求，看能供给哪些、供给多少、能推销哪些、推销多少，双方订立合同，这个合同就是"结合合同"。① 这样结合起来，首先，互助组、农业生产合作社中的买、卖事务都由供销社专门负责，供销社可以按计划及时收购农副产品，供应供销和城市的需要。其次，通过结合合同，可以使互助组、农业生产合作社、供销社的生产或供销更有计划性，知道应该生产些什么、供销些什么，而且，农业生产、工业生产和供销业务都在国家的统一领导之下，城市与乡村、工业经济与农业经济之间联系得更为紧密。最后，有了结合合同，一定程度上使得参加互助组、农业生产合作社的农民避免了投机商人、高利贷者的中间盘剥。因此，在兴县农业互助合作运动发展过程中，对此种形式也进行了推广，要求还没有与供销合作社结合起来的互助组和农业生产合作社，都应根据本组、本社的生产及消费情况和供销社的工作结合起

① 《农业生产互助合作教材》，第 80 页。

来，而供销社也应主动做好这一工作，更好地为农业生产和工业生产服务，发挥国家对农民领导的桥梁作用。例如，在1953年，兴县县委要求供销社在全力支援农业生产的方针下主动地与合作社、互助组订立供销结合合同，做出供应推销土产计划，根据季节保证各种生产资料的按时供应，土特产按时有计划地推销。1954年11月底，供销社已建立基层社35个，共有社员60864人，送货站22个，流动小组9个，信用社在1953年9个的基础上发展到31个，经营联系范围已普及全县86个乡。①

由上可见，供销社对扩大农业生产起了一定的积极作用。此外，国家贷款及供应一定的生产资料也在相当程度上保障了农民的持续生产。国家每年要批大量贷款以贷给农民，用以支持农民生产，这对于提高农民投资生产能力有很大作用，比如以往农民买不起水车、买不起牲口，如今贷了款就能买。尤其是国家在贷款政策中，对于互助组和农业生产合作社给予更大的倾斜，比如可以多贷些款、有优先权等，这同时也有鼓励农民组织起来的含义。从另一角度来看，国家贷款政策正说明国家是帮助农民发展生产、解决问题的，与之前"旧社会""旧政府"中剥削农民的现象区分开来，兴县农村干部从这些方面入手教育农民，使其进一步认识并了解国家的政策。对于互助组和农业生产合作社，虽然在国家贷款政策中给予一定的倾斜比如优先贷款等，但是，如果倾斜过多就会引起一般农民的不满，认为"反正你们是公家帮办的，我要有那样多的款也能搞好生产"，②这样反而会造成互助组、农业社的孤立，显示不出组、社在农业生产中的优越性，还会影响一般农民的贷款数额，所以对于互助组、农业社的贷款更要慎重审批。从贷款数额及所产生效果来说，在兴县地区1954年国家共发放了各种贷款135612万元，其中发放了水利贷款2142万元，用以恢复水渠4条、增浇水地1289亩、兴修码头4个、购买并安装水车8辆，发放了耕畜贷款23366万元，购买了耕牛274头。全年共供应了各种生产资料6839件，药剂13517斤，各种细肥35.145万斤。③1955年，银行、信用社

①《兴县人民政府一九五四年的几项主要工作总结和五五年农业生产计划草案报告》，兴县档案馆藏，档案号：A7-1-56。

②《农业生产互助合作教材》，第82页。

③《兴县人民政府一九五四年的几项主要工作总结和五五年农业生产计划草案报告》，兴县档案馆藏，档案号：A7-1-56。

共发放了各种贷款 485613 元，以工代赈款 28.3 万元，在国家贷款的大力扶持下，兴县共整修了水渠 78 条，打水井 74 眼，修码头 144 个，购置水车 16 辆，共增浇水地 9099 亩，打旱井 2307 眼，修水库 18 座，截水沟 124 条，打坝淤地 3429 亩，购置耕畜 48 头（其中公畜 2 头）、牧畜 125 头、羊 8217 只，供销社供应了生产资料 82171 件（其中有双铧犁 26 张，七寸步犁 10 张，水车 36 辆，牛车 19 辆），各种药剂 21728 斤，化学肥料 95953 斤，饼肥 556254 斤，小日月种子（包括秋叶籽）14268 斤。① 1956 年，计划供应各种药剂 22265 斤，喷雾器 50 部，喷粉器 30 部，温度计 500 支，玉米脱粒机 500 部；农具方面双轮双铧犁 90 张，山地步犁 500 张，水车 40 辆，铁齿把 100 把，化肥 18 万斤，麻饼 12 万斤（主要供牲畜吃）；供应或调出各种籽种 42 万斤；银行和信用社全年发放贷款 82.5 万元。② 而这些支援，进一步解决了兴县农民农业生产中遇到的困难，在扩大生产、增产粮食、救灾度荒上起了极大的作用。

另外，农村在提高贫农政治地位的同时，发放了贫农合作基金贷款，以解决贫农经济上的困难。至 1955 年前，兴县共放出贷款 56227 元，解决了 1659 户贫农社员的股份金问题。贫农股份金问题的解决有力地改善了农业社内"贫农担心自己说话没人听"的状况，如股份金发放后贫农社员王不理说："交了股份金，身子也轻松，真正理直气壮，可要好好办社。"③ 总之，通过及时地发放贫农合作基金贷款，不仅缓和了社内的矛盾，加强了贫农、中农之间的团结，而且提高了农民生产的积极性，经济地位的提高使得贫农获得话语权，从而进一步巩固了贫农的政治地位。

在 20 世纪 50 年代初期，我国的经济还处于恢复和发展阶段，国家贷款并不能解决农民的所有困难，所以农民之间的私人借贷也是允许的，但是在私人借贷过程中，有些农民又因高利贷而破产。因此，在一些互助合作基础较好的村子，村干部决定组织信贷，以吸收农民的闲散资金，集中起来再贷给需要的农民解决困难。而组织信贷大体有三种办法：第一种是

---

① 《兴县人民委员会关于一九五五年农业生产工作总结报告》，兴县档案馆藏，档案号：A13-1-22。
② 《兴县一九五六年农业生产计划（初稿）》，兴县档案馆藏，档案号：A13-1-31。
③ 《关于一九五五年冬季农业合作化运动的基本总结报告》（1956 年 1 月 21 日），兴县档案馆藏，档案号：A13-1-30。

银行的金融小组深入农村，发动农民储蓄，同时调查和了解农民的困难和需要，去组织放贷；第二种是供销合作社附设信贷部；第三种是银行扶持组织信贷合作社。这些办法在农村都可以试行，因为此时农村信贷工作基础非常薄弱，所以在农村中把农村信贷组织起来且有人领导就可以看作进步。①

（3）积极领导群众与各种自然灾害做斗争

兴县地区灾害频发，在农业生产中农民不断地与各种自然灾害做斗争，这成为保证完成农业增产的重要一环。一般来说，从春到秋，全县各地可能连续遭受旱、虫、雹、涝、冻等灾害侵袭，严重的甚至影响作物的生长。兴县1954年至1955年，经过村干部大力领导，认真发动群众积极组织起来向各种自然灾害做坚决的斗争，虽然未全部消除灾害影响，但确起了一定作用，使各种农作物少受或不受损失，具体情形如下。

在1954年春耕末期，在旱灾严重威胁农业生产的情况下，村干部组织大批力量开展了"抗旱抢墒"运动，争取庄稼按时全部下种，基本上保住了全苗；在夏季防治病虫害中，扑灭了5591.2亩农田的蚜虫，除治了山药上的二十八星瓢虫共15153亩。1954年5月21日到9月25日，李家塔等37个乡的136个自然村先后遭受了雹灾、洪灾，灾后领导组织力量进行了查苗、补苗、补种、改种、锄苗、追肥等抗灾自救工作，其中募强等11个乡的51个村共改种庄稼4929.7亩，补种7273亩。②

1955年兴县发生大的旱灾，各村久旱无雨，从春初开始，直到7月28日方落饱雨，③由于严重的旱灾威胁，兴县各地采取了担水点种、轮窝下种、担水浇苗、查苗补苗等手段，利用一切水源进行补救，据不完全统计，担水点种4564亩，担水浇苗4561亩，李家塔社发动了男女社员浇玉茭106亩，每亩产量要比一般玉茭多产90斤，从此社员们说："工不枉施，

---

① 《农业生产互助合作教材》，第83页。
② 《兴县人民政府一九五四年的几项主要工作总结和五五年农业生产计划草案报告》，兴县档案馆藏，档案号：A7-1-56。
③ 《兴县一年来农业技术推广工作初步总结》（1955年11月25日），兴县档案馆藏，档案号：A7-1-70。

地不哄人。"① 农业社的集体性在此时体现出来，这年虽出现历年来从未有
之旱象，但农业社的田苗成活率平均在 85% 以上，② 二十里铺的 5 个农业
社亩产 65 斤左右，一般户亩产 40～50 斤，以二十里铺全村来看，实产亩
均 51.1 斤。③ 同时，还大力地推广作物浸拌种以防治虫害，1955 年全县共
浸拌种各种作物 190069 亩，达到应拌种作物的 57%，共推广了红矾 5229
斤、赛力散 2159 斤、"666" 粉 1658 斤、敌敌畏 447 斤、其他 821 斤，共
计 10314 斤。④ 在谷子作物中，钻心虫灾害一直以来十分猖獗，对于农田
生产危害极大，据实践经验，使用 "666" 粉拌种谷子可以有效地减少钻
心虫灾害，于是高家村决定开始使用 "666" 粉以代替红矾防治钻心虫，
可仍旧有群众认为 "666" 粉不如红矾，如永丰农业社社员白民武就说：
"使用 '666' 粉怕毒死谷子。"后通过传授技术并介绍 "666" 粉的效能
和使用方法，县里决定先在高家村永丰社进行推广，该社共种谷子 470.05
亩，原计划用红矾 30 斤进行拌种，经过事实验证使用红矾成本大效果小，
在打通社员思想之后，该社 470.05 亩谷地和其他带田使用 "666" 粉 15
斤和赛力散进行混合拌种，并在该社的影响下，全乡用 "666" 粉拌种的
谷子达 980.05 亩。⑤ 总之，与各种自然灾害做坚持不懈的顽强斗争，是兴
县农村农业生产中的一个主旋律。

　　综上所述，1949 年至 1955 年，兴县农村互助合作运动经历了互助组
的大量发展，试办初级农业生产合作社和半社会主义性质的农业合作化的
最终实现，这期间的农业互助合作组织，不管是临时性季节性互助组、常
年互助组，还是初级农业生产合作社，都是建立在农民个体经济基础上，
即私有财产基础上的，这也就是说参加互助组或初级社的农民，仍然有土

———————————

①《关于一九五五年巩固农业生产合作社和全年生产的基本总结》（1955 年 12 月 31 日），
　兴县档案馆藏，档案号：A13-1-30。
②《关于一九五五年巩固农业生产合作社和全年生产的基本总结》（1955 年 12 月 31 日），
　兴县档案馆藏，档案号：A13-1-30。
③《兴县一年来农业技术推广工作初步总结》（1955 年 11 月 25 日），兴县档案馆藏，档案
　号：A7-1-70。
④《兴县一年来农业技术推广工作初步总结》（1955 年 11 月 25 日），兴县档案馆藏，档案
　号：A7-1-70。
⑤《兴县一年来农业技术推广工作初步总结》（1955 年 11 月 25 日），兴县档案馆藏，档案
　号：A7-1-70。

地、耕畜、农具等生产资料的所有权。在互助组或初级农业生产合作社中，承认农民对这种财产的私有权。比如在互助组里相互借用农具，损坏了一定要赔偿或负责修理，使用牲口一定要记工，不能无代价地使用；在初级农业生产合作社里，农民带土地入社后，要按各自所有土地的多少、土质的好坏取得一定的收获量，按各自所出的工具和牲口多少、好坏取得一定的代价。建立在私有财产基础上的互助合作，是这一阶段农业互助合作组织性质的其中一个方面。

那么，为什么这个时期互助合作组织必须保护私有，不能侵犯私有权呢？概其原因，这一时期农民参加互助合作组织的初衷，是提高农田的产量，以增加自己的收入和改善自己的生活，也就是说，农民个人发展生产的要求和"组织起来"发展生产的目的达成了一致。假若在初级阶段的互助合作运动中，"组织起来"侵犯了农民的私有权，可想而知这会影响到他的生产积极性，农田生产没有取得预期效果，农民就更不愿意组织起来了，已经参加的要退出互助组织，没有参加的，谁也怕吃亏，不愿意参加，甚至组外、社外的农民看到组织起来后私有财产受到损害，其生产积极性也会受到影响，会认为反正"充公"了，导致谁也不积极进行生产，因此，这一阶段保护私有的政策对开展互助合作运动，对农村发展生产都是有利的。但是在农业互助合作运动开展的具体过程中，也出现了一些问题，比如有的互助组把畜力工资定得太低，或社员的牲口和农具没有得到合理的报酬，以致有畜力和农具的农户吃了亏，大家谁也无心再去增添牲口、农具，不仅影响了农业生产，而且影响了互助组和初级农业生产合作社的发展及巩固，还有甚者由此认为农业生产合作社就是"归大堆""吃大锅饭"。[①]

互助合作组织另一方面的性质，则是建立在集体劳动的基础上，在集体劳动的基础上实行计工取酬、按劳分红，并且积累公积金，伙买公共财产，这就是其中的社会主义因素。这种因素的发展过程是农民在组织起来的行动中，生产得到发展，收入获得增加，生活明显改善，在确实体验到集体化所带来的改变后，逐渐发展起来的。在集体劳动的基础上，进一步

---

① 《农业生产互助合作教材》，第12~13页。

要求积累公积金，伙买大农具、牲口、伙养羊等，发展到初级农业生产合作社，土地也逐渐集体经营、统一使用，集体的范围更为扩大，由此，社会主义因素日益增加，农民的集体观念也日益增强。而之所以说集体劳动、公积金和公共财产是社会主义因素，被认为是进步的、积极的，其原因在于：首先，集体劳动对提高生产效率有一定效果，单干做不了的事情，集体合作起来就可以做，农忙时单干有时候应接不暇，"顾了东顾不了西"，集体一分工则问题迎刃而解，而且，通过农民集体劳动而省出的工，可以再用于土地加工，可以进行一些农业生产的基本建设，还可以发展副业；其次，集体劳动可以集思广益，集中大家的智慧，发挥专长，提高技术，并且集体劳动本身就是培养农民集体观念的最好方法，农民集体观念增强，对于发展生产和引导农民逐步走向社会主义都有其益处；再次，积累公积金和公共财产能解决单干投资力度小及回报慢的瓶颈，也可以加强农民相互之间的经济联系，同时培养农民的集体观念。[1] 因此，这些因素可以说是互助合作组织中的积极因素，而更重要的是，在农业中如何合理地利用这些积极因素，发挥这些社会主义因素的作用。上述内容把互助组和初级农业合作社作为切入点，具体考察兴县农村在 1949 年至 1955 年农业互助合作运动的发展过程，考量作为主体的农民如何作用于互助合作运动，及其面对国家政策时的反应，以及运动中的社会主义因素逐渐发生量变的始末。

第三节　高级社：社会主义性质的合作组织

随着半社会主义性质农业合作化的实现，农业合作化运动的焦点由发展与巩固初级农业合作社，转为发展更高级形式的完全社会主义性质的农业合作社。1955 年 10 月，中共中央在《关于农业合作化问题的决议》中提出："各省、市和各自治区的党委在制订合作化规划的时候，应该注意在有条件的地方，有重点地试办高级的（即完全社会主义性质的）农业生

---

[1] 《农业生产互助合作教材》，第 14 页。

产合作社。有些已经在基本上实现了半社会主义的合作化的地方，可以根据发展生产的需要、群众觉悟程度和当地的经济条件，按照个别试办、由少到多、分批分期地逐渐地发展的步骤，拟订关于由初级社转变为高级社的计划。"① 根据此项要求，同月山西省委提出："从 1955 年秋冬开始在全省试办 150 个高级社，1957 年发展到 1500 个左右，1958 年达到 6000 个左右，到 1961 年春全省农业生产合作社全部高级化。"在 1956 年 1 月制订的《一九五六年到一九六七年全国农业发展纲要（草案）》中，要求在"合作基础较好并且已经办了一批高级社的地区，在 1957 年基本完成高级形式的合作化。其余地区，则要求在 1956 年，每区办一个至几个大型（100 户以上）的高级社，在 1958 年基本上完成高级形式的农业合作化"。② 在此之后，山西省委调整了山西农业合作化运动中农业合作社高级化的时间，把全省农业合作社实现高级化由 1961 年春提前到了 1957 年。

一 初级社转高级社概况

1955 年底兴县基本上实现了半社会主义的农业合作化，并有白家沟等110 个有条件的老社转为完全社会主义性质的高级社，占入社农户的 25%。③ 在中共中央和山西省委农业发展规划和全国农业合作社高级化改造高潮的推动下，1956 年 3 月，兴县有 748 个初级社积极要求合并为高级社 266 个（其中有联社 25 个），入高级社农户共 28015 户，占到总农户数的 98.1%，剩余的 1.9%分别是初级社 12 个（由 14 个初级社合并），户数为 398 户，占总农户数的 1.4%，未入社农户仅有 143 户，占总农户数的 0.5%。有关高级社的合并情况具体为：由 1 个初级社单独转为高级社的有 33 个，2 个初级社合并为高级社的有 86 个，3 个初级社合并为高级社的有 147 个。④ 到 5 月底，由

① 《中国共产党第七届中央委员会第六次全体会议（扩大）关于农业合作化问题的决议》，《建国以来重要文献选编》第 7 册，第 303 页。
② 《一九五六年到一九六七年全国农业发展纲要（草案）》（1956 年 1 月 23 日），《农业集体化重要文件汇编（1949~1957）》上册，第 529 页。
③ 《兴县人民委员会关于一九五五年农业生产工作总结报告》，兴县档案馆藏，档案号：A13-1-22。
④ 《关于高级合作化发展情况检查简报》，兴县档案馆藏，档案号：A116-1-7。

初级社转并为的高级社共有 280 个，户数 28541 户，初级社有 11 个，户数 398 户，入社总农户增为 28939 户，达到总农户数的 99.8%。[①]

此外，1956 年 3 月，兴县地区在建成 266 个高级社的同时，推进了建社建党工作，据初步了解，266 个高级社中有 215 个社已民主选出了社的领导机构，有 51 个社正在酝酿建立领导机构。从高级社所选出的社干基本情况来看，据 92 个社了解，共选社务委员 1152 人，其中男女占比方面：社务委员中有妇女 115 人，占其总数的 10%。党团员占比方面：有党员 560 人，占比 48.6%，团员 160 人，占比 13.9%。社会成分方面：有贫农 410 人，新下中农 283 人，共 693 人，占总社干数的 60%；老下中农 264 人，老上中农 91 人，新上中农 104 人，共 459 人，占总社干数的 40%。[②] 在 3 月底的报告中，又新了解到 20 个社的社干情况，总的来说，根据 112 个社的情况，共选出社干 1448 人（每社平均 13 人），其中妇女人数有 163 人，占总社干数的 11.3%。党团员占比方面：有党员 692 人，占总社干数的 47.8%；团员 159 人，占总社干数的 11%。从成分上看：有贫农 484 人，新下中农 375 人，共 859 人，占总社干数的 59.3%；老下中农 309 人，新上中农 191 人，老中农 89 人，共 589 人，占 40.7%。[③] 由此可见，在社干构成中，党、团员依然是主体，占到总社干数的 50% 以上，在成分上则全部由贫农和中农组成。值得一提的是，妇女逐步挣脱家庭桎梏，开始走上政治舞台。

二 初级社转高级社的政策

初级社如何过渡到高级社，兴县县委制定了相应的政策。从兴县县委截止到 1956 年 3 月所做的调查来看，成果如下。

（一）有关土地问题的处理

（1）土地分红：归全社集体所有。

（2）社员自留地：全县 266 个高级社共有土地 1204165.9 亩，将

---

① 《关于第一次整社工作的总结报告》，兴县档案馆藏，档案号：A116-1-7。
② 《关于高级合作化发展情况检查简报》，兴县档案馆藏，档案号：A116-1-7。
③ 《关于目前高级化情况的检查报告》，兴县档案馆藏，档案号：A116-1-7。

1166928.76 亩转为合作社公有，社员圈围地 37337.14 亩，占总土地亩数的 3.1%。关于圈围地划分的办法如下。①采用人少多留、人多少留的办法。每人基本平均 3.37 分，如花园沟社规定 1 口人留 6 分，2 口人留 8 分，3~6 口人每人留 3 分，7~11 口人，每人留 2.5 分，这样计算下来每人平均 3 分，占全乡每人平均土地 12 亩中应留的 83.3%。②按山川地划分各村采取不同的留法。蔡家崖社川地与山地合并，规定出有水地的每人留 5 厘，有坪地的每人留 1 分，山地村每人留 6 分。③按社干想法留地，再进行人口平均。比如磁窑沟社共有地 3254 亩，由于社干对"自留地转为合作社公有"政策思想抵触，留下 266 亩，占总土地亩数的 8.2%，323 口人每人平均 6 分多。上述三种办法，大部分高级社采用了第一种、第二种，对第三种的留法进行了纠正。

（3）水井入社问题：据 52 个高级社了解，共有水井 159 眼，均转入高级社。其处理办法有两种：①老井根据收益情况，由社付款收买；②沙壕等 4 社有水井 17 眼，按浇地和水源做出规定，浇 1 亩价款为 20 元，浇 2 亩的价款为 20~40 元，浇 3 亩至 5 亩的价款为 70 元。

（4）社员自耕老麦地：转社中将社员个人种的老麦地都折价归社经营，社内付给工费，所用的种子和肥料顶入社的股份金，采取这种办法收入社的老麦地为 9842 亩。

（5）社员开的荒地，应归社所有，社员个人淤下的滩地，尚未收益者酌情给予适当的劳动报酬。

（6）地内种植的苜蓿，可根据生长情况给适当的报酬，刚下种的可给地户一些工本费。

（7）社员退社的时候，在不妨碍社内统一经营的条件下，由社适当给予一定数量的土地。

（8）苇子地一般应由社统一经营，作价入社，根据苇子生长和收入情况给予合理的报酬或采取分红的办法。

（9）原有的坝地保持原状，新修坝地可照顾农业习惯，由社自行安排。①

---

① 《关于目前高级化情况的检查报告》，兴县档案馆藏，档案号：A116-1-7。

（二）有关牲畜问题的处理

1956 年 3 月，根据刘家庄等 47 个社（由 147 个初级社合并）了解，共公有化耕畜 1496 头，占所在村共有耕畜总数的 99%，公有化小畜 507 头，占比 80%，公有化羊 9841 只，占比 95%（上述牲畜除初级老合作社原公有外，转高级社中收或买入耕畜 1154 头、小畜 310 头、羊 2351 只）。对牲畜的处理方法是：（1）当牲畜质量、原价相差不大，经并社委员会初步研究，全体社员民主讨论，价款基本不动，如交楼申（老社）与崖窑上（新社）合并后，这样的牲畜处理方式使得全体社员基本满意。（2）根据现有牲畜质量和管理情况，如果原价相差较大，则按市价稍高一点入社，赔赚由各社负责，如冯家沟老社高价买入牲畜，又加之管理不善，致使羊群大量死亡。再如长家窑新社牲畜是低价买入，按各社现有牲畜质量重新作价，而冯家沟社的死羊赔款，由该社自行负责。（3）按牲畜原买价格和现在质量，一般的不动，个别的调整。芦子沟、任家塔、吕家塌三社合并后，经并社委员会检查了牲口的质量，然后参考各社原来的牲口价格，提出处理意见，经三社社员民主讨论决定处理意见为：芦子沟有大牛 8 头，高价买的 5 头，低价买的 3 头，任家塔有牛 9 头，高价买的 5 头，低价买的 4 头，吕家塌有牛 7 头都是低价买的，但从质量上看，有 3 头价格平均 80 元和芦子沟、任家塔价格 100 元的牛比起来大体相等，所以将吕家塌的 3 头牛提高为 100 元，芦子沟、任家塔二社的不变。社员反映："这样处理三社都不吃亏。"对于羊的处理，采取了等价论数、参考质量的办法去进行处理，一般差价不大的没有动，如芦子沟等三社共有羊 350 只，芦子沟、任家塔二社的羊的价格、质量基本相等，吕家塌有羊 61 只，从价格上看较芦子沟、任家塔二社平均低 1.6 元，但从质量上不如芦子沟、任家塔二社的好，这样经三社社员讨论就按原价不动转入高级社中。

此外，在公有化牲畜过程中也参考了社员的饲养习惯，适当自留了牲畜。据 230 个社了解，其中 5074 户中自留羊 10088 只，每户平均 2 只，有 798 户留大小牲畜或牲口 886 头，这些大牲口的自留主要是因为二区一带农民吃水路程太远，需要用牲口驮水。①

（三）关于公有化股份基金的处理

公有化股份基金，一般来说应该摊平补齐，但也不能要求完全、绝对的平等，应该加强对农民的教育，帮助其树立先进带动落后的思想，求得合理地解决问题的方法，达到团结生产的目的。

（1）单独过渡为高级社的，老社员已摊纳了的公有化股份基金，不再变动。新社员按照老社员的摊纳比例和数目补交一份，或者按照老社员摊纳的比例和数目计算出新社员摊纳的总数来，再按重新研究的土地劳力分红比例（原土地占70%、劳力占30%的现可土地占30%、劳力占70%，原土地占60%、劳力占40%的现可土地占40%、劳力占60%）办法由新社员摊纳。老社员未能摊纳的部分与新作价的部分，除去新社员补交的一份外，一般的应该由新老社员按劳力区分摊纳。

（2）合并社公有化股份基金的处理。根据200个社的材料，解决公有化股金有以下几个办法：①一般采取了"低的股份金跟高的"之办法，与股份金高的社等齐，如甄家庄和炕火沟合并后，甄家庄股金总数每劳力平均76元，炕火沟每劳力平均59元，经研究确定炕火沟按甄家庄平均数等齐，对现时投不起的社员缓期交纳，并且对无力投资的老弱户进行免交。就如新吸收入社的孙红亮等4户，均为独身老弱无力交纳股份金，经研究后决定免交。这一类社有甄家庄、弓家沟等143社；②按社员经济能力，民主讨论，分等定款，有石岭则1社；③以先进带动落后，高社不动，低社按能力降低应出部分，按各社经济条件和社员投资能力，采取按比例等齐。如白家沟等8社合并后，白家沟社人均100元，其他社人均则是30元到70元，经并社委员会讨论确定，西沟以白家沟人均100元的85%等齐，常家墕以其90%等齐，张家墕等社则以其80%等齐。采取这种办法的有白家沟等29社；④按社平均统一平摊，长余的做投资，短缺的补齐，共有21个社，如芦子沟三联社，将三社共有财产摸清后，除去外债和公积金、公益金，按各社净有财产作为公有化股份金，按原来地的65%、劳力的

---

① 《关于目前高级化情况的检查报告》，兴县档案馆藏，档案号：A116-1-7。

35%具体到各社员户计算，结果有两社稍有长余，一社欠款568.9元，三社共有劳力74个，其中有24个欠款，有20人长款，其余30个和原来一般。

（3）在摊纳公有化股份基金中，有些孤寡老弱者确实无力摊纳，经过民主讨论可以减免，但减免面不宜过大。有些贫农和下中农交纳不起，可从贫农贷款中解决，另外有些户不能贷贫农贷款，但当下又交纳不起，可以缓期交纳。

（4）摊纳公有化股份基金，大体相当于社员作价入社的牲口、农具的价款和数量，摊纳数目则以多数人可以摊纳得起为限。如果农户有条件可以一次结清；最好一次摊纳并结清；如果一次摊纳不起，可一次摊纳，分期归还（一般不超过三年）。[①]

（四）关于树木和草地的处理

（1）经济树（主要是枣树）：对于枣树的处理，采取了三种办法。第一种是以树论价、等齐入社，有20个社采取这种方法，入社土地1293亩；第二种是罗峪口等3社有枣树地1200亩，研究决定一律折价，年产150斤的枣树折4元，年产80~120斤的枣树折3元，年产80斤以下的枣树折2元，2~3年的小树则折5角，当年的小树折1角，折价款全部按劳力平摊，不与公有化股金混合，多者作为投资，少者补齐；第三种是由社统一经营，按比例分红，采取这种办法的有32社，如大峪口等4社确定了分红比例，其中树主占比30%、社内占比70%。另外，关于社员自留果木树的问题，各村根据实际情况进行调整，如装家川口规定每人自留树的产出不得超过40斤，按照这样来确定自留树株的多寡；贺家圪台社则采取了按果树收入计算的分红办法，给树主自留树1~2株。

（2）木材树：兴县大部分村的树木不是成片林，少部分村有比较成片的树，如在沙壕村有12片，社员们按树的价格、生长情况讨论了作价入社办法。能做柁子的树每苗4元，能做椽子的树每苗3元，能做桦子的树每苗2元，能做槌子的树每苗3角，小树1~3年的工本费2角，3~6年的工

---

① 《关于目前高级化情况的检查报告》，兴县档案馆藏，档案号：A116-1-7。

本费6角。而一般的树木，在不妨碍农业社统一经营的情况下，大部分归个人所有，少部分作价归社，比如冯乐村的成片林，最初虽是为解决燃料问题而种植，但对当地水土保持起了很大作用，因此都作价归社。

（3）草地：由于1956年草地收益较大，因而本主不愿归社公有，采取了由社经营、按比例分红的办法，例如石门庄全社有草地40余亩，经过本主同意，确定分红比例为农业社分70%，本主分30%。①

（五）关于生产投资的问题

由初级社单独转为高级社的，如果老社员已经摊纳了生产股份基金，在转社时不再变动，新社员按老社员摊纳的办法如数交一份。如果老社员没有摊纳股份基金，而是用投资的办法解决生产费用，新老社员则按劳力和土地的分红比例共同摊纳。

并社而转为高级社的，生产股份基金除入社的新社员按老社员摊纳的办法如数补交一份外，各社原来的生产股份基金将全部带入高级社，不再找补。之所以采用此种办法，是因为生产股份基金累积的标准都是根据生产需要确定的，将其全部带入高级社使用，比较合理，手续上也较简便，如果打乱重新摊纳，不仅会增加麻烦而且没有必要。

在摊纳生产股份基金中，少数确实贫苦的老弱孤寡实难缴纳者，可经过民主讨论适当地减免一部分。②

（六）关于集体劳动生产积累起来的公有财物问题

集体劳动生产积累起来的公有财物，如开荒，种瓜，烧石灰，运输，作坊，农业生产盈利所购置的牲畜、农具等，在转高级社的时候，一般不得分掉。单个初级社转为高级社的，在补足应留的公积金外，若老社员未摊纳够公有化股金基金，可酌情给老社员顶交一部分股份基金，记在老社员名下，其余均应归集体所有。如果是合并社，各社集体生产累积起来的财物，若当时没有扣除公积金，可酌情扣除一部分公积金，其余部分为社

① 《关于目前高级化情况的检查报告》，兴县档案馆藏，档案号：A116-1-7。
② 《关于转高级社中有关政策性问题的处理意见》，兴县档案馆藏，档案号：A116-1-7。

员顶交股份基金，若还有剩余，也不能分掉，可转集体所有。①

（七）关于公积金、公益金以及国家奖励问题

公积金、公益金以及国家的奖励，不分单独转社与并社，不论多少，一律归高级社所有，不得分掉。在并社中，如遇公积金多少不一、悬殊，或者某社公积金少甚至没有的情况，农业社应向社员摊纳公积金，并给积累多的社逐年贴补一些，以前借给社员的公积金，应在年终结算时候向欠户收回。②

（八）关于银行贷款购买的牲畜和农具问题

通过合并方式过渡为高级社的农业社，其以银行贷款所购买的牲畜和农具，过渡时通常应把贷款与实物一并转交高级社。如果有的农业社中牲畜死亡，一般应当由原社负责赔偿；如果有的农业社中母畜生下小畜，社员获益较多，一般也应由原社分利。银行贷款则根据各社的经济能力，现在如能偿还者，尽可能地从所摊纳公有化股份金中偿还；如不能偿还者，按原定期限由高级社分期偿还。③

（九）并社中的其他公有财物问题

在土地改革时向地主斗争要来的水磨、油坊等大型的生产工具，归一村所有，如要与别村合并过渡，这些财产则归合并的高级社所有。

国家的小型煤矿，现在由负责合作社开采的，并社时可归全社所有，如果国家要开采，则交给国家使用。④

小　结

兴县的农业合作化运动与原晋绥边区农民的互助合作一脉相承。抗日

---

① 《关于转高级社中有关政策性问题的处理意见》，兴县档案馆藏，档案号：A116-1-7。
② 《关于转高级社中有关政策性问题的处理意见》，兴县档案馆藏，档案号：A116-1-7。
③ 《关于转高级社中有关政策性问题的处理意见》，兴县档案馆藏，档案号：A116-1-7。
④ 《关于转高级社中有关政策性问题的处理意见》，兴县档案馆藏，档案号：A116-1-7。

根据地和解放区时期，为了解决农业生产中的困难，兴县农民在中国共产党的引导之下逐步改变旧时分散落后的生产方式，走上农业互助合作发展之路。新中国成立之后，其又得到进一步完善与发展，继续探索集体与个人之间的互利双赢关系。

首先，互助合作的组织化程度不断提高，因兴县是老区，互助合作基础好，故在新中国成立之后农业互助合作仍得到延续与发展。1952 年《兴县变工互助组长代表会议总结报告》发布后，兴县互助合作运动的组织形式和发展框架已初步确定，良好开局可以说是成功的一半。兴县互助合作组织逐渐由自发无序的组织转变为有基层干部领导的有序组织，由临时的低级的组织形式发展为长期的高级的组织形式，并向规范化、制度化方向转化。

其次，互助合作的冒进与整顿，1953~1955 年农业互助合作运动的发展历程如社会变革波浪式前进的规律一般，冒进与整顿交替进行正是事物发展中曲折性和前进性的统一。

不得不说，在农田生产劳动中，无论是参加生产人数的广度，还是从事具体农田劳动的深度，20 世纪 50 年代妇女的参与度都比之前更进一步，她们除切草、喂牲口、担水、送饭外，一般都直接参加了春耕、夏锄、秋收等主要劳动。妇女的劳动价值得到认同，经济上的解放已与政治上的解放密切结合，或者说，正是有了经济上的解放，妇女政治上的解放才具"底气"。

第三章　兴县农业合作化时期
生产责任制的演进

"一切规模较大的直接社会劳动或共同劳动，都或多或少地需要指挥，以协调个人的活动"，[1] 就像演奏家个人独奏时并不需要与旁人配合，但一旦进入团体，想要完美地演奏出乐章，就需要团体各部分的密切配合，而使配合达到和谐、默契的程度，总指挥则必不可少。随着农业合作化运动的逐渐深入，家庭这个个体生产单位逐步被互助组、农业社等集体生产单位所取代；而随着劳动人数的增加、组织规模的扩大及组织形式的提高，集体生产在农民生活及生产中所占比重越来越高，同时互助组或者农业社的集体产量对农民收入的影响也越来越大。在这种情形下，农村亟待形成一个共同劳动的组织，即按照不同的情况，进行分队、分组、分工、分活，并根据完成情况给予适当的奖与罚，逐步实行生产中的责任制，提高生产效率。

第一节　互助组：从临时喊工到统一排工

互助组一般有临时性季节性互助组和常年互助组两种形式。从 1952 年《兴县变工互助组长代表会议总结报告》来看，临时性季节性互助组最容易组织，变工对象基本固定，有组长领导，在一个季节或者一定的农事活动中进行互助，采用计工换工；常年互助组则是在已有的变工习惯基础

---

[1] 《资本论》（纪念版）第 1 卷，人民出版社，2018，第 384 页。

上，由季节性的临时变工逐渐发展起来，长期固定，打乱耕作，有具体计工、清工、误工、补工等制度。[①]

具体来说，临时性季节性互助组（临时互助组）的组织形式大多由解放前旧有的互助形式演变而来，规模较小，1952 年兴县全县有临时互助组 1399 个，其中劳力共 4472 个，参加户数 3695 户，[②] 计算可得平均一个临时互助组参加的户数为 2.64 户，有劳力 3.2 个。临时互助组既没有生产计划，也没有排工制度，大多是在互助的农活完成以后，就地解散，等下次需要互助的时候再自行组织，互助目的主要是解决农业生产中劳力和畜力困难，在地域上每户的田地基本相隔不远，组员之间也都很熟悉，有些甚至是亲朋好友，在"组织起来"以前就有换工变工的互助习惯。与旧有的互助不同的是，"组织起来"直至新中国成立后建立的互助组，其快速发展、广泛成立的背景是党和国家的大力号召和地方政府的直接推动，"组织起来"不仅仅要解决生产中的困难以及增加粮食产量，更在于培养农民对于集体的意识和集体劳动的习惯，以此来迈向常年互助组、初级社、高级社等更高级的合作组织。常年互助组的规模比临时性互助组有所扩大，在 1952 年的统计中，兴县共有常年互助组 385 个，参加劳力共 2190 个，参加户数 1770 户，[③] 计算得出平均有 4.6 户 5.7 个劳力参加一个常年互助组，其互助对象固定，有的互助组不仅是单纯农业上的互助，而且还和副业相结合，有的还逐步设置了一部分公有农具和牲畜，并积累了少量的共有财产，还有的已和供销社相结合，集体和供销社订立结合合同等，利益的格局已经发生了变化，因此，常年互助组在组织上有简单的生产计划和一定的清工、记工制度。

农业生产中最重要的是"不违农时"，这说明农事活动是分时令和季节的，而同一地域内的作物，春耕、播种、秋收等基本是在同一时间段里，各家各户自然都希望自家地里的活儿能够如期完成，由此农业计划和排工的重要性就凸显出来，互助组 1949~1952 年采取的排工办法大体有两种：一种是临时喊工，就是组员根据自己的"营生""活计"，如果预估到

---

① 《兴县变工互助组长代表会议总结报告》，兴县档案馆藏，档案号：A7-1-34。
② 《兴县变工互助组长代表会议总结报告》，兴县档案馆藏，档案号：A7-1-34。
③ 《兴县变工互助组长代表会议总结报告》，兴县档案馆藏，档案号：A7-1-34。

自己单独完成不了，需要别人的帮助，就向组长要工。因为是临时安排，没有计划，所以到农忙季节，要工的人很多，出工的人很少，为此有些互助组甚至面临垮台的危险。此外，有的组员不经过组长私自相互喊工，往往是中农喊中农，贫农喊贫农，因为中农嫌贫农困难，而贫农怕中农嫌弃。另外一种是统一排工。到了农忙的时候，按照每一个组员的情况和耕作计划，制订一个组内干活的先后顺序，例如锄草先锄杂草多的地，杂草少的地后锄，这样就根据每户具体的情况及农活的轻重缓急做了一个大致的安排，再由全组一起上工，由轮流耕作逐渐转变为打乱耕作，有效地解决了农忙期间组员要工难的问题，并且满足了每个组员的具体需求，到1952年兴县已有302个，占比78.4%的常年互助组实行了统一排工。①

第二节 初级社：从临时包工到常年包工

一 生产计划的制订

从互助组到初级社，集体主义因素的增加意味着土地和其他生产资料逐渐由社统一经营，那么社内农作物能否增加产量，农民能否增加收入的首要因素就是农业社是否能制订一个切实的生产计划。

在制订生产计划以前，首先要清楚农业社的基本情况，就是要知道社里有多少土地、多少农具、多少牲口、多少生产资金等等。拿土地来说，不仅仅要清楚社里有多少水地、多少旱地，而且要了解这些土地距离村子是远还是近，土质是瘦还是肥，什么样的土质适合种什么样的庄稼。再如劳动力，要了解清楚全社有多少劳动力，其中男女各有多少人，强壮的有多少人，老弱残疾的又有多少人，以及经常参加劳动的和不经常参加劳动的分别有多少人。牲畜和农具方面，牲口有大小之分，农具也有新旧之别。所以，把这些"家底"都摸清了，并且在考虑了本社的土地、技术条件等具体情况后，才能开始一项一项地制订生产计划。②

---

① 《兴县变工互助组长代表会议总结报告》，兴县档案馆藏，档案号：A7-1-34。
② 燕凌等：《怎样办农业生产合作社》，通俗读物出版社，1955，第38页。

　　而制订生产计划，在种植方面，农业社首先须考虑到国家的需要，要和供销社和国家采购机关订好供、产、销结合合同，然后考虑社里一年里要种些什么庄稼，以及哪一种庄稼种多少，如果国家对某种农作物有大量需求，而合作社也有条件多种一些，社里就要考虑适当地多种。总之，国家计划是社里制订计划的一个重要根据。[1] 如 1954 年春兴县的农业生产中，根据国家计划和需要扩大了小麦、棉花、油料作物的播种面积，白家沟等 8 个农业社春小麦播种面积超过去年的 50%，油料播种面积超过去年的 58%，棉花播种面积则超过去年的 28%。[2] 在决定种何种庄稼之后，农业社还要认真规划什么土地适合种什么庄稼，比如南面的地种棉花收成高，就种棉花，而北面的地种豆子收成好，则种豆子，同时把一些用工多、管理工作复杂的庄稼地，尽可能地安排离村子近一些，反之用工少、管理工作简单的庄稼地，则离村子远一些，在最大程度上避免浪费劳动力。在 1954 年兴县关于粮食作物的计划中，认为一区、四区山地应缩小豌豆、扁豆、小豆种植，适当扩大胡麻、玉荽、山药、莜麦等种植，其余地区则缩小高粱、豌豆、扁豆、小豆种植，适当扩大小麦、玉荽、山药种植。[3]

　　制订农作物生产计划的同时，不少农业社也制定了每亩庄稼的增产指标，如兴县 1954 年农业生产计划中，计划粮食作物在 1953 年每亩实产 51.12 斤的基础上，亩产提高 15.2%，达到 58.9 斤；经济作物棉花亩产提高到 22 斤，比 1953 年每亩增产 2 斤。[4] 制订计划时，新成立的社可以拿去年在互助组里的产量作"底子"（参考），老社可以拿去年社里的产量作"底子"，但是有些农业社虽然有以往数据作为参考，但它制订的增产指标还是不能按期完成，根据了解其原因分为多种情况：有的农业社没有积极寻找增产的门路；有的则没有深入挖掘生产的潜在力量；还有的没有根据

---

① 燕凌等：《怎样办农业生产合作社》，第 38 页。
② 《兴县一九五四年春季农业生产总结报告》（1954 年 7 月 13 日），兴县档案馆藏，档案号：A13-1-15。
③ 《兴县一九五四年农业生产计划（草案）》（1954 年 3 月 15 日），兴县档案馆藏，档案号：A7-1-56。
④ 《兴县一九五四年农业生产计划（草案）》（1954 年 3 月 15 日），兴县档案馆藏，档案号：A7-1-56。

当地的生产条件和可行性，盲目地把生产计划制订得过高，如要求荒山造林 14000 亩，封山育林 10000 亩。[①] 要解决以上的问题，首先必须务实，把生产计划制订得更为切合实际；其次可以从各方面深入挖掘生产上的潜力、寻找增产门路，例如兴修水利，变旱地为水地，精耕细作，大力地积肥、造肥，购买新式农具，合理密植，合理施肥，合理灌溉，以及选种、育苗、浸种、拌种、防治病虫害等。在 1954 年，兴县二十里铺等 11 个社内 65%的土地亩均施肥 10.2 担（1953 年亩均施肥 7.9 担），超过去年 2.3 担；深耕保墒中六区在郭家沟郭志德社的示范带头下，全区推广县犁 67 张、县铧 242 个，初步改变了以往耕作粗放的习惯，种子中给小麦、糜谷种子消毒的农业社达到了 70%；屈家沟等 5 社兴修水渠 4 条，码头 2 个，增浇地 247.5 亩；王家崖社坝河滩地 9.7 亩；甄家庄社挖卧牛坑 618 个。[②] 由此可见，农业社在制订增产计划的时候，要深入地了解社里的增产潜力，制订保证增产的办法，并多方面寻找增产门路，才能最大限度地避免计划指标制订得过高或过低的现象。此外，在制订计划之前，农业社可以根据劳动力人数，初步计算这些生产措施总共要用多少个工，如果与目前实际情况有差距，就要适当考虑暂停或缩小范围，以免计划落空。

一般来说，农业社制订生产计划，首先要根据合作社的规模大小、生产内容等制订不同的生产计划，由简单到复杂，由少到多，逐步地修订和补充，贪多、贪大的行为都是不可取的。而社里的年度生产计划，普遍应该有播种计划和产量计划、劳动力和畜力使用计划、生产资料供应计划等内容。如果在农业社所制订的生产计划和增产计划完成之后，劳力和资金还有剩余的话，可以制订副业生产计划，像做豆腐、开粉坊、搞运输等，也可以按照社里的情况制订基本建设计划，进行农业基本建设，比如开渠、打井或是改良土壤。全年生产计划制订出以后，还需制订季节性的生产计划，把年度生产计划分季贯彻下去，而且制订的时候最好把一季里所要干的各种活儿的数量、质量、时间、劳动力的使用、改进技术的具体办

---

① 《兴县一九五四年春季农业生产总结报告》（1954 年 7 月 13 日），兴县档案馆藏，档案号：A13-1-15。
② 《兴县一九五四年春季农业生产总结报告》（1954 年 7 月 13 日），兴县档案馆藏，档案号：A13-1-15。

法和一季里具体用多少个工明确地标识出来。除了全年生产计划和季节生产计划之外，小段的生产计划通常也必不可少，一般拿十天或半个月的时间作为一个生产小段，也就是说，既要有"长计划"还要有"短安排"，小段的生产计划是实现增产任务最具体的保障，如果小段计划完成得不好，就会影响到季度生产计划和全年生产计划的完成，制订小段生产计划，一般是由社务委员会根据当前社的生产任务和社里的劳力、畜力的情况，提出几天里必须完成和可能完成的生产任务，然后进行逐日的安排，再分配给各生产队，由各生产队具体掌握分配，经过社员讨论通过后，就执行下去，最后由社长到各个生产队检查执行情况。① 一个生产小段计划完成之后，再布置下一个小段的生产任务，这样做的目的是合理地使用劳力，避免窝工浪费现象，提高工作效率，做到干活心中有数，并且开会次数的减少可以让干部抽出时间来参加生产和考虑其他问题。另外，如果有可能，在制订生产计划的时候，还要制订三年、五年甚至七年的远景计划，可以把开荒、造林、文化卫生、繁殖牲畜等都制订到计划中去。就如高家村的永丰农业社在制订 1956 年生产计划的同时，还制订了未来七年的发展规划，远景计划可能在数字上做不到精确，但是可以给社员指出一个奋斗的目标。

制订生产计划时，能不能发扬民主，则关系到生产计划的可行性，也就是互助合作组织制订生产计划时，要经过大伙儿的反复讨论，使生产计划真正成为指导生产、推动生产的纲领，但是在执行时有些农业合作社却没有重视这一点，制订生产计划的时候，没有深入地发动群众，只是由几个干部主观地订出来，结果使计划流于形式。在初级农业社刚成立时，干部就要把制订计划的流程给社员讲清楚，而不是自己包办代替，也不发动社员出主意、想办法，结果造成生产计划制订出来，但干起活来社员却不按照计划办事，形成了窝工浪费的现象，如兴县阮信社，在 1953 年春耕时计划采用 2 犋耕畜犁地，但大伙儿到了地里才发现只有 1 犋，另外 1 犋早已忘记，等耕畜到位、可以劳动时候已经响午，白白浪费了时间，随后在耕地中，又有农民察觉犁铧没拿来。② 由此可见，制订生产计划须切合实

---

① 燕凌等：《怎样办农业生产合作社》，第 38~39 页。
② 《办农业社的初步经验》（1954 年 3 月 30 日），兴县档案馆藏，档案号：A116-2-5。

际，并使农民在生产中愿意去执行，而要做到这些，发扬民主必不可少，把制订生产计划的道理与好处交给社员去讨论，把农业社订生产计划之后与订生产计划以前的总收入的细账交给社员去比较，并且，根据农业社里的总收入，具体算一算每一个劳动日、每股土地能得多少报酬，然后再算出每户社员一年的实际收入，让社员真正感到执行社里的生产计划比他单干的时候的"盘算"更有用，确实会给自己带来利益，如此社员才会为完成社的生产计划而积极劳动。

在农业合作社对生产计划的执行中，其所制订的生产计划并不是一成不变的，根据实际情况，也可以进行及时的修改和补充。一般来说，农业合作社的生产计划都是按照以往年份的正常情况来制订，不可能在短时间内把全社一年四季的事情都考虑周全，同时生产计划也应该随着农业社中劳动生产的发展、经营管理的完善以及社员思想觉悟的不断提高，进行逐步的修改和补充。比如，农业社在制订生产计划后，新采用了双轮双铧犁进行耕地，劳动效率得到提高，并超过了计划中的预计，这时就应该根据新的情况修改计划。此外，因自然天气的不确定性，所以在制订生产计划的时候，很难预料所要面临的自然情况，如风、霜、雨、雪和旱、涝、病、虫等自然灾害，如农业社遇到此类情况，也要将生产计划进行修改。但是，我们不能把计划的灵活性等同于任意，认为计划是可以随便更改的，一旦社员认为计划可以随订随改、随改随订，那么就不会再重视计划。在1954年冬季，兴县大部分农业社制订了生产计划，找寻了生产门路，因此，社员们反映说："过去是冬闲，现在是冬忙，一年生产要二年闹。"[1] 根据1955年的统计，兴县434个农业社中已有396个农业社制订了切实可行的生产计划，[2] 占比91.2%。

二　劳动力的组织

俗话说"人多力量大"，而要真正发挥农业合作社众多人的力量，做

---

[1] 《中共兴县县委关于农业社发展巩固工作的总结与今后进一步全面巩固农业社和改进党对农业社的领导问题的报告》，兴县档案馆藏，档案号：A116-1-4。

[2] 《关于一九五五年巩固农业生产合作社和全年生产的基本总结》（1955年12月31日），兴县档案馆藏，档案号：A13-1-30。

到人尽其才，合理地把劳动力组织起来至关重要。比如有的农业社劳动效率不高，究其原因则是其劳动力没有组织好，相应的劳动纪律也没有建立，这种情况下，社长和其他负责人员分派任务时只好"东分派一阵、西分派一番"，忙乱一天，事情也很难做好，所以进行有组织的共同劳动必不可少，社员们在其中干起活来才真正"出劲儿"。那么如何合理组织劳动力，则可以参照农业社的生产需要和社员条件，建立劳动组织，实行劳动分工，逐步实行生产中的责任制。

在农业合作社，组织劳动力的办法，一般是把社员编成几个生产队，生产队则可以按照需要分成临时性的生产组，至于规模比较小的社，只需编生产组就行。编生产队通常可以根据三种情况来进行：一种是按照"活计"或耕作段落划分临时的生产队，第二种是按生产季节来编季节性的生产队，最后一种是把全社所有劳动力编成常年固定的生产队。① 农业社有了常年固定的生产队后，就可以把社里的土地分成固定的"耕作区"，建立"责任制"。所谓"耕作区"，则是把土地划分成几块，或者划分成几部分，分给几个生产队分别负责耕种，也就是说，把每个队负责经营的土地固定下来，这种由生产队固定经营的土地就叫"耕作区"，因每个生产队有了自己的耕作区，所以庄稼种得好或坏就得由自己队负责，每个队可以根据全社总的生产计划来制订自己队的生产计划，负责完成自己队的生产任务，而哪个队种得好，哪个队就受奖励，哪个队种得不好，就要研究不好的原因，受到批评或者处罚，这就叫"责任制"。② 在农业社推进划分耕作区、建立责任制的办法，使得责任分明，每个社员不但有固定的农活可干，而且劳动的积极性也较高。并且，农业社根据其具体条件，编立了临时性的、季节性的或者常年固定的生产队，具体如下。

临时性的编队实际上是一种生产上的临时分工，也就是按一个耕作段落来编队。譬如，春耕生产的时候，把社员编成耕田队、车水队、插秧队；秋收的时候，把社员编成收割队、打场队、装运队；或者是夏锄的时候，分成几个队，这个队负责锄这几块地，那个队锄那几块地。这样的生产队是社长按照农业社的生产计划和生产的临时需要所组织的，所以是不

---

① 燕凌等：《怎样办农业生产合作社》，第41~42页。
② 《办农业社的初步经验》（1954年3月30日），兴县档案馆藏，档案号：A116-2-5。

固定的，等到生产队完成所规定的生产任务后，也就解散了，如果需要干别的农活，再重新组队，并分组分工。[①] 此种办法的特点在于常组织、常解散，虽然比较麻烦，但是比起由社主任临时派工的办法要好得多，劳动效率得到提升，所以在新成立的农业生产合作社，当农业社的劳动力不太多，而组织劳动力的经验又较缺乏时，经常采用临时性的编队。同时，组织这种临时生产队的时候，农业社对农民所干农活的质量也要做一定的规定，具体做到什么样子，由谁负责检查等，在这样详细的规定下，农民分工合作，兼顾了劳动效率和劳动质量。

季节性的生产队则比临时编队前进了一步，它是根据一个季度的生产计划进行编组或编队的。生产队负责一个季度全部的生产活动，当一个季度生产结束，下一个季度进行生产时，再重新编队。通过在季节性的生产队中不断积累经验，农业社逐渐可以编常年固定的生产队。

编常年固定生产队则是农业社把劳动力搭配好，分成队以后，就不轻易变动。在此类固定的生产队中，有的农业社根据自身开展农业、副业情况，又分成农业生产队和副业生产队，还有的农业社土地较多，则编为数个农业生产队。这种固定编队的办法，很多社都在采用，生产队固定后，一个生产队就是一个生产班子，人力、农具、牲口都配备齐全，完全可以进行独立生产。同时在管理中，不仅便于农业社主任、管理委员会进行领导，而且各生产队可以培养单独经营的能力，生产队可以根据生产计划、队员专长等，分工分业地进行生产，有效提高劳动效率，队与队之间可以举行劳动竞赛，必要的时候，也可以临时抽调各队的力量互相支援。一般户数比较多的社，可以采用固定编队的办法。[②]

农业合作社在组织劳动力进行编队或编组的时候，必然会面临很多困难，需要关注的地方也很多，其中有以下三点是需要去着重注意的。

第一，生产中，把劳动力的强弱，以及技术骨干、领导骨干力量进行合理的搭配。在农业合作社中，生产队是劳动力组成的基本形式，它是独立进行生产的单位，所以说责任重大。如果劳动力、领导骨干、技术骨干

---

① 燕凌等：《怎样办农业生产合作社》，第41~42页。

② 燕凌等：《怎样办农业生产合作社》，第42页；《办农业社的初步经验》（1954年3月30日），兴县档案馆藏，档案号：A116-2-5。

没有合理搭配，有的生产队强，有的生产队弱，强的队固然没有问题，可弱的队怎么办呢？时间长了必然会影响全社的生产。再如生产队里的技术骨干要是没搭配好，到播种的时候，队里没有会扶耧的，或者没有会撒籽的，播种就成问题了，虽然也可以临时向各队抽调，但是不一定每次都可以抽调到，对生产不利。既然生产队的责任重大，那么在推选队长上，就要选择公道能干的坚强骨干，队里别的干部也要选择大公无私、会打算（有计划）或有耕作技术的人担任，社里的党员、团员也应该在各队搭配开，可以负责读报、学习和总结工作。另外，编生产队的时候，也应该合理搭配妇女劳动力，其中男女混合编队的方式得到了社员的普遍认同，认为比较好，这样队里如果有适合妇女做的活就叫妇女做，妇女们也可以较好地发挥她们的作用。编生产队还要经过民主讨论，自愿结合，尽可能地将感情比较好的、脾气对头的社员编在一起，夫妻、父子也要尽可能地编在一个队里，按户划分为宜。① 当然，如何编队还得看生产的需要，不能离开生产需要一味强调自愿结合。不考虑社员劳力强弱、居住远近，由队员任意选择对象组成的生产队，一般通病很多，不能充分发挥生产队的作用。这是编队时应该注意的第一点。

第二，生产队所需的车、马、农具也要进行适当搭配。农业社中，大牛或小驴、新犁或旧耙，都要合理地搭配给各队，而各队在统一使用的过程中，负责保护分配给他们的耕畜和农具，如此，最大限度地避免队员们在使用的时候挑好挑坏或者你争我夺，以致影响农业生产。

第三，组织生产队的规模大小，应适合生产的需要，与农业社的规模大小相当，不可过大或者过小，通常以"踩得开脚"、能够保证劳动效率为原则。根据1953年的经验，规模最好是10户上下，太小不易发挥集体劳动的效果，太大则不好领导，若组织不好反而会降低劳动效率。② 但如果农业社的户数较多，就可组建为大的生产队，大的生产队再分为数个临时性的生产组，比如农业合作社中有数个生产大队，大队下面再分成几个小队，这种小队也就是生产组，大队有一个大队长，两个副队长，负责订全队生产计划，督促和检查生产，调动车马，接洽副业，并向队员进行教

① 《办农业社的初步经验》（1954年3月30日），兴县档案馆藏，档案号：A116-2-5。
② 《办农业社的初步经验》（1954年3月30日），兴县档案馆藏，档案号：A116-2-5。

育和解决全队的重大问题，小队也有队长，根据生产计划，安排生产，分配农活，检查农活干得好与坏，并且进行评工记分，对队员进行教育。农业合作社编队时，一般层次不多，大队下面分为小队，也就是一般小社的生产组，小队下面不再分组，假如生产队的层次太多，组织分散零碎，不仅领导起来困难，而且对生产也是不利的。另外，有的社由于生产内容不同或者副业生产比较多，在编队的时候，还单独编林业队、饲养队、运输队或者各种短期的副业队。除此以外，如果农业社中需要进行比较大的农业基本建设，还可以重新抽调劳动力组成临时生产队。总的来说，50 户以下的社，由于规模不大，若居住集中、土地不太分散，一般不必设生产队的组织，由社务委员直接领导即可，有队徒增层次，领导不便；50 户以上的大社，可设生产队的机构，加强领导，不能因小组太多顾此失彼形成自流，如有包产的社，则进行超产奖励、减产赔偿等，同样也是以组进行为好。①

由上可知，如何合理地组建生产小组或生产队，是农业社发展面临的关键问题，关系到是否能有效提高劳动生产率，发挥集体生产的作用。那么在组建完成生产队之后，农业生产是否就能顺利进行？答案是否定的。此时，农业社又面临着划分耕作区的问题。所谓划分耕作区，就是把各生产队负责经营的土地进行固定，如此各个生产队就可以固定地经营所分配的土地。划分耕作区，一般地说应该保持土地集中、连片经营，并且还要注意以下三个问题。

第一，根据土地质量的好与坏，进行合理分配。如果土地的好坏搭配不均，有的生产队好地多，有的生产队坏地多，这样既不公平，又不好开展生产竞赛，并且容易引发队与队之间的矛盾，出现不团结的现象。那如果土地好坏搭配适当，这个队与那个队之间的劳动力多少、强弱，土地的好坏都相差不大，大家对分配结果没有意见，只有好好地耕作自己分到的耕作区，因为如果种得不好，就会被别的队比下去。所以，针对土地质量，即土地好坏进行搭配，可以提高社员的生产积极性。②

第二，根据土地距离的远与近，进行合理分配。假如，住在村西头的

---

① 《办农业社的初步经验》（1954 年 3 月 30 日），兴县档案馆藏，档案号：A116-2-5。
② 《办农业社的初步经验》（1954 年 3 月 30 日），兴县档案馆藏，档案号：A116-2-5。

生产队，耕作区划到村东区，每天下地干活都要多走几里路，不但不方便，而且也造成了人力的浪费。如果划分耕作区时，考虑了土地距离的远与近，和社员居住的地方尽量接近，这样走路的时间，就能变成生产的时间。当然，这也不能太死板，也很难做到所有住在村西的社员都能划分到村西的耕作区，而是要尽可能做到合理，不浪费劳力。①

第三，根据作物区的不同，进行合理分配。这是为了便于安排一个生产队的工作，如果把谷子都分到一个队，那么收割的时候，这个队就要忙不过来，其他时候就工作太少或是闲起来没活干。此外，各种作物培植的活动是交错进行的，纯以一种作物划耕作区，必然造成用工松紧不一的现象，既妨碍耕作又浪费劳力，必然会影响到增产计划的正常进行。②

截至1955年，兴县有312个社按照社的大小分编了生产队或小组，并根据社员的住址远近、劳力强弱、技术高低，进行了合理搭配。③ 农业合作社组织生产队或者生产组，一方面便于农业社主任进行领导，另一方面也能提高劳动效率，但是，这也加重了生产队长或组长的责任，所以生产队长或组长要尽可能合理地分配每个队员或组员的劳动任务，并且，尽量做到每个人都可以发挥自己的力量，特别是发挥各人的专长。对待老弱病残的社员，农业社也要为其安排适当的工作，使他们从劳动中获得经济上的收入与精神上的满足，如高家村农业社给入社的孤寡等28人分配了抬耙任务，通过劳动，这些人也感到自己在生产上有了正当"出路"（有适合自己的活儿），有一定的成就感。④ 在可能的范围内，生产队长、生产组长应该给每个人指定由他负责或专管的地段、庄稼，进一步实现生产中的责任制。为了提高社员的劳动积极性，不致使认真劳动的人吃亏、偷奸耍滑的人占便宜，在每天工作结束的时候，生产队长或者生产组长要检查自己队员或组员的工作成绩，并且根据工作定额等级划定每个人应得的劳动日，如果社里没有规定工作定额，队长或者组长要在一定时期以内，召集队员或组员，根据每个人劳动成绩的好与坏，民主评定每个人应得的报

---

① 《办农业社的初步经验》（1954年3月30日），兴县档案馆藏，档案号：A116-2-5。
② 《办农业社的初步经验》（1954年3月30日），兴县档案馆藏，档案号：A116-2-5。
③ 《关于整顿巩固农业社的综合报告》，兴县档案馆藏，档案号：A116-1-4。
④ 《关于整顿巩固农业社的综合报告》，兴县档案馆藏，档案号：A116-1-4。

酬，而且，为了生产的需要，农业社对生产队的人员、耕畜、农具可以做必要的调整或者临时的调动。另外，农业社还应该加强纪律教育，建立劳动纪律，社员除了有特殊情况得到社员大会许可之外，必须每年在社里做够一定数目的劳动日。各社的劳动纪律基本包括这样几项：（1）不无故旷工，（2）劳动的时候要听指挥，（3）保证劳动质量，（4）爱护公共财产。社员如果违反了劳动纪律，就要进行批评，情节严重者，还应该酌量给他扣分，或者叫他赔偿损失，或者撤销他的职务，甚至可以把他开除出社。[①]综上所述，在加强农业社的统一领导和思想教育下，组织好劳动力，明确责任，严肃劳动纪律，双管齐下，多重作用，才能把社办好，从而提高生产效率，发挥合作社"人多力量大""人多人才多"的优越性。

三 包工制的推行

为了使劳动组织更为稳固，贯彻执行责任制，兴县各初级农业社开始逐步推行包工制。所谓包工制，就是把一定的生产任务，按照工作定额，计算需要多少劳动日，并规定做到何种程度和保证什么样的质量，包给生产队去限期完成。包工制本身就包含"责任制"，并且在一定程度上打击了偷懒耍滑的人。比如，8天的活6天完成，无形中就可多得2天的工分，而6天的活8天完成，无形中就少得2天的工分，这也贯彻了多劳多得的原则，而如果质量不过关就要重新做，或者扣劳动日。在具体的实践中，各个初级农业社大多是把推行包工制和劳动报酬上的按件计酬、劳动组织上的责任制结合起来执行。

包工的办法在当时来说是比较先进的，它可以合理安排生产，充分利用劳动力，从而增加粮食产量。具体来说，首先，包工可以充分发挥社员的劳动积极性，劳动生产率得到提高，譬如送粪，规定挑多重、挑多远、挑多少担算一个劳动日，多挑就多算劳动日，这样社员劳动起来自然积极。据白家沟、甄家庄、石岭子、屈家沟、二十里铺、寨上、高家村、石沟等农业社的了解，自实行包工、四定包产和畜牧等额包干办法后，劳动

---

① 燕凌等：《怎样办农业生产合作社》，第44页。

效率提高了 10%~15%，其中甄家庄农业社，没有实行包工的时候，600 担粪 19 个人挑了一整天没有挑完，实行包工以后，800 担粪 13 个人不到一天就挑完了，劳动力少了 6 个，反而挑得更快，甚至多挑了 200 担粪，社员们都说："做多大的活，吃多大的馍馍，越干越有劲！"还有人说："包工有三快：吃饭快，走路快，做活快。"石沟农业社也提前 10 天完成春耕播种，节省劳动力 336 个，整修地壕 108 丈（高 2 尺，宽 5 尺），修卧牛坑 162 个，打柴 4.05 万斤；还有白家沟农业社羊工贾玉保，以前放羊是"夏天放阴坡、冬天放阳坡"，觉得放好或放坏与分红关系不大，轮到自己头上也没有多少，现在包工后，饮水、喂料都按照一定的时间标准，按时喂药、喂盐、洗羊。① 以上事例说明，包工制度在一定程度上确实可以提高社员生产的积极性。其次，包工可以减轻农业社干部的工作任务，避免忙、乱，社员有了固定的活儿后不用每天派工，也不用每天熬夜评工记分，节省了时间和精力。庄稼活包给生产队或者社员以后，好与坏就由生产队或者社员自己负责，所以生产队、社员自己会按照包工的要求，主动安排生产，极大避免了窝工、浪费劳力和无人负责的现象，而且，农业社主任和管理委员也可以集中精力解决社里更为重要的问题，或者参加生产。再次，包工能够促进生产的计划性，使计划可以按时完成。农业社里把庄稼活包出去以前，已对全社的生产有了统一的计划和安排，否则就无法推行包工，包工以后，生产队或社员个人为了多劳多得，主动地安排自己的工作，争取提前完成任务，这也就使得全社的生产计划能够顺利完成。最后，包工制度有利于妇女和半劳动力进一步参与农业生产。没有包工时，工作由社里随时分派；而实行包工后，妇女和半劳动力就可以根据自己的体力和生产技能包干他们能做的活，此外，实行了包工，只要不影响社里的生产，时间上社员可以自行安排和支配，妇女就可以自行安排干农活和干家务的时间，不一定要随大家一起干活。

由上所述，在农业社中推行包工制有如此多的好处，那么它的具体形式又是什么？一般来说，包工制有三种形式：一种是临时包工，一种是季节包工，一种是常年包工。前两种也叫"小包工"，后一种也叫"大包

① 《互助合作的情况和经验》，兴县档案馆藏，档案号：A13-1-8。

工"。① 临时包工就是社里针对一部分可以包工的庄稼活，评议出做多少、做到什么程度、算多少劳动日，临时包给生产队或者社员去做，一桩包工活做完以后，再包别的活。这种临时包工一般适用于新建立的社或者小型的社，优点是方便灵活，好包的活儿包、不好包的不包，需要包的活儿包、不需要包的则不包，社员也容易接受，而主要的缺点就是零碎，社干部需要随时安排包工，在前一段包工活干完以前，就要把下一段需要包工的活安排好，以避免临时乱抓，发生窝工、浪费劳力现象。季节包工，则是把一个生产季节的几种农活，定出工分标准，计算出劳动日总数，包给每个生产队去做。季节的划分，一般是从送粪、整地到播种为一季，间苗、种耕到锄地为一季，收割、打场到入仓为一季，种麦、秋耕为一季。季节包工的优点是其劳动计划性比临时包工要强，生产队包了一季的农活以后，可以灵活安排这一季的生产，社干部也可以抽出较多的精力照管其他方面，检查督促各队的生产，这种办法一般在已经有了临时包工经验的社和中型的社推行。常年包工就是把全年各种庄稼每亩要用多少工计算出来，然后把各种庄稼进行分配，包给生产队。这种办法适用于有包工经验的老社和较大的社，因实行常年包工，所以农业社的生产计划性、生产队的责任心等得到增强。

我们明了包工制的各种形式以后，各个农业合作社又是怎样具体推行包工制的呢？兴县根据各农业社推行包工制的经验，总结了在包工工作中需特别注意的几点内容如下。

第一，推行包工制过程中注意做好思想动员工作。在农业社中推行包工制，社员普遍都是接受的，因为包工制可以免掉每天评分记分的烦琐工作，并且包了工，自己对所干的农活可以做到心里有数，多劳多得，所以劳动力强、技术高、生产能力好的社员接受得最快，但有些体力比较差的社员就有些犹豫，怕包了工自己少挣劳动日，个别懒惰的社员甚至怕包工。因此，农业合作社先在党员、团员和积极分子中进行了教育，说明包工的好处，带动社员推行包工制，并且依靠积极分子研究计算工分的标准。对待身体比较弱、劳力比较差的社员，则跟他们说明每个人是可以根

---

① 《办农业社的初步经验》（1954年3月30日），兴县档案馆藏，档案号：A116-2-5。

据自己的体力和生产技能选择所包的农活，社里也会分配给他们适合做的工作，且予以照顾，而对待那些想要偷懒耍滑的人，则对他们进行多劳多得的教育，并且结合批评教育，提高他们的劳动热情。包工、包产不是一个简单的技术工作，而是一个严重的思想斗争。①

第二，推行包工制过程中注意做好工作定额的评定工作。推行包工制，首先要有一个计工标准，就是评定做多少、做多好、什么时候做完才算一个劳动日，这也是我们一般所说的三定：定量、定质、定时。② 合理制定各项农活的标准定额，是实行包工制中最重要的一环。为了使工作定量评定得更为合理，在评定时会邀请生产队长、会计和有经验的老农参加，共同研究，并且根据土地远近、耕作难易、工作轻重、牲口强弱、农具好坏等条件进行民主评定。评定工作定额是全社的大事，所定标准的高与低，关系到每个社员的切身利益，所以在初评之后，会召开社员大会，让大家讨论、审查，修改以后再正式通过。而且，在评定的时候，也要考虑到所干农活的不同，例如，是技术活还是一般活，干净活还是脏活，干活季节是农忙还是农闲等，做到各项工作定额大体均衡，这样社员干活时也就不会挑好挑坏，以致妨碍包工。由此可见，推行包工制过程中，在次序上要先评定工作定额，再行包工，如此就有效避免了各生产队给自己包工评定时，发生定额评得低、报酬评得高的状况。但是也有例外情况，农业社推行包工制时，如果没有规定工作定额，也可以按照当地包工的习惯，议定一定数目的劳动日，先进行包工，随后再仔细地评定工作定额。至于工作定额标准，一般来说，不应过高或过低，只能根据一般社员的劳动效率来规定，如标准过高，达不到标准要求，则会影响社员的生产情绪，而标准过低则很容易达到，进而会影响社员的进取心，所以定额标准应该是平均的，按上中等劳力所需工数确定，即比一般的标准稍高一些，让社员努力争取完成。③ 此外，定额标准也不是一成不变的，随着农业社中劳动生产率的提高，标准也应随之提高。

---

① 《办农业社的初步经验》（1954年3月30日），兴县档案馆藏，档案号：A116-2-5。
② 李文珊编《农业生产合作社田间劳动定额管理问答》，山西人民出版社，1955，第1页。
③ 《办农业社的初步经验》（1954年3月30日），兴县档案馆藏，档案号：A116-2-5。

第三，推行包工制过程中注意制订详细的生产计划。① 特别是季节计划、月度计划要更为具体，譬如送粪，送几担、哪块地多少担、什么时候送完，播种时哪块地种什么庄稼、耕耙几遍、什么时候播种、种子怎样处理等等，都要进行详细的计划。这样包工才有依据，同时可减少因计划不周密而丢掉农活出现的问题，之前所说的包工之所以能加强农业合作社的生产计划性，其原因也就在这里。另外，包工大多是由生产队或生产组进行承包，所以在包工之前必须合理地编好生产队或生产组。

第四，推行包工制过程中注意加强对生产队（组）的统一领导，加强思想教育以及检查力度。有些社干部认为土地包给生产队（组）了，自身所承担的责任有所减轻，可以轻松一些了，但实际上，包工以后，社里更要加强统一领导。比如说，农业社推行包工制以后，社员往往只顾及自己队的生产，很难注意到全社的利益，有的社员，为了多挣包工工分，就不顾包工质量，工作敷衍了事，各个生产队之间，生产进度也不平衡，有的干得好、干得快，而有的就会落后，所以，社里必须加强统一领导，经常对社员进行集体主义教育。同时，在社里组织成立检查小组，在生产队设立检查员，经常进行检查，建立检查制度，并且社员之间也互相督促、互利，对庄稼活儿做得好、劳动好的社员要进行表扬和奖励，反之不好的则要批评和扣分。除此之外，也要分析生产队之间生产进度不平衡的原因，如果是社员生病或别的原因而导致劳力不足，则应该及时调整各队的劳力，否则就会影响全社的生产。而为充分了解各队的情况，社干部应定期召开会议，各生产队队长汇报本队情况，有困难的马上帮助解决。一般来说，为了推动生产，各生产队包工以后，仍然组织增产竞赛，目的即鼓励各队超额完成计划，并对超额完成计划的给予奖励，在每一个生产段落结束之后，社里会进行检查和评比，及交流各队生产的经验，选举模范生产队和模范社员。由此，合作社在统一领导下，才能生机勃勃，不断前进。②

第五，推行包工制过程中注意记工的公平性及合理性。社里的活儿包

---

① 《办农业社的初步经验》（1954 年 3 月 30 日），兴县档案馆藏，档案号：A116-2-5。
② 《办农业社的初步经验》（1954 年 3 月 30 日），兴县档案馆藏，档案号：A116-2-5。

给生产队以后，记工的事确实比以往方便很多，但并不是所有的活儿都适合包工，其中没有包工的活儿，仍然要进行合理的评工记分。并且，各生产队向社里包了工以后，队里怎样记工也应该根据情况而定，比如，有的农活社里统一规定了一个劳动日应该做多少，就可以按件计工，而有的农活生产队则可以再包给社员，有的则仍然可以用死分活评的方法进行评工记分。为了记好工账，各队应该设立记工员，定期把工账向社里会计汇报。另外，必须注重男女同工同酬，反对轻视妇女劳动并有意降低妇女工分的现象，同时也要分清劳动中的主次。①

上述内容说明了包工的形式及怎样推行包工，除此之外，还有一种方式叫作"包工包产"，即不仅对农活进行包工，而且把打多少粮食也包下来。一般实行常年包工的社，同时也实行包产，把生产队所包农作物的产量进行计划和规定。在包工包产中，社员比以往更为主动地关心农业社的生产，并且，除了积极劳动以外，还会努力想办法去提高产量，这不仅可以发挥社员的劳动积极性，而且有利于完善农业生产合作社的经营管理，进一步发展生产。不过，要实行包工包产，除了评工，还要评产。评产和评工一样烦琐复杂，除了需要把生产队和地片分配好，还须根据土地好坏、往年收成和今年的耕作计划，规定产量包给生产队，经一致同意后，即为包产的标准，并且实行超额奖励，生产队如果超额完成了产量计划，则予以奖励，通常是超产部分的 50%~60%；如果生产经营不好，产量不到计划数，也以规定之奖励标准包赔，作为处罚，但是，在包工期间遇到不能抗拒的因素，如旱灾、蝗灾等灾害，导致没有完成原定计划，则根据受灾程度，修改产量计划或不进行赔偿。②

1953 年，兴县 59 个农业社中，有 3 个农业社初步试行了常年包工定产和短期包工制，其中弓家沟白应儿社，实行了短期包工 220 亩麦子，计划包工 160 个，时间为 5 天完成，结果用了 130 个工，3 天就完成，③ 至 1955 年，兴县有 282 个社改进了经营管理方法，其中包工包产的社有 35

① 《办农业社的初步经验》（1954 年 3 月 30 日），兴县档案馆藏，档案号：A116-2-5。
② 《办农业社的初步经验》（1954 年 3 月 30 日），兴县档案馆藏，档案号：A116-2-5。
③ 《中共兴县县委关于五十九个农业社夏季生产总结报告》（1953 年 9 月 10 日），兴县档案馆藏，档案号：A13-1-5。

个，常年包工的有 34 个社，按季包工的有 80 个社，临时包工的有 133 个社。① 总之，在农业合作社中推行包工制，其初衷是使得农业社的劳动组织工作和劳动报酬方式更为合理，以及社里的生产进一步地得到提高和发展，但是包工是一项复杂、细致、烦琐的工作，有的农业社不顾社里的具体条件，企图短时间就把所有的工作全部包工，甚至想一步跨到包工包产的高级阶段，结果只能是比原来更加混乱不堪，所以，各个农业社应该根据社的具体情况，从简单的包工形式着手，过渡到常年包工制。

第三节　高级社：从"三定"包工制到劳动定额管理

一　田间劳动定额管理

所谓劳动定额，是在一定的条件下，一个中常水平的劳动力在一天里应该完成的各种农活的数量和质量，比方说，锄 2 遍谷苗 1 亩，质量是锄透地、锄净草、上圆堆，或打耙地 20 亩，质量是耙匀、耙平、耙遍等，这就是劳动定额，也叫劳动的标准单位或计算劳动日的依据。② 而劳动定额管理，则是社员依照劳动定额的标准进行劳动，并根据每人、每天实际完成的工作额，以"按件计酬"的办法，计算应得的劳动报酬。对应在生产管理上，则要根据劳动定额，制订生产计划、包工计划、劳动力支配计划和分红预算计划等。

劳动定额管理与"三定"包工制是有区别的，但实际上，"三定"包工制也是一种初步的劳动定额管理，不过因为它在劳动要求和劳动报酬上还不能提出更具体的标准，所以不能叫作完整的劳动定额管理。农业社实行"三定"包工制，只是初步确定完成各种农活的工数、质量和时间，由社里分包给各劳动小组去完成，至于社员们一天应该做多少，

---

① 《关于整顿巩固农业社的综合报告》，兴县档案馆藏，档案号：A116-1-4。
② 李文珊编《农业生产合作社田间劳动定额管理问答》，第 1 页。

以及做多少农活该计多少报酬，并没有严格规定，如此，各劳动小组在计算各个社员的劳动报酬时，就不能把"按件计酬"作为基本的办法，一般还是采用"死分活评"。虽然有些农活用"小包工"的方式分配给社员，近乎"按件计酬"，但它只是规定了完成这些农活应该得到多少报酬，关于社员们在一天时间内应该完成多少农活仍然没有具体规定，所以其同样不能叫作完整的劳动定额管理。总的来说，劳动定额管理被看作比"三定"包工制更为先进，更能贯彻"按劳取酬"社会主义原则的制度。①

1955年兴县全县434个农业社中，有369个社实行了不同形式的田间包工定额，② 根据兴县各农业社定额的相关经验，实行田间劳动定额管理应该经过三个步骤：第一步是把田间劳动的各种农活排起队来，划成不同的等级；第二步是标定各种农活的劳动定额；第三步则是确定完成各等农活的劳动报酬。以上三个步骤，是实行劳动定额管理前完整的准备工作，缺一不可。而要做好实行劳动定额管理前的准备工作也非易事：首先组织一个包括干部、技术老农和社员代表共同参加的劳动定额小组，所确定的标定劳动定额既不能过高，也不能偏低；其次在贯彻"按劳取酬"原则的基础上，奖励技术性强的农活和"苦重"的农活，保证多劳多得；最后，不论标定劳动定额或评定劳动报酬都必须经过民主讨论，达到大家基本满意的效果，充分发扬民主。

在标定劳动定额之前，大多农业社都对劳动农活进行了分级。之所以对此进行分级，也是由劳动农活的性质所决定的。第一，田间劳动的农活非常细碎，大约有100种，如果不分成若干等，将来确定劳动报酬时，就得一件一件计算，不仅费时费力，也极有可能出错；第二，田间劳动的农活虽然样数很多，但要论起出力和讲技术，并不是一宗农活一个样，有许多农活实际上是差不多的，所以说把田间劳动的各种农活划成若干等级，不仅是必要的，也是有可能的。划分田间劳动各种农活的等级，是农业社的一项基础工作，在确定各种农活劳动报酬的多少时，通常以各种农活等

① 李文珊编《农业生产合作社田间劳动定额管理问答》，第2页。
② 《关于农业社定额管理专题报告》（1956年4月14日），兴县档案馆藏，档案号：A116-1-7。

级的高低做基础，因此，如果等级划分得不公道，必然会影响社内的团结，以及妨碍"按劳取酬"原则的贯彻。划分农活等级的方法，一般来说，首先由劳动定额小组把田间劳动的各种农活都计算一遍，看一年内田间劳动有多少种农活，然后再按照技术繁简和出力轻重等条件来划分等级，凡是技术性强和"苦重"的农活，等级就划得高一些，技术性不强和出力较轻的农活，等级就划得低一些。[①] 但是，根据技术繁简和出力轻重这些条件去划分劳动农活的等级，只是一个原则，具体到各种农活究竟应该划到哪一个等级，还得各个农业社根据本地的具体情况（如劳动强度、技术条件和生产工具等）灵活确定，强求农活等级的统一是行不通的。比如在城关周围的农业社里，都把担围肥这一宗农活划成一等一级，这是因为这个地方的农民过去没有积围肥的习惯，人们也不大愿意承担这件农活。相反，在城外偏远地区的一些农业社却把担围肥划成二等二级，原因则是这个地方历来就有积围肥的习惯，往地里担围肥已经成了一种非常普通的农活。那么，田间劳动的各种农活究竟应划为几个等级？各地的具体情况不同，其对农活等级的划分也各有差异，比如经济作物区的田间劳动就比一般粮食作物区的田间劳动要复杂一些，山地和平地也各不一样。1955 年 2 月，在山西省农业生产模范给奖大会上，农业社的社长们针对这个问题进行了专门研究，认为窑上沟农业社把全部田间劳动划成 13 个等级有些多，而解虞县西张耿农业社把全部田间劳动划成 3 个等级又有些少，普遍认为 7 个等级比较合适，分别是：第一等为强烈技术性的重活，第二等为带技术性的重活，第三等为单纯的重活，第四等为带技术性的一般活，第五等为一般活，第六等为轻活，第七等为极轻活。[②]

　　如果说划分农活等级是一项基础工作，那么标定劳动定额就是劳动定额管理的灵魂，因为劳动定额标定得准确与否，对劳动定额管理制度的落实及实行有着重要的作用，而标定劳动定额也是实行劳动定额管理准备工作过程中最为艰巨的工作。一个正确的劳动定额，须具备两个条件：一是定额要完整、全面，不但要规定社员应该完成的工作数量，而且须规定农

---

① 李文珊编《农业生产合作社田间劳动定额管理问答》，第 8~9 页。
② 李文珊编《农业生产合作社田间劳动定额管理问答》，第 10 页。

活的质量；二是定额要准确，不能偏高或偏低。具体的标定过程首先得由劳动定额小组依照过去的耕作经验，初步标定各种农活的定额，然后组织社员实地试验，最后民主讨论决定。其中，之所以要进行试验，是为了把定额标准定得更为准确，同时，对于定额的高或低，社员们各有各的看法，不经过实地试验，大家的意见很难统一，所以具体的试验是标定劳动定额必不可少的步骤。根据窑上沟和川底乡的经验，具体试验劳动定额可以采取多种方法，比如窑上沟社从三方面进行了试验：其一是让杨元德劳动小组集体试验，其二是让为人忠厚老实、劳动力属于中常水平的共产党员韩金木做典型试验，其三则是社长和其他社务干部亲自试验。经过一段试验，然后把三方面的试验结果进行总结，经过分析研究，算出各种农活的定额标准。川底乡农业社则是采用普遍试验和考察原始记录的办法，比如他们试验修河滩劳动定额的时候，全社组织了 6 个小组一齐参加，为了让社员按平常的情况进行劳动，社里干部事先也没有告诉社员说这是在做试验，等修河滩告一段落，社里把各组每天实际参加的劳力和完成的数目都收集起来，进行了对比、研究，修河滩的定额标准便正确地标定出来了。至于标定定额中应不应该参照土地远近和耕作难易等条件，答案自然是肯定的，一个劳动力到远地干活儿或到近地干活儿，其所干农活数量不会完全同等，如果近地和远地的定额一样，做远地农活的人就会吃亏，久而久之就没人愿意干远地的活儿。另外，土地面积的大小、水地和旱地、坡地和平地等不同地质的劳动定额也有所差别，比如大块土地犁地时，因为回头拐弯少，就比在小块土地里犁地犁得多。根据土地远近和耕作难易等条件，标定劳动定额时一般采用以下办法：一种是在试验和标定劳动定额时，就把远地或土地条件不好的劳动定额按实际情况做适当地降低，把同样的农活确定为几种不同的定额。如窑上沟农业社在标定担粪的定额时，就规定：往离村四五里路远的地担粪，担 7 担为 1 个劳动定额；往村边地里担粪，担 40 担为 1 个劳动定额。川底乡农业社在标定犁地的定额时规定：到整装和块大的地里犁地，犁 2 亩为 1 个劳动定额，到琐碎的块上犁地 1 个劳动定额是 1.2 亩。另一种办法是各种农活的定额标准完全一致，针对远地和耕作条件不好的地，采取增加劳动报酬的方法，如大林农业社规定 1 个锄苗的定额，不论近地或远地都是 1 亩，但到远地锄苗的社员每完成 1 个定额，比其他社员多增加 1 分工的报酬。① 在兴县各地农业社对劳动定额的标定中，多数借鉴了以上农业社的先进经验及方法。

标定劳动定额时，以 1 个中常劳动力勤恳劳动 1 天做定额标准最为合适，这是农业社实践中的经验，不论哪个地方的农业社，中常劳动力总是占多数，既然这样，以中常劳动力勤恳劳动 1 天做标准订出来的劳动定额，基本可以代表一般的情况，也就是说，这样的定额普通社员只要勤恳劳动都可以完成，少数劳动力强的社员可以超过，少数劳动力弱的社员只要加倍努力，也可以完成定额。此外，也有少部分社以土地的亩数或各种农活的件数作为定额标准，但在实施的过程中困难重重，土地的亩数和农活的件数只能是工作量的计算单位，以它做标准并不能制订出合适的劳动定额，它只能像单纯的"按件计工"那样，规定社员锄一亩苗子应记多少工分，对于一个社员在一天里应该最少锄多少苗子这个问题，则解决不了，如此，就把实行劳动定额管理最为重要的意义之一丢掉了，同时，单纯地以土地亩数或"营生"的件数去定额，对于社里组织劳动和订立生产计划等也有许多不便。②

在具体标定劳动定额过程中，想要把田间劳动的全部"营生"都进行定额，是比较困难的，比如耕地以后的打土块，如果能用拖拉机牵引镇压器或用马拉镇压器，就可以进行定额，但目前的农业社绝大部分还是用人力敲打，地里的土块有大与小之分，也有多与少的差别，再加上这种"营生"的质量很难检查，因此就很难实行定额。不过，随着农业生产工具的改进，以及农业生产技术的不断提高，田间劳动的各种"营生"极有可能完全实行劳动定额。据已有的经验，目前主要的农活是可以实行定额的，如窑上沟农业社在 1956 年已经实行了劳动定额的农活共 57 件，但这些农活一年所用的劳力，已经占去了全部田间劳动一年所用劳力总数的 80% 以上。③ 由此可见，对主要的农活进行定额，田间劳动就可以基本达到实行劳动定额管理的目的。

截至 1956 年 4 月，兴县 266 个高级社、12 个初级社中，在田间劳动

---

① 李文珊编《农业生产合作社田间劳动定额管理问答》，第 11～14 页。
② 李文珊编《农业生产合作社田间劳动定额管理问答》，第 15 页。
③ 李文珊编《农业生产合作社田间劳动定额管理问答》，第 16 页。

定额管理上，实行全部农活定额的有 213 个社，分季分级定额的有 21 个
社，并且已有 164 个社将全年农活定额到组、队，进一步提高了社员的出
勤率和劳动效率，全县 278 个社中有 80%以上的男、女社员参与了春耕生
产运动。其中，城关灯塔农业社有女劳力 424 个，除 89 个因其他原因没参
加以外，其余 335 个全部参加生产，占到近 80%，农业社很多社员以往习
惯早晨不上地，待吃过早饭后才上地，做到中午再回来，而实行定额之
后，为了早日修好梯田，社员们不但早上进行生产，而且中午饭也是送到
地里吃，更值得一提的是，原先有的女社员好吃懒做，常和人说"找寻男
人为的穿衣吃饭，上地生产灰头土脸谁去干它"，但实行定额后，她自己
做了计划，1956 年要做工作日 150 个。在大家共同努力下，该社原计划 7
天积肥 17 万担，实际 6 天就完成了 20.5 万担，原计划浇地 1100 亩，实际
完成了 2593 亩。又如甄家庄战斗农业社，计划 7 天完成积肥 3.66 万担，
由于社员积极找寻肥源，4 天即完成 5.16 万担，超过了 41%，劳动效率上
比往年和定额前提高 50%左右，并且，在同样土地上，往年送粪 7.6 担，
1956 年送粪 11 担，提高了 45%。再如沟门前社在修梯田中，未定额前每
人修 5 丈高 3 尺，而定额后（原定长 8 丈高 3 尺）每人修至 8 丈。由此可
见，农业社初步实行田间劳动定额管理后，社员们的出勤率和劳动效率都
得到了提高，因此生产上也取得了极大成绩，据 266 个农业社了解，兴县
计划修梯田 89600 亩的任务，在半月之内全部完成，并积肥 490 万担，超
过原计划的 31%。[①]

二 畜牧劳动定额管理

1955 年，兴县 434 个农业社中有 10 个社推行了畜牧定额，1956 年 4
月，266 个高级社和 12 个初级社中已有 236 个社制定了耕畜与小畜的定额
管理，并进一步加强牧工对牲畜管理的责任心。例如贺家圪台社畜牧定额
后，牧工贺占德等 2 人包下的大羊生下小羊后无奶，为了让小羊存活，贺
占德让家里女人给煮米汤喂小羊，如果在野外生下小羊，就用自己的皮衣

---

① 《关于农业社定额管理专题报告》（1956 年 4 月 14 日），兴县档案馆藏，档案号：A116-
1-7。

包住小羊让其取暖；再比如任家里社，1955 年春季该社所繁殖小羊大部分死亡，并且因管理不善冻死、压死大羊 57 只，后接受教训并实行定额管理，1956 年社内共繁殖小羊 110 只，全部成活。这也充分说明实行畜牧定额是发展畜牧事业的有效方法。由于改进了饲养管理，提高了成活率，据兴县 37 个社的了解，1955 年 11 月至 1956 年 3 月底共繁殖小绵羊 2103 只，成活了 1907 只，占 90.7%，繁殖小山羊 1151 只，成活了 1100 只，占 95.6%，总共繁殖小羊 3254 只，成活了 3007 只，占 92.4%，比 1955 年的成活率 90% 增加 2.4 个百分点；繁殖小牛 221 头，成活了 216 头，占 97.7%。[①]

兴县实行畜牧定额管理的农业社中，做得最好的莫过于白家沟农林牧生产合作社，作为互助合作基础较好的老社之一，1955 年该社已经由初级社转为高级社，在 1955 年 2 月的《山西日报》中，刊登了关于白家沟农林牧生产合作社实行畜牧定额管理的经验，随后，这种经验在全县甚至全省范围内普遍推广，全文如下。

> 1952 年的秋末，兴县白家沟农林牧生产合作社的社员们每天扳着指头计算着时间，等待社长贾宝执从苏联带回管理牲畜的先进经验来，好解决社里牲畜管理中的混乱现象。9 月 23 日的上午，社长贾宝执参加"中国农民访苏代表团"回来了。这一天社里男女群众格外高兴，好像是他们的牲畜混乱问题马上就要得到解决了。社员们听取了苏联集体农庄的各种先进牲畜经验介绍，特别是听了对畜牧业的经营办法后，一致提出要"学习苏联集体农庄先进经验，实行畜牧定额管理"，改进社里的畜牧管理办法。自这以后，社务干部们就每天忙着研究畜牧包工定额的计划。但由于畜牧包工定额是个新工作，谁也没有经验。因此在开始讨论时就遇到了许多问题。首先是对畜牧业的生产要求应规定哪些项目、数量和质量，其次是负责管理畜牧的社员的劳动报酬根据哪些标准记工分红等，这些问题就连社长贾宝执也还没有个成熟的办法。他虽然学习了苏联集体农庄的不少经验，但苏联给牲口铡草、剪羊毛、饮水、出粪等都是使用机器，而我们还不是。苏

---

① 《关于农业社定额管理专题报告》（1956 年 4 月 14 日），兴县档案馆藏，档案号：A116-1-7。

联农庄的牛只是喂养着生小牛和产牛奶而不使用，可是咱们的牛现在还主要是耕地和繁殖小牛。苏联的经验虽好，可是情况不同不能死搬硬套，但又谁也一下想不出个适合本地情况的办法。社员贾孟则说："苏联的经验好是好，咱们现在用不上，人家连给猪煮食也是电煮，咱们什么活都是用手工来做，这怎么能用人家的办法呢？"不少社员对学习苏联先进经验的热情冷了一半，可是社长贾宝执并没有泄气，他白天夜晚都在想办法，他想起了从苏联回来时首长们讲的话："学习推广苏联先进经验，必须要和本地区的实际情况密切结合起来。"他明白了：苏联使用机器生产是苏联的定额，咱们手工生产应以手工生产来定额。于是他们就参照苏联集体农庄的经验，按社里以往一人能放牧和喂养牛、羊、猪各多少，各种牲畜每头一年的积肥数，繁殖小牲畜的成活率，每只绵、山羊年产毛、绒量，肥猪的产肉量，以及羊毛、羊绒、猪肉、粪和小牲畜的价格，并依据在农业上劳动的社员一年所得劳动日之多少，为包工定额的项目、数量、质量和计算劳动日的标准。经过详细的计算具体规定为：

羊的放牧是把所有羊按山羊、绵羊、公羊、母羊和口齿进行了登记。根据山羊容易放羊羔成活率大而积肥少的情况，规定每人放80只，其中搭配下羔母羊40只，成活羊羔1只记劳动日2个，大羊每只年产毛1斤，绒3两半，羊羔年产毛4两，每斤毛记劳动日半个，每斤绒记劳动日2个，每只羊1年积肥8驮，每3驮记`1个劳动日。绵羊费力不好放，羊羔成活率小而积肥多，每人放45只，其中有生羔母羊20只，每成活羊羔1只记劳动日4个，大小羊年产毛1斤半，每斤毛记劳动日1个，每羊积肥10驮，每3驮记1个劳动日。

牛的喂养因为铡草、担土垫圈费工，每人喂养母牛8头，牛的体质最低要达到中等膘，每只牛每月记劳动日1个半，成活小牛1头生后6个月记劳动日20个，喂公牛1头（全社共1头）每月记劳动日2个，每只牛每年积肥100驮记劳动日15个。

猪的喂养是不分大小，在原来的基础上每增加100斤肉记劳动日8个，每生小猪1只成活在45天后记劳动日2个（猪肥由农业上负责），有公猪1口，每配种母猪2个成胎者记劳动日1个。

为了确实保持牲畜的健康和繁殖，并规定了要经常使圈内清洁，要勤垫少垫多翻，肥料以黑色为标准。羊群在非繁殖季节时要把公山羊送到绵羊群，把公绵羊送到山羊群，到繁殖季节再各归本群，这样就可克服了过去不按繁殖季节羔羊成活率低的现象。规定了使用牛的定量和接交制度，每只牛1天一般耕3~4亩地，要休息3次，不能叫牛出了大汗，怀胎在6个月以后的牛要调剂耕平些的地，使用前后必须经过喂养人。不论任何牲畜超额完成规定标准的（怀胎在内），奖给超额的50%。牲畜遇有急病、疫病要及时报告社务委员会。最后大家一致通过：由副社长贾恒清等8人负责牧放。到1953年底总结时，根据一年中对定额标准的实现情况和社员的意见，又将原定绵羊1只年积肥10驮改为8驮，山羊1只年积肥8驮改为6驮，每4驮记1个劳动日，原放大羊不记劳动日改为绵羊每只每月记0.23个劳动日，山羊每只每月记0.19个劳动日。社务委员会并接受了牧羊社员贾王保的建议，从1954年春季起将羊过秤登记，到秋季再过秤的办法，规定3岁以上绵羊体重基数为47斤，至秋季须增加40%，2岁以上绵羊体重基数为37斤，至秋季须增加50%，绵羊羔平均体重基数为20斤，至秋季须增加40%，3岁以上山羊体重基数为47斤，至秋季须增至62斤，2岁以上山羊体重基数为30斤，至秋季须增至45斤，山羊羔平均体重基数为10斤，至秋季须增至30斤，超额完成平均数者，奖给超额的30%。

白家沟农林牧生产合作社，自1953年1月实行了畜牧定额管理，使畜牧业生产开始走上了新阶段，彻底克服了过去那种混乱现象，大大提高了社员的生产积极性和爱护牲畜的责任心，所以在1954年12月在总结一年来畜牧业生产成绩的社员大会上，有不少社员被评为生产模范，并受到了物质奖励，负责喂养猪的贾三盂，一年来喂养过的126口猪，不但没死伤过1口，而且都很肥胖，社员们都称他"喂猪行家"。放牧羊的贾润多等4人，所放牧的430多只羊，都安全的渡过了严寒的冬天，所生的羊羔成活率达到了96.3%，每只羊的产毛量也比过去提高了4两到半斤。喂牛的贾秃孩喂养小牛犊，像对自己的小孩一样的爱护，所以全社所生的14头小牛喂养的都很好。1954年全社卖给国家肥猪 65 口，羊毛、羊绒 590 斤，畜牧业的纯收入共达 2200 元。

畜牧业的发展直接支援了农业的增产，全社施肥面积 1954 年比 1953 年扩大了 10%，每亩的施肥量也比 1953 年增加了 0.8 驮，因此虽然 1954 年遭到先旱后涝等灾害，但产量仍超过当地互助组的 43%。[①]

小　结

随着农业合作化运动的发展，互助组、合作社等合作组织取代家庭成为农业生产单位，家庭模式下的个体劳动，也逐渐由集体劳动生产所代替，由此，农民劳动收入不再属于自负盈亏，而是越来越取决于集体生产的效率和效果。而如何确保集体生产的高效，则需要在合作组织中建立必要的生产责任制度，落实劳动计划，统一部署安排，明确每一组员或社员的分工，并根据个人劳动生产的实际效果进行奖惩。在诸多因素中，生产责任制度的建立和执行是重中之重，是明晰劳动目的和内容的关键。在兴县农业合作化运动中，由互助组到初级社，再到高级社，总的来说，生产责任制度不断地发展和完善，但由于农民对集体生产模式存在一定的适应期，不少社内干部的管理能力不足，因此在具体农田劳动生产中，有些农业社出现混乱现象。并且，农田劳动不同于工业生产，全部农活想要完全实行定额管理或"按件计酬"，难度是较大的，所以，在制定制度时，要视具体情况而定，不能简单套用或盲目采用。

---

① 《白家沟农林牧生产合作社畜牧定额管理经验介绍》，《山西日报》1955 年 2 月 25 日。

第四章　兴县农业合作化时期收益分配制度的变革

　　"分配的结构完全取决于生产的结构。分配本身就是生产的一种产物，不仅就对象说是如此，因为能分配的只是生产的成果，而且就形式说也是如此，因为参与于生产的一定形式决定着分配的特定形式，即参与于分配时所采取的特定形式"，① 马克思的这段话说明了分配与生产的关系，分配制度并不能独立于生产方式而存在，而且，生产资料的归属也很大程度上取决于生产方式，所以，上述论述中也会涉及分配制度的问题。对于农业合作化的主体——农民来说，家庭一年收入的主要来源就是农作物，最牵动心神的自然是对于收获物的分配，这切实地关系他们这年的收入以及一家人的生活水平，也是他们参与互助合作组织的主要动力。

第一节　互助组的收益分配方式

一　评工记分的具体方式

　　临时互助组的发展以旧式换工习惯为基础，参与的人员不固定，公共财产也不积累，每家农户都是独立经营，所以从严格意义上来说，并没有收益分配制度，组员之间因互助所产生的报酬也大多是以换工的形式相互抵消。随着生产规模的扩大，参与人员的稳定，常年互助组发展起来，并

---

　　① 马克思：《〈政治经济学批判〉序言、导言》，人民出版社，1975，第158页。

建立了一定的评工记分制度。而评工记分工作，就是对日常劳动日的计算工作，一个合理的评工记分制度至关重要，它是公平等价交换的关键，也与农民切身的实际收入密切相关。兴县各互助组内计算劳动日的方式虽然不同，但大致可以分为以下三类。

第一类，"死分死记"。此类办法是根据每个社员的实际劳动情况，制定出每个组员的固定工分，根据社员劳动力强弱，劳动力强的固定工分就定得高一些，而劳动力弱的就定得低一些。记分时候就按照各人所评得的固定工分去记分，干一天活记一次分，没有奖也没有惩，干得好与坏、多与少都是记一样的分。[1] 这个办法虽然简单易行，但是很难做到公平合理，例如，在一次互助组组织的挑粪劳动中，一个组员迟到了一个钟头，但是挑的粪比早到的还多了一些，可是记分的时候却少记了两分，心里很不满意，可见此种办法很难发挥社员的劳动积极性。

第二类，"死分活评"。这类办法比"死分死记"要前进一步，是根据每个社员劳动力的强弱、技术的高低以及所从事劳动的不同、所处季节的差异，评定出每个社员的"底分"，也就是"死分"，然后根据"底分"再灵活评定。[2] 其中的重点是掌握"底分"进行"活评"，仅仅掌握"底分"而不"活评"就会变成"死分死记"。而"活评"一般则是"中间不动评两头"，也就是没有突出表现的，照底分记，活干得好的、质量高的就加分，做活达不到"底分"规定的标准的就减分，不好不坏的不动，一天评定一次。这种办法的优点是有奖有惩，容易调动组员劳动的积极性；但是"死分活评"也有缺点，组员干活儿没有定额标准，所定的"死分"不容易准确，"活评"时候谁应该评高些，也没有一定标准，[3] 往往引发争吵，进而评不下去，甚至评到深夜还没有解决问题，而且一天"活评"一次，流程烦琐，对组员的休息和生产都有影响。此外，组员之间不积极提意见，尽管内心有想法但不愿意打破情面，由此老实的、不爱讲话的组员就容易吃亏，而人缘好的、调皮的就容易占便宜。为解决这种问题，个别

---

① 《农业生产互助合作教材》，第38~39页。
② 山西省人民政府农业厅编印《农业生产合作教材》，1951，第25页；燕凌等：《怎样办农业生产合作社》，第53~54页。
③ 燕凌等：《怎样办农业生产合作社》，第55页。

互助组采取了"地头评分"的办法，就是在下午休息的时候及时地把表现突出的提出来评议，如果大伙没有意见，晚上只需在劳动手册上登记一下工分就可以，如果在地头没有评好，晚上也可以进行活评，这样能大量减少开会的时间和一些烦琐的工作。但采取了改进办法后，也还不能完全克服"死分活评"的缺点，只能做到大体上公平，要克服"死分活评"的缺点，就只有实行"劳动定额或按件计工"。

第三类，"劳动定额或按件计工"。这就是根据农时季节，把互助组的工作分种归类，按农活的难易、轻重、生产技术的高低以及完成农活的时间、数量和质量定出一个标准，然后以一个中等劳动力的社员，老老实实干一天活所能达到的定额标准为一个劳动日，[①] 也就是相当于通常说的 10 个工分。比方组员规定锄麦子，近地、好地、草不多不少的，一个人一天锄一亩，质量要做到锄得干净、打得通、不打断苗子，并留苗留得均匀，距离达到 3 寸左右的就给他一个劳动日，超过这个定额标准的加分，达不到的就减分或者重做，不按规定时间完成的就扣分。此外，组里在制订完成每一种工作定额所应得的劳动日时，要制订得合理、恰当，一般完成各种工作定额所得的劳动日，不能相差太小，也不能相差太大，以防止出现平均主义和挑活抢活的现象。

二 评工记分的具体问题

互助组中变工互助能否稳定发展，重要的一点是能否合理解决计工问题，变工互助是在个人所有的土地上进行集体性劳动，但劳动成果还是属于私有，在对劳动对象，即个人所有的土地进行耕作时，其中集体进行的劳动，须得分别计算结清，由此引发计工的问题。在计工问题中，包括折工、记工、还工及工资等问题，所采纳的方法也是多种多样，主要有以下几方面。

（一）在折工方面

折工主要解决的是如何广泛地吸收各种不同的劳动力，并使其发挥最

---

① 燕凌等：《怎样办农业生产合作社》，第 54 页。

大的劳动积极性的问题。

在变工初期，各地变工组织的范围还小，主要是临时性或季节性的互助组，互助组内，采取着工顶工的轮流耕作方式，一工顶一工，没有折工。这时，强的怕吃亏，不愿和弱的变，即使勉强变起来，也觉得干多干少一样，不肯多"受"了；弱的觉得不努力干也一样顶工，本来应努力的不努力了，有的怕跟不上，干脆不敢参加。[①] 所以这种不折工的办法，仅限于劳力差不多的人在一起劳动，限制了更多的各种不同条件的劳动力参加互助组，挫伤了互助组组员和群众的劳动积极性。由此，经过慎重考虑和讨论，不少地方改用了折工的办法来解决这一问题。

如交西何德信村，他们按劳动力的强弱，分别评定每个人的分数，以全工十分为标准，不及十分的，评成九分八分，妇女儿童各按具体条件，顶四分五分，特别强的劳动力，也可以顶至十一二分，能顶多少顶多少。这样一来，强的不怕吃亏了，弱的也可以参加进来，而且因为分数是民主评定的，过一个时期，还可以重新评定增减，劳动进步了，技术提高了，可以往上增加，不好好"受"，劳动退步了，可以减少，有刺激劳动强度的作用，使得大家都能拿出最大的力量来进行劳动，村子把妇女、儿童、被改造了的二流子的工顶得高一些，对于吸收他们参加劳动，鼓励他们好好生产，作用很大。此外，在何德信的村子，除了劳动分数以外，又把一天分作三段，按具体情形，划分时间分数，早起二分，上午四分，下午四分，做多少算多少。比如一个八分劳动的人，给某家做了一上午，按时间说是定四分，按劳动说是八分，四八三十二，给他入工三分二厘，这种办法，比较灵活，可以吸收零星的劳动力，可以解决迟去早回的问题，也可以解决打乱耕作上记工的麻烦。[②] 因为采用打乱耕作，组员一天要挨着做几家的土地，如果采用按天计工，计算难度较大，又划分了时间分数，这个问题得到了初步解决。这种针对劳动和时间的折工记分办法，在1950年夏锄秋收时分，兴县各地方采用得相当普遍。

---

① 《晋绥边区关于变工互助的几个具体问题》，史敬棠等编《中国农业合作化运动史料》，第578页。

② 《晋绥边区关于变工互助的几个具体问题》，史敬棠等编《中国农业合作化运动史料》，第578~579页。

还有按件算工的办法，偏关屈毛村规定驮几驮粪算一个工，割多少庄稼算一个工，兴县白笆儿村规定耕熟地一垧两个工，老荒地一垧三个工，临南李汝林村规定砍两背柴算一个工，担两担水算一早起。[①] 这些都是按效果计算的办法，能够刺激劳动强度，提高劳动效率，并吸收零星的劳动力。在一定的条件下，比如土地及庄稼差不多，道路远近差不多，或是对于妇女儿童的零星劳动，都可以采用上述办法。

总之，不管记工的标准是按劳动，还是按时间，抑或是按效果，只要是适合当地情形与群众要求，便于吸收各种不同的劳动力，并使这些劳动力都能尽量发挥最大的劳动积极性，此标准就是适合的。当然，具体办法各地可按具体情况而定，根据群众需要灵活采用，不能机械硬搬，例如担两担水算一早起，砍两背柴算一个工，[②] 这是临南李汝林村按照当地具体情况订出来的，其他地区，如何折算，要按当地情况办理。

（二）在记工办法方面

各种记工办法，主要解决的是如何记工才能既简单又省事，并且容易记、容易算的问题。

首先是画表记符号的办法，农村识字的人少，不易找记账的人，于是有些村子采用了画表记符号的办法。

神府苏占清村把组内各人列成一张表（有一定顺序的），每天用一格，全工记圈圈，半工记半圈，误工记×。每天一整天都是给一个人做的，所以只记出工，这是轮流变工、组比较小的情形下用的。打乱耕种，一天不定给几家做，不填入工，只填出工，就不行了。在兴县二区、五区一带，1950年夏锄中采用了填表的办法，表分人名、出工、入工三栏，同时记入，每天一格。[③] 采用填表记录的方法，农民在登记工数的时候比较简单，即使有的人不认识字，但只要会写数字，就可以记录，之后清算总的工数

---

① 《晋绥边区关于变工互助的几个具体问题》，史敬棠等编《中国农业合作化运动史料》，第579页。
② 《晋绥边区关于变工互助的几个具体问题》，史敬棠等编《中国农业合作化运动史料》，第579页。
③ 《晋绥边区关于变工互助的几个具体问题》，史敬棠等编《中国农业合作化运动史料》，第580页。

时，也较容易。这是出工入工统一计算的，用于打乱耕种的情形。大同小异的表式，在其他地区也很多，如表4-1所示。

表4-1　兴县二区、五区一带计工

	赵二		钱三		孙四		李五		周六		吴七	
出入工	出工	入工	出工	入工	出工	入工	出工	入工	出工	入工	出工	入工
一日	10	35	7		8		10		11	21	10	
二日	10	35	7		8		10		11	21	10	
合计												

资料来源：《晋绥边区关于变工互助的几个具体问题》，史敬棠等编《中国农业合作化运动史料》，第580页。

其次，工票记工的办法，即"制定一种票据（木的或是纸的）随时支付，到期结账，避免随时记账的办法"。一种是"个人工票"法，就是工票由组员个人制作，署名并做暗号，以防假冒，一日劳动完毕，随时支付工票，最后算账时，根据工票的归属确定还工数或工钱。比如我给你做了，你把你的工票给我，回头你给我做了，我把你的工票还给你，这样做下来，按票算账，我手里拿着你的工票，就是你还应还工或出工钱给我。此方法流行于交东离东等地。另一种是"统一工票"法，即工票由变工组统一发放，数目相等，如河曲邬二在如村，变工组给每人发10个工的工票，面额有10分、5分、1分、5厘不等，目的是方便找兑，组员做完农活后，出工几分，就由收工的人付给几分工票，一段时间结清一次，根据持有工票的多与少计算工数，再把工票收回，重新发出。因为各人的工票数目原来是相同的，谁的数目短下，就是谁出的工少，应该补工或出工资；谁的数目长下，就可以向组里要工或拿工资。① 这种办法，可以避免记账及算账的麻烦，它的特点是全组统一的，出入是全组计算的，适于打乱耕作的场合。

最后，记整工、扣误工的办法。此办法也是分为两种：一种是"按地摊工"的办法。河曲张保元村，在秋收时，为了避免临时记工的麻烦，把

① 《晋绥边区关于变工互助的几个具体问题》，史敬棠等编《中国农业合作化运动史料》，第580~581页。

全村庄稼，由全村劳动力挨着收割背打不临时记工。所有的劳动力（预先评定了劳动分数的），一般每天参加劳动，用不着每天记工，只记临时的缺工，最终结算，除过误了的缺工外，都是劳动了的工，所以实际上是记整工的办法，每个参加者的出工，就是这样计算的。至于个人土地上的用工，则是把全部工数，个人庄稼好坏，垧大垧小，道路远近等情形，按等分摊到所有的土地上去，得出每个参加者的入工，然后出入相抵，长除短补，进行结清。劳动分数的确定和各块土地的摊工，都是经过全村群众评议的。保德袁谦村，秋收时也是采取这种办法的，不同的是他们分开各种庄稼，在收完一种庄稼后，把所用的工，平均摊到每垧上面。比如他们村每垧山药，连刨带窖，平均5个工，谷子平均每垧2/3个工，黑豆平均每垧一个工，所以他们又叫"按地均工"。另一种是"按地评工"的办法。兴县刘有鸿村，在秋收开始以前，一方面按劳动力强弱评定了男女老少的分数，另一方面按垧大垧小，庄稼好坏，道路远近等条件评定了全村土地的应用工数，然后大家一起，挨着收割，背运、碾打，出工入工都不记，只记误工（民兵活动、抗勤、疾病等不算误工）。秋收完了各人的出工以参加的实际日数计算，各人土地的用工，仍以原评定的应用工数计算，出入相抵，长除短补。原来的应用工，是按一般不变工时评定的，变起工来劳动效率提高了，实际用不了那样多的数目，这节省工数的工资，就留在组内，举办合作社及其他事业，仍归组内劳动力按其所出工数分有之。[1]

"按地评工"办法与"按地摊工"办法的不同之处在于："按地评工"的评工是预先评定的，是按应用工计算的；而"按地摊工"的摊工，是事后评议的，是按实用工计算的。"按地评工"办法的好处，不仅可以避免随时记工的麻烦，可以适当地解决民兵活动、抗战勤务及优抗代耕的问题，而且因为事先评定了工数，激发了组员的劳动热情和劳动积极性，组员干活儿也更为努力，从而工作效率得到提高，所省出的部分也相应增多。更重要的一点是，在"按地评工"办法中，把由于变工互助所提高了的劳动效率的果实，归出工人所有，使地少劳动力多的农户，不至于吃亏。采用"按地评工"办法后，虽然由于变工互助，劳动的强度提高，但

---

① 《晋绥边区关于变工互助的几个具体问题》，史敬棠等编《中国农业合作化运动史料》，第581~582页。

农民可休息的不休息了，可早回的迟回了，可闲散一些的紧张起来了，都是为了能够赶紧完成"营生"。假使在变工组内所做的工，只按实际工数计算，那么地少的人是吃亏的，按地评工的办法解决了这一问题，不过这种办法需要注意三点：（1）要分开季节或每种庄稼来评，比如春耕依垧大小，夏锄依草大小，秋收庄稼依庄稼好坏（还有路远近）等条件，容易掌握。中间发生特别情形时，应临时变动。（2）要随时检查批评教育，不然就会妨碍精耕细作。（3）要照顾双方有利，土地的应用工不要评得过高，不然应用工和实际用了的工相差太远，地多的人会不愿意。①

总之，"按地评工"与"按地摊工"两种办法，都是记整工、扣误工时可采用的具体办法，二者都需要有较强的组织力，需要每天把每个成员的每种劳作都照管到，如组织力不强就会出现散漫、紊乱、顾此失彼现象。因此这类办法，只适用于正式耕作、锄草及收秋等农忙时节，适用于能够经常参加劳动的劳动力范围内，至于零星的、临时参加劳动的劳动力，比如妇女、儿童的劳动，或是农闲的时日，则配合一部分记工办法（按时的或按件的），如此计算工时更为容易。

（三）在还工及工资方面

在还工及工资方面，主要讨论的是如何做到公平合理，既能照顾贫苦群众，又不使普通群众吃亏。

一般来说，地少的穷人，在变工组里是吃亏的，通过变工，劳动强度增加，劳动效率得到提高，过去需用 10 个工的地，现在有 7 个工就完成了，但每个工的工钱还是与过去一样，所得总的工钱其实并没有增加，并且，由于他们地少甚至没有土地，没有用工的地方，所以不能真正和地多的人进行工变工。而要解决这一问题，除了上述"按地评工"以外，通常还有以下两种办法。

一种是各种方面的照顾。兴县温象拴所在村做法如下。（1）把变工组内的工资提高一些，这道理和地多的人是说通的。（2）富有者欠下工，应该及早还工或付工资，穷人欠下富有者的工，应该能推后还，分季还，甚

---

① 《晋绥边区关于变工互助的几个具体问题》，史敬棠等编《中国农业合作化运动史料》，第 581~582 页。

至冬天砍柴背炭还，不然穷人春天变牛耕上几垧地，一春起还工就还不过来，还能说到扩大生产吗？（3）几个季节的工资不同，春天贱夏秋贵，比如春耕时一个人工4斤米，夏锄6斤，秋收时就涨至8斤，如果还工是一工还一工，实际顶一个半到两个工还了一个工，穷人就吃亏，而穷人是吃不起亏的。他们把欠工折成粮食或钱，按季算账，秋天做一个工，就可以顶春天的两个，虽然拖欠一些，但是他们向富有者解释"变工互助，是又要变工又要互助的"。（4）穷人虽然春天欠下工，锄草和秋收时，还是先给穷人做，他们说："他们的地少，吃不住耽搁，百垧容易一垧难。"在很好的说服教育下，富有者是愿意的。[①]

　　另一种是扩大穷人生产的办法：帮助穷人买地、开荒、调剂土地、买牛等。张初元村63户里面，1945年就帮助30户贫苦群众买到土地200余垧，每家平均七八垧。春耕时除了照顾这些人家的熟地，又帮助他们开了荒地40余垧，夏锄中本村的荒地开完了，又抽出人和耕牛到岢岚开伏荒140余亩，归没地及地少的人，由他们将来在村内还工，这样，就使得贫苦群众都有地种。有了地，才是真正的变工，而不是变相的打短，张初元同志说："没有地变个甚？有地才能工变工。"这种方法对扩大穷人生产是最有效的办法。临南刘万山村，采用穷人集体买牛的办法，他们帮助穷人集体买牛，合股喂养。一春起买了4头，十几户贫农，可以不再拿出很多人工变牛工了，他们的办法是：牛钱、草料都依地数分担，太穷的可以迟些出，以后补还，喂牛指定专人负责，大家集草料，粪归喂牛者，牛也喂不瘦，地也耕过了，临南刘万山村、离石张智昇也都采用过这种办法。[②]

　　由上可见，对于穷苦农户来说，只有自己真正种上地，才能说是真正的变工，并且在变工中，穷苦农户可以通过自己的积累和别人的帮助添置耕畜，从而减少还畜工的数量，实现自己耕地，由此，穷苦农户生活得到进一步改善的同时，也巩固扩大了变工组织。

　　尽管互助组的分配方式还有不少疏漏，但其在工分制的推行在农民逐

---

① 《晋绥边区关于变工互助的几个具体问题》，史敬棠等编《中国农业合作化运动史料》，第583页。

② 《晋绥边区关于变工互助的几个具体问题》，史敬棠等编《中国农业合作化运动史料》，第584页。

渐走向集体化的过程中起了重要的作用，用工分制计量农民劳动的投入，也一直是初级社、高级社甚至人民公社时期，合作组织内部计算与考量农民投入劳动数量和获得劳动报酬的一种根据和依托。自然，在互助组时期，工分制还只是一种初步的形态，互助组的组织规模普遍不大，土地及其收获物还是私有制，农民从工分制中获得的劳动报酬也只是其全部收入的一部分，此时，工分制对于农民来说并不是决定其收入的一个关键因素。

第二节 初级社的收益分配制度

一 工分评定方法

截至 1955 年下半年，兴县的农业生产合作社，除了少数完全社会主义性质的合作社已经实现了按劳取酬外，其余绝大多数的社为半社会主义性质，而说这些合作社为半社会主义性质，则是因为：其一方面土地入股，牲口、大农具作价归社，或由社出钱租用；另一方面，全社的生产是统一计划经营，集体劳动。初级农业合作社的全部收入，除了生产垫本，公积金，公益金和给土地、牲口、大农具的合理报酬以外，其余全部归社员按劳动日进行分配。这个分配原则，在《中国共产党中央委员会关于发展农业生产合作社的决议》中明确地写道："关于劳动日的报酬制度，应该照社员工作的数量和质量，劳动多和劳动好的多得，劳动少和劳动不好的少得；因此，必须根据评工记分，公平合理地付给报酬。"[①] 也就是说，在合作社中，关于劳动日所应得报酬，即应分配的农业和副业收入，是实行按劳取酬原则，多做多得，少做少得，不做不得。因此，农业合作社只有做好劳动日的计算工作，才能真正贯彻等价互利、按劳取酬的原则，进而提高劳动生产率，合作社农业生产得以扩大，社员收入也相应增加。而社里增产了，社员的收入增加了，农业合作社自然更加地巩固。

---

① 《中国共产党中央委员会关于发展农业生产合作社的决议》，《人民日报》1954 年 1 月 9 日。

在初级农业社中，所采用的评工记分方式大致上是互助组时期的工分制，把"死分活评"和"劳动定额或按件计工"这两种办法综合运用起来。农事活动纷繁复杂，并不是每一项农活都能采用"劳动定额或按件计工"的办法去计算，这样就必须依靠"死分活评"这个办法去解决，根据一般的经验：凡是不容易计算个人劳动的数量，要大伙合力干的活和杂活就可以采用"死分活评"的办法去计算。[①] 1955 年，在兴县 151 个农业社中，大部分社采取了"死分活评"的办法。[②] 而碰到容易计算总数量，并可以划定质量标准，或是容易计算个人劳动数量的农活，则可采用"劳动定额或按件计工"，[③] "劳动定额或按件计工"有其优点：首先，责任分明，无论哪一种农活实行了"劳动定额或按件计工"，涉及该做多少个工、应该怎样做、做到什么样的质量，都有明确的规定，而且谁做谁负责，做得好与做得坏，都看得清清楚楚；其次，便于计算，可以减少评工开会的时间，减轻烦琐工作；再次，容易调动社员的劳动积极性，提高劳动生产效率；最后，能够贯彻多劳多得、少劳少得的按劳取酬原则。总之，不论在劳动数量还是在劳动质量上，"劳动定额或按件计工"都可以较好地兼顾，正是由于此，实行临时包工、季节包工、常年包工和实行包产的初级社大多也采用了这种方法来评工记分。

根据各初级农业社实行"劳动定额或按件计工"办法的经验，在实行按件计工的时候，需要注意以下几个问题。

（1）农活分件分类的工作。"劳动定额或按件计工"，就是把农活分开件数来计工的意思，所以实行"劳动定额或按件计工"之前，必须分清哪一件活儿是属于哪一类、属于哪一种性质，从整地到施肥、播种、间苗、浇水、除虫一直到打场，究竟有几类活儿，饲养、副业和杂活又有几类活儿，初步把农活分成类之后，还要把它分成项，例如整地类可以分为耕地、耙地；施肥类，可以分为送粪、撒粪等。另外针对土地的远近、好坏也要划出等级。农活有了分类，才能进一步根据各类和各项农活制订定额

① 燕凌等：《怎样办农业生产合作社》，第 55 页。
② 《关于整顿巩固农业社的综合报告》，兴县档案馆藏，档案号：A116-1-4。
③ 燕凌等：《怎样办农业生产合作社》，第 55 页。

标准。而在开始采用这个办法的时候，最好从容易、便利计算的农活入手，① 比如送粪、铡草、摘棉花等，有经验以后再慢慢推广。

（2）制订定额标准要经过民主讨论和实地试验，以免定额标准订得过高或过低。定额标准的制订，不是随随便便就制订出来，它好像一挑担子，规定得过重，社员就担不起，而规定得过轻，就会有力使不出，造成浪费的现象，只有经过社员讨论和实地试验出来的定额，才能适合社员的要求。制订定额标准的原则一般是社员如果努力、积极干活则可以超过标准，不努力则达不到标准，比如初级社实行"劳动定额或按件计工"制订定额标准时，农业社里规定两个人铡草，一天铡 400 斤，质量为 5 分长算满分，讨论的时候，有些社员认为这个定额订得太高，提出了反对意见，于是，队长立刻进行实地试验，结果在同样的时间内，铡了 460 斤同样质量的草，最终社里决定铡 500 斤草算 1 个定额标准，社员们都表示同意。经过试验，不但避免了窝工浪费的现象，而且还能抽出一定的剩余劳动力去搞副业生产和基本建设。当然，也不是说每一件农活都要经过试验，有些比较简单的农活，如果经过大伙的估算可以订得准，就不必再去试验了。

（3）定额标准可以随时修改。② 定额标准虽然订出来了，但并不是一成不变的，有些情况在当初订计划时是没有预算到，例如社员劳动效率和技术的提高，社里劳动工具的逐步改善，以及在实行过程中新发现的问题等，这时定额标准就需要随着条件的变化进行适当修改，使标准制定得更为完善。比如耕地中规定耕 12 亩地算 1 个劳动日，可是耕坡地时并不能达到 12 亩的数字，那就应把耕地定额再重新修订，分别标定耕平地、坡地的定额。

（4）树立严格的检查制度和奖惩制度。实行"劳动定额或按件计工"之后，社员的劳动热情有所提高，如果不注意农活的检查工作，社员干活就会出现"光图快、不讲质量"的现象。每一个生产小组，应选出一个检察员经常深入各组互相检查、互相监督，检查的时候，如发现有干得好的

---

① 燕凌等：《怎样办农业生产合作社》，第 55 页。
② 燕凌等：《怎样办农业生产合作社》，第 55~56 页。

要奖励，干得不好的则要批评或者扣分，有条件的话最好社里能够规定每个男、女社员全年的劳动要求。例如农业生产合作社规定 1 个男全劳力，1年要做到 150 个到 200 个劳动日；1 个男半劳力要做到 75 个到 150 个劳动日，1 个女全劳力要做到 40 个到 80 个劳动日，1 个女半劳力要做到 20 个到 40 个劳动日，秋后谁超过自己的要求标准，社里就奖给 20 斤粮食，没有特殊原因而达不到要求标准的就批评，这样对社员的劳动积极性刺激很大。

（5）争取男女同工同酬。妇女劳动不能是无偿的，在报酬方面应和男人一样挣劳动工分，同样一种"活计"，女社员做得和男社员一样好、一样多，那么给她记的劳动日就应该和男社员一样，如果女社员做某一种活儿比男社员还做得好，甚至又多又好，给她记的劳动日就应该比男社员多，如果做某一种活儿比不上男社员，劳动日也应当少计，这就是"同工同酬"。[①] 1953 年在《中国共产党中央委员会关于发展农业生产合作社的决议》中提出："男女劳动力应该按照工作的质量和数量，实行同样的报酬。"[②] 这一决议的颁布，无论从生产角度出发还是从妇女解放角度考虑，都具有必要性和合理性。

二 收益分配工作

众所周知，要办好农业合作社，其标准就是社里实现增产，社员收入得到增加，社员们多分到东西的同时，农业社也得到发展，增加了公共积累。而要想做到这一步，就不仅仅要做好生产工作，还要做好收益分配工作。参加了合作社，收入能不能增加，这是每个社员都关心的事情。有的社员说："千锤打锣，一锤定音，农业社是好是歹，但看这一分配了。"也有的社员说："干不干，分配以后看。"这都清楚地说明了：收益分配工作做得好不好，分配的是不是公平合理，直接关系着农业合作社能否巩固，同时，也影响着社外群众对于参与农业社的态度。所以，做好收益分配工

[①] 燕凌等：《怎样办农业生产合作社》，第 57 页。
[②] 《中国共产党中央委员会关于发展农业生产合作社的决议》，《人民日报》1954 年 1 月 9 日。

作，是巩固和发展农业生产合作社的关键之一。

（一）土地与劳动的报酬比例

1953 年至 1955 年的农业生产合作社，大多还是初级的、半社会主义性质的合作社，有着土地入股、统一经营的合作性质，也有着土地属于私人的私有性质。从半社会主义性质出发，关于收获物的分配，就要既照顾劳动的报酬，又要兼顾土地的合理分配，所以，初级社主要所采用的是按劳动分配为主、适当照顾土地报酬的分配方法，其中，土地的报酬一般应该低于劳动的报酬，究其原因，农业合作社的收入是由社员的劳动创造而来的，不是由社员的土地所有权创造出的，只有通过社员的积极劳动，农业合作社才能实现增产，如果劳动的报酬定得太低，就会打击社员的劳动积极性，甚至影响生产，但又因为半社会主义性质的农业合作社还不具备取消土地报酬的条件，如果强行取消土地报酬，或者土地报酬过少，就会违背"互利"原则，而土地多、劳动力少的社员就会吃亏，并且，还没有入社的土地比较多的农民态度会发生转变，从而不愿意参加农业合作社，如此就影响了农业合作社的扩大和发展。总的来说，土地、劳动的报酬要合理，在农业社增产的情况下，分配的结果，要使劳动力较多、土地较少的社员和劳动力较少、土地较多的社员都能增加收入。根据兴县各地的经验，土地与劳动的报酬的分配方法一般有三种。

第一种办法叫作土地定量报酬制，就是通常说的"死租制"，有的地方也叫"吃死租"。就是按照社员入社的土地数量或是质量，议定每年给土地多少粮食，作为固定报酬。这种办法：一方面保证了土地可以得到适当的报酬；另一方面，土地报酬的数量固定以后，如果粮食产量得到提高，就可以增加劳动报酬和公共财产，这就刺激了社员的劳动积极性，扩大了社会主义因素。此种办法在土地产量比较稳定的地方，以及有把握完成生产计划的农业社中比较普遍，1953 年兴县 53 个农业社中有 41 个社采取了"死分红"的办法。①

第二种办法是土地和劳动分成报酬制，就是通常所说的"活租制"。

① 《中共兴县县委关于五十九个农业社夏季生产总结报告》（1953 年 9 月 10 日），兴县档案馆藏，档案号：A13-1-5。

农业合作社从每年的实际产量当中，扣除当年的生产费、管理费、公积金和公益金以后，剩下的由土地和劳力按成数分。有的农业社按土地四成、劳力六成分配，也有的社按土地四成五、劳力五成五分配。这种办法比较简便易行，在对粮食产量的高低没有把握，或者是灾害比较严重、土地质量不稳定、实行固定土地报酬有困难的地方都可以采用这种办法，1953 年兴县 53 个农业社中，采取"活分红"的有 7 个社，① 但是，这种办法也有缺点，由于社员的积极劳力，粮食产量不断提高，而在分配中，因采取分成报酬制，土地的报酬自然也就随之增多，会出现"水涨船高"的不合理现象，这对于充分发挥社员的劳动积极性有一定阻碍作用。

　　第三种办法是按照土地入社评定的产量，规定土地和劳动按成数分配，但如果有多出评定产量的粮食，则完全作为劳动报酬，或是再分给土地一些。比如，土地入社评定的产量是 100 斤，规定的是土地按四成、劳力按六成分，如果实际是产了 100 斤，那就是扣除生产费、公积金和公益金以外，按地四劳六分配，如果是收获了 200 斤粮食的话，超过评产量的 100 斤，扣除生产费、公积金和公益金以后，完全作为劳动报酬，或者是按规定再分给土地一些。这种办法是介于上述两种办法之间的一种办法。

　　在规定土地和劳动的报酬时，不能强求统一，一般来说，在土地较多、劳力较少的地方，土地报酬就定得低一些，反过来，在劳动力较多、土地较少、土地产量又比较高的地方，劳力的报酬就不能定得太高，甚至暂时可以和土地占一样的比例。农业合作社在分配收益时，除了合理地规定土地和劳动的报酬以外，一般还要扣留来年的生产费用和适当地累积公积金和公益金。公积金的数量，在合作社初办的时候，通常不超过合作社每年实际收入的 5%，以后随着生产的发展，可以逐步提高到 10%，在经营技术作物的合作社，公积金可以略微增加；公益金的数量，在合作社初办的时候，通常占到合作社每年实际收入的 1%，以后随着生产的发展，可以逐步提高到 2%或者 3%。并且，如在丰收年头，公积金和公益金还可以多积累一些，如果碰到灾荒年，也可以酌量减少。此外，农业合作社的土地分益并不是一成不变的，如张家梁社原来实行"死租制"，土地占比

---

① 《中共兴县县委关于五十九个农业社夏季生产总结报告》（1953 年 9 月 10 日），兴县档案馆藏，档案号：A13-1-5。

35%，1955 年变成"活分红"，土地占比 30%，将"死租制"变为"活分红"，做了这种改变的并不是个例，除张家梁社外，还有白家山等社；又如公义村原来土地分益为"死分红"，1955 年按照减产粮数，降低了土地分红；再如胡家沟因地质较好，一直延续着"死租制"，但 1955 年他们将土地死租由 40% 的比例降为 30%。一般来说，这些分红比例的变动，根据各社的具体情况，其中公义村分配方式最为合理，按"死租制"并依照减产年景降低成数，社员们基本满意。[1]

由上可知，土地和劳动报酬比例基本确定，而如何分配粮食也提上日程。对于粮食分配，一般情况是除缺粮社和一部分自给社，农业社抽出了 10% 至 30% 的粮食照顾人口（照顾劳动力少但人口多的农户），缺粮社和大部分自给社，则按土地和劳力的分红比例分配，无须照顾人口。这样的分配方式，使得干部社员的工作更好开展，如西关农业社，原来是每人平均粮 317 斤，如果按土地和劳力分配，23 户中有 13 户是缺粮户，有 7 户是余粮户，可是他们照顾人口，一般自给户和缺粮户每人平均分粮 317 斤，7 户余粮户每人平均分粮 330 斤，分配以后大多数人表示满意。反之，在后发达社，在分配粮食时照顾劳动日多和土地多的人，便强调按土地和劳力分配，不另外照顾人口，这样使得多数自给户和缺粮户不满，因为如果照顾人口能吃 300 斤，没有照顾的话缺粮户只能吃 260 斤，[2] 由此可见，如何进行粮食分配，需要各个农业社慎重地对待。

（二）分配前的准备工作

农业合作社的收益分配，可以说涉及了多方的利益，所以在分配前，大量的准备工作必不可少。

首先是结清账目。[3] 论及农业合作社的收获物，其种类、数量自然不是少数，并且一年之中，合作社的开支纷繁复杂，比如这个社员入股土地多少、那个社员做了多少劳动日等，而如此多的头绪，如果不能一项一项结算清楚，收获物必然无法进行分配，也更无从考察合作社开支方面是否

---

① 《关于扩建社工作第三次报告》，兴县档案馆藏，档案号：A116-1-4。
② 《关于扩建社工作第三次报告》，兴县档案馆藏，档案号：A116-1-4。
③ 武蕴、李文珊编《农业生产合作社收获物分配问答》，山西人民出版社，1955，第 6 页。

合理、收入方面有无漏缺。因此，在分配以前，账目工作须清楚明了，把全社的收入、支出账目和每个社员投资多少、做了多少劳动日等，一项项结算清楚，并进行公布。一方面，可以让社员进行核对，检查账目是否有错误；另一方面，也可以让社员审查各项开支是否恰当。

其次是估算产量。[①] 就是对没有收获的农作物估算其可能的产量，因为庄稼还没有进行收割，到底收获多少、产量如何还没有定数，这就需要先估算其产量，并按估算的产量进行预分。而估算的方法，一般由分配委员会吸收有生产经验的社员参加，深入田间检查，根据庄稼的好坏，划片、分等计算产量，检查一块田地，则计算一块。此外，在估算产量时，要尽量估算准确，如果估得过高，而实际产不了那么多，则不够分配，最后还得让社员"往回倒"，增添很多麻烦；但如果估得过低，实际产量多，粮食分不下去，社里又没有地方保管，就会造成浪费。

最后是制订预分方案，有的地方也叫试算试分。也就是根据估算的产量，农业合作社计算全年农业的总产值，再加上副业收入，最终得出全年的农副业总收入，而收入确定后，再减去支出部分，即扣除当年的生产费用和管理费用，像种子、肥料、牲口和农具的租赁费用，社里的办公费用等，如果是由社里负担公粮，还要扣除应缴纳的公粮，然后再扣除公积金和公益金，剩下的再按规定的土地和劳动报酬办法进行分配。如此，每个劳动日可以分得多少，每亩田可以分得多少报酬，就一清二楚了。其中副业收入，扣除公积金和公益金以后，可以和农业的劳动报酬，合并在一起分配。在上述说的几项大体弄清以后，就可以给社员按户立账，算清每户社员入股土地多少，做了多少劳动日，牲口、农户应该得多少报酬，总共应该分多少，就照这个数目进行预分。[②]

（三）适合社员的分配方法

分配方法有多种，是随打随分，还是收完集中一起分，粮食种类怎样搭配，副产物怎么分，副业收入又怎么分等问题，都需要一个具体的规章。在分配方法中，根据一般社的经验，最好的是随打随分，这样可以减

① 武蕴、李文珊编《农业生产合作社收获物分配问答》，第8页。
② 武蕴、李文珊编《农业生产合作社收获物分配问答》，第8页。

少粮食集中看管和分配时扛来扛去的麻烦，也省掉了保管粮食用的地方和器具，同时，分给每个社员后翻晒粮食也方便，可以减少对粮食的损耗。而随打随分的方法，也会留点机动粮，等最后做出决算的时候，用来长短补齐。此外，虽然农业合作社的收获物分配基本都可采用此办法，但是也要看具体情况，如果是一些小宗作物数量很少（如糜、黍等），也可以等到收完以后一齐分。①

　　农业合作社中分配方法确定后，关于粮食种类搭配方面有没有规律可循？关于收获物的分配，在通常情况下，不管哪一种粮食，家家户户都应适当分配一些，但这并不能满足社员的实际需要，比方喂牲口的社员想多要些黑豆，而不喂牲口的则不想要。于是，为了解决粮食种类搭配方面的矛盾，1952 年一些先进农业社在分配的时候，除了按照合同出卖给国家一些农产品以外，还照顾了社员对粮食和其他收获物的具体需求。在制订分配预算方案时，预先让各户自报一次，要什么粮食，要多少，由分配委员会统一掌握，尽量满足社员的要求，如果一种粮食，社员要的数量比社里实际收的多，预分时就平均少分些，或者集中分给特别需要的几户，分配结束后再互相进行适当调剂。而且，粮食的成色、好坏也不一致，在分配时要注意好坏搭配或按比例分配，也就是说，在分同类粮食的时候，应该根据各块地庄稼的质量，把质量较好的和质量较差的有计划地进行搭配，有些农业社采取好坏粮食掺搅起来统一分的办法，但还有些粮食是不能掺搅的，比如把金皇后玉茭和土玉茭掺在一起，就不如分开用按比例的办法，算一算全社共收多少玉茭，其中金皇后、土玉茭各占多少，然后也按这个比例预分给社员。另外，还有一种是规定出合理比价，农业合作社计算收入和分配时，以一种粮食作为标准（晋西北各地大多以谷子为标准，晋南各地是以小麦做标准），而合理比价的办法，就是按当地供销社的牌价，先算出每个标准粮食和其他粮食的价格，再算出标准粮食和其他粮食的比价，不管社员预分了什么粮食，都以标准粮食来折算，这样社员的需要可以尽可能地满足，互相间也不会发生吃亏、沾光的现象。② 但是，采用了上述两种办法后，在随打随分中也很难做到绝对平均，所以也应加强

① 武蕴、李文珊编《农业生产合作社收获物分配问答》，第 12 页。
② 武蕴、李文珊编《农业生产合作社收获物分配问答》，第 14~16 页。

对社员的日常教育，使其不要过分计较。

兴县的粮食作物以谷子、玉茭、山药蛋为主。对于玉茭的分配，社员一致认为分穗比分粒好，分下穗子好保存，但分穗又比分粒多一层麻烦，就是得预先扣除玉茭棒、玉茭皮的斤数，折算出每斤玉茭穗子实有多少玉茭粒。具体在 1952 年秋收分配的时候，农业社先从各种质量不同的玉茭穗子里抽出一些来，称出原来的重量，剥了皮、去了棒、晒干以后再称它的实数，由此算出每斤玉茭穗子的虚数，最后按实数所估的比例，预分给社员玉茭穗子。而山药蛋的分配，在 1952 年（山西）全省各地农业社分配山药蛋的办法中，提到"晋西北、晋东南种山药蛋比较多的农业社，多是采用卖了山药蛋给社员分钱的办法。这个办法的好处是一方面省的个别社员卖山药蛋费事、误工，另一方面还避免了好坏搭配的麻烦。但是社里在统一出卖山药蛋以前，要考虑到社员的需要，如果社员自留地种的山药蛋不够自己吃，应该用折价的办法先满足社员的需要"。①

在经济作物中，兴县以棉花为主，在棉花分配中，农业合作社一般采用分籽棉的办法，这一方面是为了便于社员们向国家出售棉花，另一方面也是为了减少社里分配时的烦琐工作。并且，在对棉花的评定等级中，有些农业社把整个棉花分为脚花、腰花、尾花三大类，每一类里又分为几等，每一等抽出 2 斤做标准，请供销社帮助划级，然后按标准花的等级一律折价分给社员，而把籽棉分给社员后，这项工作也不能当作结束，社里还应该帮助社员轧花和出卖，帮助社员适当地处理棉花。对油料作物、麻皮和烟叶的分配，原则上也应和其他经济作物一样处理，就是给它制订合理的价格，计算为社里总收入的一项，和其他粮食一起分配给社员，但由于这些作物农业社一般都种得不多，同时社员个人在生活上对这些东西的需求量也不大，因此在处理这些作物时，除满足社员的需求之外，尽量地出售给国家。②

副产物，像谷草、豆秸、高粱秆、花柴、玉茭秆等柴草之类的分配方法，普遍是"随粮食走"，就是粮食怎么分，这也怎么分，如果是实行土地、劳动比例分红的农业社，柴草仍按土地、劳力分红的比例分，而有的

---

① 武蕴、李文珊编《农业生产合作社收获物分配问答》，第 17 页。
② 武蕴、李文珊编《农业生产合作社收获物分配问答》，第 21~22 页。

社规定了土地是"死租制",不分柴草,就可以完全归劳动分配。如果社里喂有公共牲口,或准备搭建公共羊圈以及进行公共积肥等,可经社员大会民主讨论,留作社里公用,剩下的再按以上办法分配。这类副产物虽然看起来不重要,但是用途很多,如可以给缺煤炭的地方做燃料,也可以压肥、垫圈、做肥料或给牲口做饲料。此外,如遇到社里需要,社员也需要的情况,就采用两种办法,一是把社员需要的数目和社里需要的数目分别计算,根据收入的总数和两方面的实际需要,分给社员一部分,社里留一部分公用,一般来说,两方需要的总数和社里收入的总数不会差距太大,所以只要计算得当,给社员讲清道理,这个问题不难解决;二是如果社里所收的全部柴草,不能满足两方面的需要,而且数目悬殊,就应当从实际出发,先满足最需要的方面。比如社员需要秸草喂牲口,社里需要秸草沤粪,在这种情况下,社里便应把秸草分给社员,至于社里沤粪,可另想办法解决;如果社里需要秸草喂牲口或沤肥,而社员需要秸草做燃料,社里就应该劝说并动员社员从全社利益出发,把秸草留在社里喂牲口或沤肥,而社员燃料的问题,社里可以组织社员拉炭、积柴或用其他办法加以解决。① 总之,副产物分配,不是一件微不足道的事情,农业合作社中如果柴草问题分配不当,也会极大影响社员的生产情绪。

对于农业合作社的副业收入,大多是和农业收入放在一起分配,因为副业生产的投资和经营,基本是由社里统一安排,所以不应该有两套分配办法。农业社进行副业生产和互助组进行副业生产有一定区别,互助组时,部分组员搞副业生产是自己经营,而他们的土地,组员们如果帮助耕种了要赚工资;再观农业社,其进行副业生产是为了扶助全社的农业生产,社员参加劳动是由社里统一抽调,副业生产的收入,也是全社总收入的一部分,农业社以经营农业生产为主,副业生产一般不是专门生产,同时参加副业生产的社员也不是常年固定不变。从投资方面来说,绝大部分农业社的副业生产是全体社员投资,其中大多又是社员平均投资,所以,农业社的副业生产是全社生产不可分割的一部分,副业生产的红利是全社集体经营的结果。如果农副业生产分别分红,副业生产收入高,参加副业

① 武蕴、李文珊编《农业生产合作社收获物分配问答》,第22~23页。

生产的社员可以多分红，那参加农业生产的社员就不愿意参加农业劳动，相反，如果参加副业生产不如参加农业分红多，参加副业劳动的社员也不会安心，其结果必然是使全社的生产受到损失，而且，一部分社员能够安心从事副业生产，也是因为其他社员负责农业劳动，农业生产丰收后，全体社员都享有分配权，因此如果副业生产单独分红，必然会遭到参加农业劳动的社员反对，破坏社里的集体经营。① 在兴县白家沟土地运输合作社，除进行农业生产外，还经营榨油、做粉、喂猪等集体副业，其分配办法则是社统一经营，统一核算，统一分配，② 只有这样，才能发展生产，不断增加收入。而且，对农副业统一分红时，副业生产的劳动日也根据"按劳取酬"的原则计算，也就是对参加副业生产的社员，根据他们的特长、生产技术高低和每天赚钱多少确定给他们记多少劳动分，对于某些技术性的劳动，像油坊里榨油掌舵的和烧窑看火色的以及木匠、篾匠等，劳动应给较高的报酬，不管技术高低、赚钱多少，笼统规定做一天记一个劳动日的做法是不可取的，而关于副业生产的收入，应该统一折成社里确定的标准粮（谷子）。至于如何计算本年副业收入和副业劳动日的问题，则是以农业劳动日为标准，农业劳动日计算到什么时候，副业劳动日和副业生产的收入也计算到那个时候。此外，农业中有土地、劳动分红比例问题，而副业中也有副业生产的资金应不应当分红的问题，大多农业社对社员投入的副业生产资金都不分红，如果有些社员对副业生产的投资超过平均标准，为了奖励社员们的投资积极性，超过部分社里可按银行利息付给适当的报酬，但是，如果有些社社员要求资金分红，而且经过全体社员同意，资金也可以分一些，但不能过多，最高不超过整个副业生产红利的20%，以免劳动日多的社员吃亏，避免有些社员产生只顾扩大个人资本、不愿意积极参加劳动的想法。③

关于缴纳公粮，每户社员应缴纳的公粮总数，农业合作社可以进行预扣，由社里统一缴纳。如果农业合作社和国家采购机关订有预购合同，则按合同规定把应出卖的农产品优先卖给国家。并且在分配的时候，每户社

---

① 武蕴、李文珊编《农业生产合作社收获物分配问答》，第24页。
② 《吕梁地区农业合作化史》（典型卷），第15页。
③ 武蕴、李文珊编《农业生产合作社收获物分配问答》，第24~25页。

员根据粮食"三定"政策，把所确定卖给国家的余粮留在社里，由社里统一出卖。而所卖余粮的钱，则按每户卖余粮的多少分给各户，社里只是代替社员统一出卖，或者也可以由社统一购买各个社员所需要的生活资料，或是统一投资扩大生产。①

（四）结合分配向社员进行集体主义教育

加强对社员的思想教育工作，是做好收益分配工作的保证。从社员方面来说，农业社临到分配的时候，也是矛盾最多的时候，有的社员会只管眼前利益，不考虑来年的生产，有的只考虑个人得失，不管集体利益；有的要求土地报酬提高，有的嫌劳动报酬太低；更有甚者主张籽种也不留，连公积金、公益金也分掉。因此，日常要向社员进行集体主义思想教育，告诉社员们"今年的分配，是为明年的增产打下基础，眼前的利益是跟长远的利益相联系的"，并且也要使社员们清楚，社里多打了粮食，增加了收入，依靠的是集体的力量，所以分配也应该照顾到众人的利益，干部在分配过程中要尽量做到公平合理。

第三节　高级社的收益分配制度

一　土地报酬取消

随着土地产权的变化，收入分配制度也随之改变，初级合作社在过渡为高级合作社的过程中，以劳动分配为主，适当照顾土地报酬的分配方法逐渐被完全按劳动分配，取消土地报酬的分配方法所取代，土地的所有分红归集体所有。②

"农业合作社的收益分配，如果是采取分成报酬制，应随着生产的提高，逐步提高劳动的报酬，减少土地的报酬，这是使合作社增加生产，逐

---

① 武蕴、李文珊编《农业生产合作社收获物分配问答》，第 15 页。
② 《关于转高级社中有关政策问题的处理意见》，兴县档案馆藏，档案号：A116-1-7。

步向高级社过渡的一个保证。"① 由上述可知，初级合作社在转为高级合作社过程中，土地的报酬逐步减少，而劳动报酬逐渐增加，那么为什么这样做？为什么不去提高土地的报酬？我们来进一步探讨这个问题。

众所周知，农业生产离不开土地，可是如果不经过耕种，土地自己是不会生产粮食的，土地只有经过劳动的加工，才能生产粮食，并且加工得越好，粮食的产量越多。比如，很多社员的土地，在以往单干的时候，好多年甚至好几辈，总是年年打那么点粮食，产量很低，可是入社以后，土地的产量一年比一年多，究其原因则是他们在土地上花费的时间多了，即劳动量增加。比如社员以前庄稼锄1～2遍，现在锄3～4遍，以前耕作粗糙，现在耕作细致，还有的社员对土地加工施肥、改良土壤，使劣地变成了好地，旱地变成了水田。由此可见，劳动量的增加，使得土地产量得到提高，而在分配中，自然应给劳动多分一些，把劳动的报酬提高，相对的，土地报酬就逐渐降低，直至取消。所以，逐渐减少土地报酬直至取消，是保证由半社会主义性质的农业生产合作社，逐步向着完全社会主义性质的农业生产合作社过渡的一种方法。

土地报酬的取消有其必然性，对于另一方面劳动报酬来说，从低于土地报酬到高于土地报酬，再到取代土地报酬，实行完全按劳取酬，是一个从量变到质变的过程，从中可以看出农民对于生产劳动的逐渐重视，以及在切身的实践中感受到的提高劳动报酬的必要性。1956年，《中共兴县县委关于农业生产合作社秋收分配工作方案（草案）》中，提到分配的原则是必须贯彻"按劳取酬"的原则，完全按劳动日分配，即劳动多者多分、少者少分，并坚持少扣多分的原则，应扣的籽种、饲料、公积金、公益金、公粮等生产资料的一切扣除，开支不得超过30%～40%，保证60%～70%及以上的总收入分配给社员，并保证90%以上的社员户增加收入，减产的社员户要采取措施争取不减产。②

由上述"90%以上的社员户增加收入，减产的社员户要采取措施争取

---

① 《关于转高级社中有关政策问题的处理意见》，兴县档案馆藏，档案号：A116-1-7。
② 《中共兴县县委关于农业生产合作社秋收分配工作方案（草案）》（1956年9月3日），兴县档案馆藏，档案号：A116-1-8。

不减产"① 这句话，我们可以看到兴办农业合作社的目的，即发展生产、增加收入。从这个目的来看，农业合作社采取"奖励劳动，鼓励生产"的举措，当生产收入增加时，劳动的报酬也随着提高，如此逐步地由按劳分配为主，达到完全按劳取酬。而当合作社可以实行"取消土地报酬、完全按劳取酬"时，也就成了完全社会主义性质的农业生产合作社，即高级农业生产合作社。

二 计量工分方式

各初级合作社转为高级合作社后，规模扩大、人数增加，不仅带来了管理上的困难，也给计算各社员劳动报酬的工作增加了压力。很多原先实行"死分活评"的农业社，由于人数的扩张，以及社员对于加分减分标准的意见不一，评分工作天天评到大半夜，有社员反映说："宁可少给我几分，别叫我熬夜了，这样还不如多休息休息养好精神，免得明天少做1垧活。"② 这可谓评来评去评不公，开会开得人人烦，此时，"劳动定额或按件计工"办法的优点就凸显出来。此外，在高级合作社实行劳动定额管理制度以后，完成一个劳动定额所应当得到的劳动报酬，都有了明确的规定，这本身就给实行"劳动定额或按件计工"带来了便利的条件。

而使用"劳动定额或按件计工"办法计算社员们的劳动报酬，具体来说，就是根据定额要求，以社员们实际完成的工作数量和质量为标准，而不是以社员的劳动时间长短为标准，所以，超过定额的应该按比例增加报酬，完不成定额的，应该按比例降低报酬。比如说，社里规定锄2遍苗子的一个定额是1亩，记1个劳动日（即10分工），如果一个劳动力强的社员1天锄了1亩2分苗子，并且达到了定额的质量要求，就应该给这个社员记1.2个劳动日（即12分工），如果有一个劳动力较弱的社员，按定额的质量要求在1天内只锄了9分苗子，社里就只能给他记0.9个劳动日

---

① 《中共兴县县委关于农业生产合作社秋收分配工作方案（草案）》（1956年9月3日），兴县档案馆藏，档案号：A116-1-8。
② 何成：《高级农业生产合作社示范章程讲话》，通俗读物出版社，1956，第39页。

（即9分工）。① 用这样的办法给社员们计算劳动报酬，是以个人为单位，所以也叫作"个人计件制"。

实行"个人计件制"的优点有很多。首先，因为一个人担任一件农活，做得多，获得的报酬也多，所以，社员都铆足了劲干，充分发挥了社员的劳动积极性；其次，加强了社员的生产责任心，社员们一般都是分开地块或分别担任不同的农活，谁做得好与坏，别人一看就知道；最后，实行"个人计件制"也便于社里检查，便于开展人与人的劳动竞赛。而适合"个人计件制"的农活一般有两类：一类是适合单独活动的农活，如打耙地、担粪、担庄稼、摘棉花、犁地等；另一类是可以分块、分垅或分段进行的农活，如锄苗、割庄稼、上追肥、撒粪等。除了这两类以外的农活，大多都是需要几个人集体劳动，比如下种、打场、铡草等农活，只能看出他们共同劳动的总数量，很难分清每个人具体的劳动数量，遇到这种情况就需要采用"集体计件"的办法来计算每个社员应当得到的报酬。"集体计件"又分两种：一种是集体计总分，然后按比例给每个人计酬，这和通常所说的"小包工"办法差不多。如1954年春季下种时，部分农业社里原规定种30亩谷子为1个定额，记工30分（即3个劳动日），而种谷子得由3个社员集体劳动共同完成，这3个社员共同完成以后，社里给他们记30工分，然后他们3人再按多劳多得的原则，确定了比例：摇耧的出力重，又得讲技术，得工12分；拉砘子的出力重，得工11分；帮耧的干的是轻活得工7分。因此使用这种"集体计件"的办法，最重要的问题就是预先合理地确定出计工比例；"集体计件"的另一种办法同样是以"个人计件"为基础，社里为社员们集体计酬，但社员们仍按原来的定额报酬标准去分别计算，农业社种地的定额报酬，在定额的时候就分别做了具体的规定：掌耧下种的定额是15亩，计工12分；拉砘子砘地的定额也是15亩，计工11分；帮耧的定额同样是15亩，计工8分。3件农活合起来是一件农活，劳动定额一致，但因为这三件农活有轻重的不同和技术强弱的差别，所以规定了不同的报酬，对打场、铡草等必须集体劳动的农活，也

---

① 李文珊编《农业生产合作社田间劳动定额管理问答》，第20～21页。

都是采用这个办法。① 以上所说的"个人计件"和"集体计件"分别是
"按件计工"的两种办法。

农民做某些农活的时候，会使用牲口，这是避免不了的，因此，对于
使用牲口做农活所获得的劳动报酬，农业社也做了具体规定，即按定额的
标准来计算报酬，不过因为牲口的好坏、强弱与农民所做农活的快慢有密
切联系，所以农业社在标定劳动定额时，就按照全社牲口的质量，把使用
牲口的农活标定为几种不同的定额。大林农业社的牲口有一部分是骡子，
有一部分是毛驴，社里标定劳动定额时，就规定了两种，比如犁地，使用
骡子的定额是 5 亩，使用毛驴的定额是 3 亩，因为使骡子犁地犁得多、出
力大、跑路多，所以这两种劳动定额的劳动报酬也不一样，他们规定用毛
驴犁地，每完成 1 个定额记工 10 分，而用骡子犁地，每完成一个定额记工
12 分，这样的规定社员们普遍认为公道合理，避免了社员们抢着使好（强
壮的）牲口，不愿使坏（瘦弱的）牲口的现象。② 另外有一些农业社因为
牲口的质量相差不大，或者使用时根据强弱程度对牲口做了均匀的搭配，
使用牲口的农活也就只做了一种定额，报酬也完全一样，虽然不够完全合
理，但好处就是比较简便。

对于社员劳动超过定额的奖励问题，劳动定额管理本身就是奖励积极
劳动者，多劳多得，所以在一般情况下，社员们超过劳动定额以后，按定
额标准增加报酬即可，不必再有超额奖励。只有在某种特殊情况，比如秋
收的时候，早收、晚收至关紧要，为鼓励社员们快收快打，可以用超额奖
励的办法，不过超额奖励的数目不能过大，一般认为奖励超额部分的 1/10
比较合适。另外有一种方法也需要提到，为了进一步克服实行劳动定额管
理以后，社员只对劳动定额负责不对产量负责的态度，社里以计划产量为
标准实行超产奖励，即对超过生产计划的劳动小组（或队），从超产部分
中提取一部分给予奖励，这种方法，可以提高社员的生产责任心和积极
性，提取多少也可由各社自行讨论决定，在奖励社员的同时，也要奖励组
长（或队长）。对于使用牲口做活超过定额是否增加报酬的问题，由于做

---

① 李文珊编《农业生产合作社田间劳动定额管理问答》，第 21~22 页。
② 李文珊编《农业生产合作社田间劳动定额管理问答》，第 24 页。

活的快慢、多少和牲口有着密切的联系，如果增加报酬，社员就有可能为了赶活，拼命打牲口或延长牲口的劳动时间，有害牲畜的健康，所以在一般情况下，使用牲口做"营生"超过定额，不会多记报酬，并且对于那些为了超过定额而不爱惜牲畜的社员，还会进行批评。[1]

　　在农业社中，还有一些没有标定劳动定额的农活，因为没有明确的规定报酬，所以不能采用"按件计酬"的办法，而"死分死记"的办法又不太合理，因此这些农活大多采用"死分活评"的办法，但是随着农业社生产技术的不断提高，以及生产工具的不断改进，田间劳动的各种农活将一步一步地实行定额。所以，对于还不能进行定额的农活，社员通过每天的"死分活评"，逐步摸索规律，积累更多的资料，为将来实行定额做准备。

三　财务管理制度

　　勤劳俭朴，是中国劳动人民祖祖辈辈流传下来的一种美德，在新中国建设时期，这种美德得以继续发扬，许多农业合作社都提出了"勤俭办社"的方针，提倡勤劳俭朴，反对铺张浪费。但勤俭并不是吝惜，正是因为农业社每一笔资金的流向，都关系着农业社的发展，牵动着社员的心神，所以如何进行财务管理至关重要，而财务管理中一个关键问题就是农业社收入的支出。关于此问题，将从投资和开支两方面进行阐释。投资与开支并不是非此即彼的关系，投资更侧重于如何使得资金收益最大化，即合理投入资金以期获得收益，开支则更侧重于与收入平衡，"量入为出"，不致使农业社入不敷出。

（一）投资

　　投资要合理，那么"投资要合理"是什么意思？所谓投资，就是"下本钱"，比如，农民为了多打粮食会往地里上粪，这就是"下本钱"，也就是投资。投资合理，可以扩大农业社的生产，增加社员的收入；反之投资不合理，农业社的生产可能会亏本，而社员的收入也会减少。有人说：

---

[1]　李文珊编《农业生产合作社田间劳动定额管理问答》，第23、25页。

"投资越多，增产越多。"这自然是针对投资合理说的，如果投资不合理，即便增加了生产，也许也是亏本的，社员的收入也不能增加。比如在兴县高家村永丰农业合作社，1956年计划生产总收入112994元，总支出32651元，纯收入80343元，但由于基本建设投资过大（14719元），本年到期基本建设贷款由本年公积金中支付2850元以外，需从纯收入中扣贷款3400元，剩余76943元，除扣公积金4%计款3077元，公益金1.5%计款1154元，尚余72712元，全年以7万个劳动日预计每劳动日报酬可达1.04元，可实际过程中，1~9月收支相差太大，这样不但减少了社员的收入，而且还要向国家要求贷款10763元。[①]这就是投资不合理，也叫作盲目投资。

由此可见，投资是需要谨慎的。在农业合作社中，可以进行生产投资的方面很多，但不论向哪一方面投资都需注意合理。比如，进行生产需要有牲畜，买牲畜需要投资；没有农具不能进行生产，买农具也需要投资；搞副业生产需要有适合副业生产的器具，买这些器具也需要投资。因此，不管什么投资，都需要注意本钱下得适当，尽可能做到既能增产，又能增加收入。

投资就是下本钱，那么本钱从哪里来呢？来源主要有三个方面。第一，是在农业合作社建立的时候由社员均摊而来，这类由社员摊来的生产本钱，也叫作股份基金。股份基金分为两种：一种叫"生产费股份基金"，这种股份基金是为了购买种子、肥料、草料等生产开支而摊集的；另一种叫作"公有化股份基金"，这种股份基金，是社里用来收买社员的牲畜、农具等生产资料成为合作社公有财产而摊集的。这两种股份基金，都是由社员均摊的。至于摊多少才算合适，其中生产费股份基金，够买一年之内所需要的种子、肥料、草料等的钱即可；而公有化股份基金，则是要摊够收买社员牲畜、农具等生产资料的钱。但如果这笔钱数目过大，一次进行均摊，许多社员都摊不起，这时就要考虑少摊一些，或者分期交清，还不够的话，不够的部分可以用合作社的公积金付清。第二，则是生产的收入，其中一部分是从上年生产收入中余留下来的公积金（新建立的合作社没有这一项），另一部分是秋季收获以前农业和副业生产的部分收入。第

---

① 《关于高家村永丰农业社财务清理和财务规划的通报》，兴县档案馆藏，档案号：A116-1-7。

三，是社员的投资，实物部分（如种子、肥料、农药等）或现金。此外，为了某一时期的生产需要，或是在兴办对生产有利的某项基本建设时，一时资金不足，也可以用贷款的办法解决资金的来源。而贷款可以向社员贷，也可以向国家贷。向社员贷就是发动有余钱的社员向社里投资，社里要给社员出利息，到一定日期归还给社员；向国家银行申请贷款，则是付给国家银行以利息，到一定时间，所贷款要归还银行。① 贷款可以解决一时之需，但无论是向国家银行贷款，还是发动社员投资，都必须是农业合作社生产中真实的需要，不然，社里的生产还没有多大提高，就先背上了很多"债务"。

（二）开支

常言道"量入为出"，根据农业社收入的多少合理决定开支的限度与要求，即开支得当；反之，如开支不得当，则会造成农业社资金捉襟见肘、寅吃卯粮。1956 年兴县部分农业社铺张浪费，加大非生产开支，如麻壖条农业社换牛缰绳用了 38 斤麻的绳索，卯底农业社购买戏服，修建办公场所，特别是 1955 年冬至 1956 年，点过煤油 50 余斤，买过整条纸烟 22 条，致使初级社时设的股金在并社结算时几乎已花光。②

为了纠正以上这种乱象，部分农业合作社初步建立了财务管理制度。对于开支，确定了一定要有手续，钱财进出必须按照手续办事。农业合作社的钱财，一出一入都要有专人管理，专人批准，这就是"钱财进出手续"，也可以说"财务管理制度"。财务管理制度可以保证投资合理，保证开支得当，防止贪污浪费。而财务管理制度的建立，首先是要建立管理财务的组织机构，其次则要建立审核批准制度。关于财务管理的机构，有的社是设立财务管理小组，还有的社是设立财务管理委员会，这要依据社的大小来确定。对于审核批准制度，有的社是这样规定的：3 元以下的开支，由财务组长审核批准；3 元以上 5 元以下的开支，由社长审核批准。还有

---

① 何成：《高级农业生产合作社示范章程讲话》，第 39 页；中华人民共和国农业部农业宣传总局编《农业生产合作社参考资料》，财政经济出版社，1955，第 106~110 页。
② 《关于高家村永丰农业社财务清理和财务规划的通报》，兴县档案馆藏，档案号：A116-1-7。

的社规定：在财务计划以内的小项开支，由财务小组或财务管理委员会审核批准；在财务计划以外的开支，要经过社员大会批准。另外，像搞副业、搞基本建设，需要花费的数目较大或者需要向银行借贷这样的大事，也需要经过社员大会讨论通过，但是每个社的情况不同，建立这些制度时，也不会要求各社完全一样，只要能够保证农业社的投资合理、开支得当，以及防止贪污浪费现象的发生即可。1956 年兴县检查清查了各农业社的财务账簿，从县抽调了供销、银行、信用社会计，以及乡的会计等共135 人，按基点进行了训练，分工包干帮助各社检查清查，并组织了 18 名各农业社干部重点进行财务规划，经过整顿，除 46 个社尚未建起新账簿和16 个社的旧账簿没有结清外，其余 229 个社均建立起新账，另有 132 个社做出了财务规划。①

通过上述我们了解投资与支出是农业社财务管理的重要工作，接下来我们来看一个具体的例子。兴县碾子村的民中高级农业生产合作社是由碾子村、南沟村和王家码头村 3 个初级社合并而成，全社共有农户 107 户，男女人口 496 人，男劳力 130 个，女劳力 98 个。农业社土地播种面积共5019 亩，其中包含经济作物地 105 亩。牲口方面，全社有牛 40 头，驴 9头，马 1 匹，骡子 2 头，羊 215 只，猪 37 头。在进行估产试算时，农作物的情况为：共种粮田 4914 亩，估产 315677 斤，包括夏田在内，按 0.055元/斤计算，可得款 17362 元；棉花 80 亩，估产皮棉 800 斤，按 0.7 元/斤计算，得 560 元；油料 25 亩，估产 1500 斤，按 0.1 元/斤计算，折款150 元；另外有自留地 148 亩，大部分是瓜菜，按生长好坏折款 654.7元，但此款应在各户收入内，不能归在社内收入中，全社农业总收入可折款 18072 元，另有停耕、苜蓿地 137 亩，不计入收入。副业方面，如羊毛、果木、幼畜、手工业等共收入 565 元，因农业社常年为社员供给烧炭，每斤炭成本 0.4 分，全社 12 头牲畜驮炭，可供社员烧炭 120000斤，如按当地市价每斤 1.2 分，可赚洋 960 元，以上农副总收入 19597元。支出方面，农副业的总收入内扣除数如下：农业扣除 1721.5 元，副业 526.6 元，其他 20 元，行政管理费支出 90 元，农业税折款 1846.7

---

① 《关于第一次整社工作的总结报告》，兴县档案馆藏，档案号：A116-1-7。

元，公积金 330 元，公益金 150 元，以上 7 项支出数共 4684.8 元，实分给社员的钱款是 14912.2 元，一年的劳动日男劳力投工 28045 个，女劳力投工 3612 个，男女共投工 31657 个，其中应除义务工 2002 个，实际参与分红劳动工 29655 个，每个劳动日可分款 0.503 元。全社 107 户，有 97 户增加收入，有 10 户减产，减产农户中有五保户 1 人，增产户数占总户数的 90.7%，减产户占总户数的 9.3%，五保户全年补助粮款 24 元，穿衣零花款 16 元，共 40 元，① 具体如表 4-2、表 4-3 所示。

表 4-2　碾子村民中社劳动工账

社名		民中社	占总数比例（%）
户数（户）		107	
人口（人）		496	
劳力（个）	男	130	
	女	98	
牲畜	牛（头）	40	
	驴（头）	9	
	羊（只）	215	
	猪（头）	37	
	马骡（头）	3	
播种土地（亩）		5019	
产量（斤）	计划产	64.14	
	去年产	30	
	三定产	53	
超产	超过去年（%）	113.8	
	超过三定（%）	21.01	
社员投工（个）	男社员投入	28045	88.6
	女社员投入	3612	11.4
	合计	31657	

---

① 《碾子村民中高级农业生产合作社秋收试算分配方案》，兴县档案馆藏，档案号：A116-2-95。

续表

社名			民中社	占总数比例（%）
全年施工分布（个）		农业	24700	78.02
		副业	1350	4.26
		牧业	2860	9.03
		社干报酬	640	2.02
		打水井	998	3.15
		打旱井	190	0.6
		林业	189	0.6
		修梯田	265	0.84
		其他建设	465	1.47
	合计		31657	
划定（个）		分红工	29655	93.7
		义务工	2002	6.3
备注		播种土地面积内包括经济面积作物 105 亩外，有停耕地 137 亩，自留地 148 亩		

资料来源：《碾子村民中高级农业生产合作社秋收试算分配方案》表一，兴县档案馆藏，档案号：A116-2-95。

表 4-3 碾子村民中社秋收分配

社名			民中社	占总数比例（%）
收入部分（元）		共收入数	19597	
	其中	农业收入	18072	92.22
		副业收入	1525	7.78
		其他收入	150	0.74
投支部分（元）		共支出数	2268.1	
	其中	农业投支	1721.5	75.9
		副业投支	526.6	23.2
		其他投支	20	0.9
行政费用开支（元）			90	0.46
农业税支出数（元）			1846.7	9.4

续表

社名		民中社	占总数比例（%）
公积金积累数（元）		330	2
公益金积累数（元）		150	1
总计支出数（元）		4684.8	23.9
社员分出数（元）		14912.2	76.1
每劳动日分配数（元）		0.503	
去年每劳动日分配数（元）		0.28	
比去年增加（%）		80	
社员户收入情况	共户数（户）	107	
	增加收入户数（户）	97	90.7
	其中 50%以下（户）	40	
	50%以上（户）	30	
	一倍以上（户）	24	
	减少收入户数（户）	10	9.3
	其中 20%以下（户）	4	
	20%～50%（户）	2	
	50%以上（户）	4	
	五保户（户）	1	
说明	其他收入是手工业和以工贷转工资		

注：表中为原始数据，有多处错误，未做改动。

资料来源：《碾子村民中高级农业生产合作社秋收试算分配方案》表二，兴县档案馆藏，档案号：A116-2-95。

由表4-3可知，该农业社的投资与支出基本合理，有90%左右的农户增加了收入，但是，农业社做到投资合理、开支得当，还不能算是完全做好了财务管理工作。比如说，应该贷的款贷了，应该购买的家具买来了，可是如果买来的家具保管不好，使用一两次就坏了，修理要花钱，再买新的更要花钱，所以，要妥善地保管物品。做好物品的保管工作，也是做好财务管理工作的内容之一。要想做好物品的保管工作，须得明确保管的责任，对全体社员进行爱护公共财物的教育。而所谓明确保管的责任，就是把社里的家具、物品，不论是公有的或是私有伙用的，在使用时和使用完以后，一律明确专人负责，专人保管。并且，向社员进行爱护公物的教育，其中最好的办法，是民主制定爱护社里财物的公约，规定出无故损失的处理办法，从而保护公有财产。

因农业社的账目关系到社员的切实收入，所以每一个社员对自己社的账目都非常关心。对于账目，农业社一般会选择向社员公开，一方面，社员可以对这一时间段的劳动量进行核对，而且社员的生产积极性也能得到提高。农民是土地的孩子，所以他们普遍务实和节俭，在田间劳动时，心里也会常常想到社的账目，他会担心自己的工分和劳动日有没有记在账上，担心社里有没有发生浪费，而且在处理自己家务的时候，一针一线都认为是珍贵的，一粒粮食掉到地上，都要捡起来，因此，只有把社里的账目让他们知晓，他们劳动起来才有干劲。组建农业合作社时，采取按期结账，按期向社员公布账目，每一个生产小组每天、每月的生产进度，每一个社员已经做了多少劳动日，都用图表标出来，让大家明了，当社员们看到自己的劳动日一天天增多，心中有数的同时，生产劳动的情绪也在提高。另一方面，通过公开账目，社员可以对社里的财务工作起到监督作用。有少数农业社不公开账目，社员们就提出批评说："钱是全社的，每个社员都有份，为什么买进卖出都不叫我们知道呢？那些钱花的得当，那些钱花的不得当，必须向我们作个交代！"而且在1956年兴县《关于第三次整社工作计划》中，也提出在分配前必须把全年的财务账簿认真清理一次，向社员公布，民主审查。① 而在对财务账簿的清查中，发现某农业合作社1952年全社开支2200多元，但如此大的开支中，真正用于生产的只有970元，其中还发现了很多的浪费现象，比如春天送粪的时候，一下买了12把鞭子，没使到秋天就都打坏了，后来该社经过全体社员的民主检查，制订了财务开支计划和物品保管制度以后，情况有所好转，1953年开支1200元，全部都用在了生产上。裴家川口乡一农业社账目没有向社员公开，1956年经乡查明，保管任培连挪用公款76元，社长任会堂1955年贷回肥田粉款50元，没有上交会计，而是自己存起使用，另有任根世等两人的口粮款被别人使用。彰黄塌民联社妇女组中，个别组员之间工分相差

---

① 《关于第三次整社工作计划》，兴县档案馆藏，档案号：A116-1-7。

240 分，后经检查发现张格搓劳动手册上 10 天结工一次，将 36 分写成了 3.6 分。[①] 类似的问题，如果社内账目及时公开的话，就可得到有效的解决。由此可见，账目向社员公开，受社员的监督，这不仅是所要贯彻的民主管理原则，而且采取此种做法，对于农业社的团结与稳定，也有一定效果。兴县 59 个农业社中，会计制度上有 4 个社使用西式账簿，做到了清晰易懂，账目公开，其余 53 个社均使用旧式账簿，其中除部分社无一定账簿（写在零纸上）或记不清楚外，绝大部分社，都建立了土地登记、记工流水、投资抵垫、社员往来、食物分类、开支抵垫、社员分红等八本账，做到了清晰易懂，账目公开，逐日公布，取消了社员对社财经开支怀疑及顾虑，做到了民主管理，其中白家沟社在记工中创造了纸牌（贴在墙上）公布账目办法，每半月公布社员所得工票一次，社员"心里亮堂"，干活也起劲。[②] 由此可见，账目需向全体社员公开在农业社中已基本形成了共识。

总的来说，做好财务管理工作，需做好以下几点：投资合理，开支得当，财务出入要有严格的手续，物品要妥善保管，账目要向社员公开，受全体社员的检查和监督。除此之外，还有一个不能忽视的关键，就是管理财务的人。对此人选，农业社一定要经过认真选择，工作中不能马马虎虎、粗心大意，通常是由老实且可靠的人担任。

小　结

个人收益或收入的多与寡，所呈现的不仅仅是一个数字的变化，而且体现了个人的劳动价值，是切实影响自身及所在家庭生活水平的重要因素，因此，收益的增加或减少总是人们最为关心、关切的问题和话题。与个体经济自负盈亏不同，农业合作化时期，农民参与互助组、初级社、高级社等合作组织，所涉及的自然包括集体收益的分配，可以说，农业合作

[①] 《裴家川口乡报告勤俭办社的总结报告》（1956 年 5 月 19 日），兴县档案馆藏，档案号：A7-1-90。

[②] 《中共兴县县委关于五十九个农业社夏季生产总结报告》，兴县档案馆藏，档案号：A13-1-5。

化运动对农民的影响之一就是收益分配制度的变革。关于兴县收益分配制度的变革，我们可以从两方面来考量：一方面，工分制的确立和推广，评工记分的具体方式从"死分死记"、"死分活评"到"劳动定额或按件计工"，与生产责任制的演进相伴随的是评工记分方式的趋于合理和准确，其中工分制的推行在农民逐渐走向集体化的过程中起了重要的作用；另一方面则是社会主义因素的不断增加，主要表现在土地与劳力的报酬比例方面，从初级社的分配逐渐向劳力倾斜，到高级社完全按劳分配，取消土地报酬，这是农业生产合作社性质逐步向完全社会主义性质过渡的一种方法，也是一个逐步社会主义合作化的过程。

第五章　农业互助合作运动与农村社会经济变迁

随着有关集体化时代基层档案的不断挖掘与利用，有学者对此的研究视角也随之发生转换，如行龙认为"从'自下而上'的视角出发，应当成为我们研究集体化时代中国农村社会的基本立场"，①与"自上而下"视角不同，从"自下而上"视角出发，集体化时代农村社会的研究将更多关注于农村社会经济发展变迁的实态，关注祖祖辈辈生活在农村的农民在历史变迁中所展现出的张力。我们以"自下而上"的社会史视角审视农业互助合作运动，将探究普通民众面对不同境况的具体行为，以及对此产生理性认识。

第一节　农业互助合作运动与家庭经营方式变迁

俗语言："家和万事兴"，自古以来"家庭"在中国人心中占据着重要的位置，"慈母手中线，游子身上衣""烽火连三月，家书抵万金""新筑场泥镜面平，家家打稻趁霜晴"……从这些古诗中，我们可以看到中国人深入骨髓的家庭观念。家庭可以说是一个社会单元，是社会的基本细胞，而集体化时代，随着农业互助合作运动的发展，家庭这个农业生产单位逐渐被互助组、合作社等互助组织所取代，家庭模式下的个体劳动也逐渐由集体劳动生产所代替，那么家庭的功能是否就此发生了变化？我们想要观

---

① 行龙：《集体化时代农村研究的思考与实践》，《湖北大学学报》（哲学社会科学版）2019年第 6 期。

察家庭在压力下的表现，这无疑是一个很好的参照。

一 危机与应对：农业互助合作行为的发生

费孝通在《乡土中国》一书中，谈到在中国乡土社会，人们对待家庭的态度与西方有很大不同，西方家庭可以说是一个"生活堡垒"，而中国的家是一个事业组织，在这个"事业社群"中，无论主轴或配轴，都被事业的需要而排斥了普通的情感。由此可见，在中国传统家庭观念中，家庭事业无疑是重要的一部分，其优先级别要处于家庭情感之上。那么，家庭事业是否会遇到危机，遇到后农民又如何应对？

对于农民来说，其家庭事业主要为耕种土地，这也是家庭收入的主要来源。我们以兴县为例，兴县境内山河交错、沟壑纵横、梁峁起伏、岗岬峦连，[①] 不仅给兴县民众耕作和出行带来极大困难，而且制约了当地农业经济发展，耕地方面坡地、梁地多而水地、平地少，气候方面极易发生旱灾、雹灾等灾害。[②] 可以预见，此生态特征和气候条件，极不适合劳动耕作，兴县农民的家庭事业也必然会受此影响，遭遇危机，因而，农民在农业"不违农时"的要求下，以及长久形成"靠天吃饭"生活理念的影响下，他们自发形成了变工、扎工、伙种等互助合作模式，这些传统的互助合作模式，在一定程度上缓解了农民某时某事的困难，使得家庭事业得以继续，从而自然并长期存在。

然而，农民家庭事业面临的危机不仅仅是自然灾害、资源匮乏、生产力落后等，社会因素也无不影响着家庭事业的生存与发展。在 20 世纪三四十年代，战争可以说是影响农村社会的主要变量之一，而战争对于农民的影响，不只是危及生命安全，也是对其家庭事业的摧毁。以兴县白家沟为例，白家沟位于岚漪河上游双双山下，年降雨量 400～500 毫米，无霜期160 多天，十年九旱，全村 50 户人家，300 多口人，耕种着 3000 多亩山坡地（大部分土地是地主的）。自 1940 年以来，驻扎在岚县东村的日本军队经常到根据地进行"扫荡"，同时在黄河西岸神木一带的国民党军，也不

---

① 贾维桢等编《兴县志》，第 1 页。
② 《兴县基本情况介绍资料》，兴县档案馆藏，档案号：A7-1-70。

时进行破坏，兴县农村劳动力、牲畜急剧减少，房屋、土地大量被烧毁、破坏。1943 年白家沟农田产量由战前每亩 46 斤下降到 24 斤，多数农民缺地、缺粮、缺衣、缺钱，终年得不到温饱，有一段顺口溜来形容白家沟："土地在山头，半坡红沙流，天旱不长草，雨涝红泥流，要想谋生早出头，只有离村到外头。"当年全村有 22 户常年在外揽工度日，贾章多等 19 户更是少吃缺穿，用破口袋当衣避寒。[①]

由上可见，众多农业生产的基本要素因战乱而毁坏，家庭事业难以为继。对于农民来说，由于自然生态条件天然的劣势，生存本就不易，他们选择互助，也是为了家庭事业的继续发展，这一阶段依然是传统的分散的个体生产。但危机总是猝不及防，面对战争，农民又该如何应对，传统的互助合作模式是否还有参考价值？

二 利用与改造：农业互助合作运动的发展

农业生产中简单的互助合作行为，如何发展为一场农业互助合作运动，其中自然要考量到"革命"的因素。兴县在全面抗战时期是中共晋绥边区首府所在地，全面抗战爆发以来，日军大规模的"扫荡"使得边区人力、物力蒙受极大损失，尤其是劳动力、耕牛等农业生产要素的大量减少，边区农业生产面临巨大挑战。并且，自晋西北革命根据地成立以来，春耕工作一再成为根据地春季工作的中心工作。"晋西北是农业地区，绝大部分人民依靠农业生产，我抗日军政人员的吃饭穿衣主要依靠农业生产，因为公粮占我财政收入的重要部分，而公粮征收的多少取决于农业生产之成绩如何，当此敌寇一再例行强化治安，封锁我必需品的今天，我抗日军民衣服的解决亦有赖于我根据地棉花生产量之增加"，[②] 所以，农业生产关乎军民生存和抗战胜利，而如何组织有限的劳动力和耕牛、农具等生产资料进行最大限度的生产，也成为根据地亟须解决的一大问题。

1942 年，中共晋西区党委在春耕工作的指示中，认为目前急需"激发广大人民的劳动热忱"，而劳动互助组织，则被看作激发劳动热忱、提高

---

① 《吕梁地区农业合作化史》（典型卷），第 2～3 页。
② 《关于一九四二年春耕工作的指示》，山西档案馆藏，档案号：A22-7-3-1。

劳动效率的最有效办法，并讨论了"互助劳动组织系'变工'性质，须根据以下 3 个原则成立：1. 双方自愿；2. 劳动力的等价交换；3. 适合于农民生活习惯"。① 其中条件之适于农民生活习惯，则包括农民传统互助合作的习惯，以传统互助合作形式为基础，农民在农业生产中易于接受和实施，同时可以解决劳力、畜力、农具等不足的难题。1943 年 3 月 23 日，《抗战日报》社论《抓紧领导春耕》中提出，"在晋西北当地现有的劳动工具、劳动力及生产技术之下，提高生产力的主要办法，是发展民间劳动互助"，② 而发展民间劳动互助的关键在于运用传统劳动互助模式，并要加以研究和改善。由此可见，利用并改造农民传统劳动互助模式，已成为晋西北农业生产的发展方向。

以农民传统互助合作模式作为切入点，组织发展农业生产，这对于根据地农村建设既有现实意义，又有理论基础作为支撑。列宁在《论合作制》一文中，谈到"我们所需要的一切，难道这不是我们经过合作社，而且仅仅经过合作社，……便把完备社会主义社会建设成功必需的一切么？这还不是说建成了社会主义社会，但这是为建成社会主义社会所必需而且足够的一切"，③ 说明合作社是实践列宁对于社会主义设想的关键一步。毛泽东深受列宁思想的影响，1943 年 10 月，《论合作社》中毛泽东认为如不进行生产方式的改变，那么生产力就无法获得进一步发展，由此"建设在以个体经济为基础（不破坏个体的私有生产基础）的劳动互助组织——即农民的农业生产合作社"，④ 十分必要。同年 11 月，《组织起来》讲话中，毛泽东又指出封建统治的经济基础，即分散的个体生产，使得农民陷于永远的穷苦，而"克服这种状况的唯一办法，就是逐渐地集体化，而达到集体化的唯一道路，依据列宁所说，就是经过合作社"。⑤ 在此思想指导下，中国共产党人敏锐地发现晋西北、陕甘宁等根据地传统的劳动互助合作形

---

① 《关于一九四二年春耕工作的指示》，山西档案馆藏，档案号：A22-7-3-1。
② 《抓紧领导春耕》，《抗战日报》1943 年 3 月 23 日。
③ 〔苏〕列宁：《论合作制》，外国文书籍出版局，1950，第 6 页。
④ 毛泽东：《论合作社》（1943 年 10 月），黄道霞主编《建国以来农业合作化史料汇编》，中共党史出版社，1992，第 5 页。
⑤ 毛泽东：《组织起来》（1943 年 11 月 29 日），黄道霞主编《建国以来农业合作化史料汇编》，第 7 页。

式，如变工、扎工，与集体化背景下的合作社有相通之处，可以利用并作为集体劳动组织的"样式"之一。

理论基础为晋绥边区扩大互助合作、利用传统互助合作形式提供了可能性；而现实需求，则是其中最为迫切的原因，如兴县白家沟，除上述我们提到的劳动力、牲畜等生产要素急剧减少外，白家沟参军参战的人很多，给军烈属代耕很困难，每年拥军优属用粮1万余斤，用工1.6万余个，这些用工都按劳力分摊，一家一户的个体生产很不适应。[①] 所以，"组织起来"指示后，利用传统互助合作形式，白家沟3人一组、5人一伙，不多几天就组织了十几个临时互助组和变工组，[②] 而且在村抗联秘书（即党支部书记）贾宝执的带领下，创办了一个以土地和运输为主的合作社（当时称土地运输合作社）。[③] 在"组织起来"中，根据地民众通过利用、改造旧有互助合作形式，成立了互助组、变工队或初级形式的合作社。一方面，传统互助合作形式确有可取之处，利用其组织民众，对根据地发展农业生产起了一定积极作用；但另一方面，变工、换工等农村旧有的劳动互助习惯，只是针对某事或某时的临时性组织，仅仅单纯地调剂人力或牛力，属于较低级的一种互助形式，尚需改造。

"如果我们不抓紧组织发展这种劳动互助，牛工变人工与人工互换，仍会停留在农民习惯的老圈套中，就得不到发展和更合理，就不能使春耕收到更大的效果……"[④] 由此，要改造传统互助合作形式，首先要做的就是组织起来，自上而下地、有意识地发展互助组织，区别于传统互助合作基本是由民众自发组织。1944年春晋绥边区开展农业互助劳动运动后，各地普遍地进行了变工互助，组织起来的劳动力，约占总数的15%。[⑤] 到1945年，变工互助组织不断地发展扩大，截至1945年8月，一分区春耕变工互助统计如表5-1所示。

① 《吕梁地区农业合作化史》（典型卷），第2~3页。
② 《吕梁地区农业合作化史》（典型卷），第3页。
③ 《吕梁地区农业合作化史》（典型卷），第1页。
④ 《发展劳动互助》，《抗战日报》1943年4月8日。
⑤ 《晋绥边区财政经济史资料选编》农业编，第729页。

表 5-1 一分区 1945 年春耕变工互助统计

	兴县	神府	岚县	合计	说明
共有自然村（个）	825	454	290	1569	
去年组织变工村数（个）	456				
今年变工村数（个）	552				
占共有自然村比例（%）	66.9				
共有全劳动力（个）	23466	10818	2737	37021	兴县缺黑峪口村劳
参加变工全劳动力（个）	10223	3357	1576	15156	动力，岚县缺一、
占共有全劳动力比例（%）	40.94	31.03	57.6	43.57	五两个区的统计
去年共有耕牛数（头）	7555				
去年参加变工牛数（头）	3169.5				
今年共有耕牛数（头）	8231.5	3528	1199	12958.5	
今年参加变工牛数（头）	4038		607	4645	岚县缺一、五两个
占共有耕牛数比例（%）	49.06		50.63		区的统计
今年共有变工组数（组）	2159	915	306	3380	

资料来源：《一分区一九四五年春耕变工互助统计表》，兴县档案馆藏，档案号：A2-A14-124。

由表 5-1 可见，1945 年兴县组织起来的自然村数、耕牛数比 1944 年都有所增加，兴县、神府、岚县 1945 年春耕参加变工劳力均占全部劳动力 30%以上，兴县、岚县耕牛参加变工数约为总耕牛数的 50%。尽管在组织形式上，农业互助合作运动利用了传统互助合作形式，其中又以合牛为基础的变工组最为普遍，但组织方式已不再是自发或偶然的，而是有领导、有组织的群众运动。

在这场危机的应对中，互助合作已不仅仅是一种行为，而且成为一场广泛的群众运动。在这场运动中，单调、简易的变工互助组织形式逐渐被改造为严密、高级的形式，合作方式也逐渐向多样化转变，从而造就了组织规模的扩大。当然，组织规模的扩大，一方面是指数量上，另一方面则要归结于质量或层次。合牛变工、合伙买牛变工形式接近群众习惯，易为群众接受和掌握，但其组织简单，发挥的作用有限，效率较低，而要最大限度地发挥组织起来的力量，复杂、高级形式的组织必不可少。因此，其中的改造，实际是在群众现有基础上提高。

这一阶段农村中虽然仍是以分散的家庭经营为主，但与以往的家庭经营相比，已然发生了质的改变，"组织起来"的观念，互助合作的方式已经逐渐融入了农民的生活和生产。农村家庭经营方式的变迁，往往不是一蹴而就的，尽管我们的目标是变革生产关系，即"集体化"，但在"量变"到达"质变"的过程中，依然选择了尊重农民的生活习惯，利用旧有互助模式的同时对此进行改造，互助组、合作社等互助合作组织也为集体劳动生产敲响了前奏。

三 变与不变：农业互助合作运动的赓续

农业互助合作运动是中共对于农村生产关系的一次重大变革。抗日根据地和解放区时期，为了解决农业生产中的困难，兴县农民在中共引导之下逐步改变旧时分散落后的生产方式，走上农业互助合作发展之路。新中国成立之后，其又得到进一步完善与发展。

新中国成立初期，随着1956年初农业社会主义改造的基本完成，兴县农村的生产关系发生重大变革，之前分散的、个体的家庭经营方式已被集体组织所替代，集体成为劳动生产的单位。而作为主体的农民，在国家权力与传统家庭文化双重的塑造下，以往以家庭为单元的生活发生了变化。

一方面，在农业互助合作运动中，通过群众运动，冲破了传统家庭中纪律的约束，事业社群中的"家法"在不断削弱，取而代之的是一种集体的观念。比如在常年互助组的发展中，部分互助组在生产改善生活的基础上，开始有了一些经济上的合作，有了少量的公共财产，在农民中开始逐步形成集体主义思想。此外，女性作为一股力量走出家庭走向社会，家庭经营方式的改变，使得妇女"三从四德"、亲子"负责与服从"的观念逐渐弱化，从而塑造出一批具集体主义观念的新农民。

另一方面，尽管通过农业社会主义改造，集体统一经营已成为主流，但传统家庭经营方式也无时无刻不在影响着农民的生活。比如农业家庭经营中形成的思维惯性，使农民较少有意愿去关注除家庭事业之外的事，即"各人自扫门前雪，莫管他人瓦上霜"，在农业社有些社员就对社里需花钱的事情不感兴趣，或是不能理解，由此看来，家庭经营内在的逻辑依然内嵌于农民的行为之中。

综上所述，在农业互助合作运动中，农村土地逐渐由家庭经营转为集体经营，这期间农民家庭经营方式的变迁，让我们看到了农民面对危机所做出的应对，其背后蕴含着深厚的社会文化。在这变迁中，通过个体与国家的互动，集体主义的思想逐步深入人心，但这种调整，并不能脱离家庭文化的约束。正因如此，集体化时期之后，家庭经营方式仍然保留着活力。

第二节　农业互助合作运动与农村妇女分工变化

丁玲在 1942 年"三八节"感言中称，虽然"妇女"两字将会在什么时代才不被重视，不需要特别地被提出，还是一个未知的答题，但"女人要取得平等，得首先强己"。① 那么，如何才能"强己"呢？在劳动中获取经济报酬、争取人格独立无疑是其基本路径之一。兴县作为中国共产党领导农村建设和推行农业互助合作的先期实践基地之一，其农村社会经历了全面抗战时期的减租减息、解放战争时期的土地改革，以及 1949~1956 年的土地等生产资料所有制改造，可以说，革命与建设始终贯穿其中。当妇女劳动与中共革命动员、妇女解放策略及社会经济政策相互交织时，在兴县乃至晋西北，农村妇女分工就开始发生质的转变。

一　走出家庭：农村妇女分工的第一步

晋西北地处崇山峻岭之间，兴县又位于晋西北重丘陵地区，耕地有限，农作物主要有莜麦、山药蛋、大黄、羊皮等。经济落后、交通闭塞使得该地区发展模式落后、文化生活保守。在家庭关系中，妇女成为"养儿抱蛋、缝新补烂"②的替补角色，活动范围始终囿于一"家"之中。这种传统的"男外女内"性别分工使妇女几乎与家庭经济权力隔离，尽管妇女

---

① 郜元宝、孙洁编《三八节有感——关于丁玲》，北京广播学院出版社，2000，第 3、5~6 页。
② 山西省妇女联合会编《晋绥妇女战斗历程》，中共党史出版社，1992，第 3 页。

在操持家务之余从事纺织劳动，但家庭经济支配权依然与之无缘。

那么，是何种因素导致传统家庭关系中妇女地位低下呢？究其因果，一是女性劳动收入相较男性微乎其微，不足以负担家庭开支，以致在家庭经济中不得不依赖男性，而这种经济依赖反过来为传统的"男外女内"性别分工做了"合理"解释。二是传统社会妇女既无资格参与国家政事，又无财产继承权、转让权、选举权。在晋西北百姓观念中，女孩长大是要嫁人的，所谓嫁汉嫁汉即为穿衣吃饭。至于上学读书、婚姻自由，简直是天方夜谭。因此，20 世纪 40 年代晋西北包办、买卖婚姻等现象属于农村社会常态。如兴县赵家川口刘姓人家一个 9 岁顽童娶了一个 20 多岁的女子，该女子一早要替丈夫晾尿湿的垫褥，晚上要给婆母捶背捶腿，婆母稍不如意就对其拳打脚踢。家境不好娶不起婆姨者，不是养童养媳就是租妻，以图传宗接代。①

1937 年全面抗战爆发，战争打破了乡村往日平静。1940 年初，随着阎锡山发起的晋西事变被彻底粉碎，晋西北成为中国共产党统一领导的抗日根据地。1940 年 1 月，中共中央决定成立晋西北军政委员会；2 月 1 日，正式成立山西省政府第二游击区行政公署（1941 年 8 月，改称为晋西北行政公署），在根据地的建设中，根据地政府认识到民众动员必须与"解放妇女"工作联系起来。那么，"解放妇女"为何要被看成根据地民众动员不可或缺的因素？毛泽东在 1940 年 2 月《给中央妇委的一封信》中写道："妇女的伟大作用第一在经济方面，没有她们，生产就不能进行。"② 在这一思想指导下，根据地政府鼓励妇女首先从经济独立入手，通过参加生产劳动来改变自己命运，进而实现"妇女解放"。那么，20 世纪 40 年代的兴县，甚至是晋西北农村社会，经历了抗战时期的全面减租减息、解放战争时期的土地改革，身处革命洪流中的农村妇女在这一革命年代究竟充当了什么样的角色？其生活又发生了怎样的改变？劳动对于妇女的意义是否与前有所不同？

从 1941 年 3 月开始，日军在华北各地实行"强化治安"，不断"蚕

---

① 《晋绥妇女战斗历程》，第 100 页。
② 中华全国妇女联合会编《毛泽东周恩来刘少奇朱德论妇女解放》，人民出版社，1988，第 46 页。

食"中共抗日根据地。到 1942 年秋，晋西北根据地比 1940 年前半年缩小 1/3，人口由 300 万减少到 100 万，劳力和耕地的减少使得军民生活十分困难。同年 10 月 31 日，毛泽东电示中共晋西区党委书记林枫：晋西北只有人口 70 万~100 万，望检查减少的原因，必须振奋军心民心。① 为应对时艰，晋西北根据地发起大生产运动，而此时农村地区深受日军侵袭和参军热潮双重影响，男性劳力锐减，女性的地位则日益凸显。1943 年，岢岚县妇女全体动员抢割，担负了整个收割任务的 7/10。② 同年，临县白全英组织妇女变工互助参加劳动生产，夏收时动员 40 个妇女按住地远近编为 5 个变工小组，"谁家麦子先熟，就先给谁家割，给谁家割，在谁家吃饭，长下工给工钱"，仅用 10 天时间全村麦子就收割完成。根据这次经验，秋收时妇女开了一个会，还是照常变工互助，妇女刨山药、割谷子、糜子、高粱，男子挽黑豆，吃饭与前一样，妇女做工如有剩余按半个男工给工资，13 天工夫就把农作物收回场里。白全英兴奋地说："我在家时是女人，上地是男人。"③

不过，由于受生理条件限制，妇女在农田劳动中多从事收割等较具技术性的工作，而对一些用力较大且影响收成的农活如耕地、播种等，男人还是愿意亲力亲为。体现在工资待遇上，女工工资一般相当于男工一半。尽管在今天看来，这种待遇对于妇女而言，解放程度远远不够，但相对于传统意义中的女性角色可谓迈出家庭、走向社会的关键一步。女性分工不再限于"内"而逐渐向"外"扩延，且在劳动生产过程中选取了适于自己的组织形式——变工互助，其中既有妇女间的变工互助，亦有妇女与男人间的变工互助。如临县在 1943 年秋收中某村向全县各村发出挑战，条件之一是发动 50%的妇女参加变工。在这一挑战动员中，妇女段家作领导的小组 4 人第一天就收糜子 3 亩；某村妇女 36 人编成 7 组，每天打场上地；李福荣领导的小组 4 男 3 女一天割高粱 11 亩，女的剪穗子，男的挖根子，分工合作。④ 变工互助的意义不再仅仅限于解决某时某事之困难，而且在补

---

① 《山西农业合作化》，第 662 页。
② 《岢岚群众秋收忙》，《抗战日报》1943 年 10 月 14 日。
③ 《妇女特等劳动英雄——白全英》，《抗战日报》1944 年 2 月 1 日。
④ 《临县展开秋收竞赛》，《抗战日报》1943 年 10 月 21 日。

齐短板之时提升劳动效率，更重要的是在互助中妇女被看作一个独立个体，以平等的地位与男性建立合作。妇女开始对自身有了全面了解，而男人则通过互助合作看到了妇女的作用，有利于妇女劳动报酬的提高和地位的改变。

农村妇女角色的社会化转变并非一蹴而就的，如何将"解放妇女"这一抽象概念落实到具体的"妇女解放"，根据地政府把着力点集中于"农田"方面。因为这既与农民生活以至生存密切相关，亦与家庭成员经济地位紧密相连。通过改变传统家庭关系中"男外女内"的性别分工，动员妇女参与农田劳动，并给予妇女适当的社会荣誉、经济报酬、政治权利，从细节处入手，逐渐改变妇女思想，促其经济独立。1940年刘能林被选为妇救会秘书，她在参加行政村会议时讲道："真是！一个农村妇女的解放，可不容易了！别说参加领导工作，自己的男人首先不高兴，设法阻挠、反对，自己也有许多困难：胆怯、不惯……认识慢慢的提高……参加抗日工作革命工作为什么不坚决些呐！于是克服着自己的弱点，说服着自己的男人，照顾公事，也照顾家事，一边忙着工作，一边自己还是辛勤的纺织。"[1]

由此可见，20世纪40年代妇女分工的重心不在于妇女工种的变动，而在于其劳动价值是否得到社会认同。传统意义上的妇女劳动既没有得到家庭重视，更没有得到社会认同，以致其劳动既不能获得必要的报酬，更不能获得平等的身份。相反，根据地倡导妇女分工，使妇女劳动得到政权保证、群众认同。经济上的独立和政治上的鼓励促使妇女开始追求独立、平等的人格和身份。

二　追求平等：农村妇女分工的质变

新中国成立之初，经济疲敝，百废待兴。如何迅速恢复国民经济，并实现农业、手工业和资本主义工商业的社会主义改造，成为当时亟待解决的主要议题，而20世纪50年代初发动的农业合作化运动则是对农业社会

---

[1] 《妇女纺织变工的组织者——刘能林》，《抗战日报》1944年1月29日。

主义改造的核心内容。在农业合作化运动之初，为了解决劳力不足，妇女作为一支重要力量被发动起来。根据各地经验，凡发动妇女参加农副业生产有成绩者，不仅有效解决了劳力缺乏问题，亦增加了农民收入，进而推动了农业生产。① 与此同时，中国妇女第一次代表大会决定"以组织妇女参加生产为中心"，要求各地妇联配合当地政府发动妇女参加农业生产，组织妇女参加春耕、夏锄、夏收，当年老解放区妇女参加农业生产人数一般达 50%~70%，有些半老区达 40%。1951 年 4 月 15 日《人民日报》发表《全国妇联指示各级妇联发动农村妇女参加生产运动》文章，将组织教育妇女参加农业生产作为各级妇联中心任务。②

据调查，1950 年山西各地妇女参加生产者已超过全国妇代会要求"动员 50% 以上妇女参加生产"的目标，不仅有 50% 以上的整、半劳力参加了春耕，在三秋阶段参加的劳力甚至高达 70%。③ 1951 年妇女参加生产的在山西老区约占妇女劳力（除孕、产、疾病、老弱妇女外）的 90%，其中基础好的县占总劳力的 60% 左右，一般的县亦达 15% 左右。④

不过，晋西北妇女广泛参与农田劳动并非始于 20 世纪 50 年代，早在 20 世纪 40 年代就在中共革命动员中积极地参加了田野劳动。如前所述，50 年代延续开来的妇女参与农田劳动是否仅仅出于劳力不足，还是基于 40 年代已基本形成的男女共同劳动的惯性？若是基于劳力缺乏，那又是什么原因导致了这一时期劳力缺乏？以上问题可以从 20 世纪 50 年代国家粮食生产政策在晋西北的落实情况中窥见一斑。

时至 1952 年国家农业经济逐步回暖、粮食产量持续增加，虽然 1953 年粮食增产率开始有所下降，但农业合作化运动的发展仍推动着粮食总产量的上升势头。不过，在农业经济稳步增长时，如何利用农业积累来支援工业化建设则成为国家领导人面临的又一难题。为解决这一难题，政府决定在农村实行统购统销的粮食政策。以兴县为例，1953 年政府开始宣传和普及粮食统购统销政策后，乡村代表在这一政策中发挥了引领作用。如东

---

① 《河北山西两省百分之七十妇女参加农副业生产》，《人民日报》1950 年 1 月 10 日。
② 《全国妇联指示各级妇联发动农村妇女参加生产运动》，《人民日报》1951 年 4 月 15 日。
③ 《河北山西两省百分之七十妇女参加农副业生产》，《人民日报》1950 年 1 月 10 日。
④ 《山西省怎样发动农村妇女走上生产战线》，《人民日报》1952 年 3 月 7 日。

坡乡代表刘赶当按计划应卖收购粮 500 斤却自动卖粮 1800 斤，并动员 3 户亲戚卖粮 5700 斤，带头发动全村卖粮 1.5 万斤（按计划收购 7700 斤），超过任务近一倍。在这些人带动下，1953 年国家统购完成数为 900 万斤，超过任务量 50%。① 再看 1954 年，据 1954 年统购摸产计算，当年粮食作物实播种面积 1237274 亩，每亩平均实产 49.8 斤，是 1953 年亩产 51.75 斤的 96.23%，达计划亩产 59.6 斤的 83.6%。尽管粮食作物亩产没有达到计划产量，但 1954 年兴县依然超额完成国家给予的 1120 万斤购粮任务。②

是什么因素促使村民普遍支持统购统销粮食政策呢？究其原因，一方面出于村民对国家政策的积极配合；另一方面表现出村民已累积有一定数量余粮。如兴县 6 区 14 乡有 3107 户售粮户，积极售粮争取超额者 1248 户，占总售粮户的 40%。另据 52 村调查，党员 929 人、团员 664 人中超额完成任务的党员 556 人、团员 398 人，占总人数的 59.9%。同时，为发动村民出售余粮，白家沟乡召开烈军属座谈会，再次声明残烈军属卖了余粮照样能享受代耕优耕政策，烈属王引留当场卖粮 1000 斤，军属王茂招亦超额完成统购任务 1500 斤，并带动全村 4 天内摸实产量。蔡家崖乡干部李芝荣检讨自己上年没有卖足余粮而自报卖新旧粮 4000 斤。白家沟村妇弓焕兰自报卖粮 150 斤，并带动该村 6 个妇女卖粮 900 斤。③ 由此可见，兴县能超额完成 1953～1954 年统购任务的很大原因在于农民有较多余粮出售，而余粮累积必须投入大量劳力，妇女的参与无疑又是农业增产的重要因素之一。

一般来说，20 世纪 40 年代根据地妇女参加生产劳动，春耕较少，秋收居多。这一情形在 50 年代发生改变。如 1950 年兴县妇女在春耕生产中，7 区 151 村有女性劳力 55519 人，参加生产人数 21321 人，占总人数的 38.4%。将近 2/5 的妇女参加春耕生产，说明妇女开始作为重要劳力逐步走进农田生产核心圈。同时，妇女从事农田劳动类别更广泛，开荒、积

---

① 《兴县各界人民代表会议常务委员会关于五年来的工作总结》（1955 年 3 月），兴县档案馆藏，档案号：A13-1-21。
② 《兴县人民政府一九五四年的几项主要工作总结和五五年农业生产计划草案报告》，兴县档案馆藏，档案号：A7-1-56。
③ 《兴县人民政府一九五四年的几项主要工作总结和五五年农业生产计划草案报告》，兴县档案馆藏，档案号：A7-1-56。

肥、送肥、点种、锄麦、打圪拉、植树等劳动都有参与。据相关统计，在1950 年妇女参与各项劳动中，保德 2 区 229 名妇女开荒 864 亩，每人平均3.8 亩；神池 3 区 1572 名妇女开荒 635.5 亩，每人平均 0.4 亩；岚县 1 区妇女 600 人送肥 4365 担，每人平均 7.3 担；神池 3 区妇女 485 人送肥 7093担，每人平均 14.6 担；岢岚 2 个村妇女 130 人植树 406 株，每人平均3.1 株。①

农村妇女有机会有条件从事主要的农业劳动，是体现"男女平等"的一个重要方面。因为只有通过农业劳动，农村妇女才能实现自己的经济价值，才能改变人们习惯中认为的"妇女不顶事"的传统观念。1950 年山西省妇联计划发动 30%的妇女参加经常性农业劳动，并使之学习和掌握生产技术。② 在工作好的地区，妇女绝大部分参加锄地、收割、打场等劳动，还有少数参加浸种、选种、耕耩等技术劳动，参加农业生产的妇女已占妇女全、半劳力的 50%以上，个别地方甚至高达 80%，最低亦在 20% ~40%。③ 在此基础上，妇联还动员她们参加一切可能参加的农业劳动，如做好农忙准备工作，保证全年农业生产不违农时，特别是浸种、拌种、选种、抓虫等防治病虫害等工作。④

由上可知，在农田生产中无论参加生产人数的广度，还是从事具体农田劳动的深度，妇女参与生产劳动在 20 世纪 50 年代都比之前更进一步。她们除切草、喂牲口、担水、送饭外，一般都直接参加了春耕、夏锄、秋收等主要劳动。可以说，妇女在政治上的解放必须与经济上的解放密切结合，妇女自己编了解放歌："土地改革翻了身，合作互助栽富根，婚姻自主结了婚，妇女们活的像了人。"许多男人亦说："现在妇女可和从前不一样啦，再不敢小看啦！"⑤ 不可否认，正是有了经济上的解放，妇女政治上的解放才具"底气"。

---

① 山西省民主妇联筹委会编印《1950 年妇女参加春耕生产总结》，1950，第 20、22、23、25 页。

② 《华北各省妇联订出计划发动广大妇女参加生产》，《人民日报》1950 年 5 月 6 日。

③ 《全国妇联发布指示组织妇女参加春耕》，《人民日报》1950 年 4 月 6 日。

④ 《全国妇联指示各级妇联发动农村妇女参加生产运动》，《人民日报》1951 年 4 月 15 日。

⑤ 《山西省怎样发动农村妇女走上生产战线》，《人民日报》1952 年 3 月 7 日。

三 走向社会：农村妇女分工的社会化

新中国成立初期，为了应对粮食压力和满足劳力需求，妇女被广泛地发动参加农田劳动，而两性共同参与赋予农田劳动一种特殊的社会性别意蕴。农业互助合作运动的发展为妇女参加农业生产开辟了道路，参加互助合作组织的妇女逐年增加，许多较好的农业社妇女劳动日数一般都占劳动日总数的20%~30%。当然，妇女劳动不能是无偿的，在报酬方面虽和男人一样挣劳动工分，但在劳动工分计量上却显得"廉价"。一些互助组、合作社不仅在妇女评分计酬中压低分数压低分值，或只记分不算账，甚至不把参加劳动的妇女当作社员而是看作短工。在一些互助组中普遍存在"男互助女单干"现象，许多互助组员和合作社员存在"重男轻女"观念，不愿吸收妇女参加或男女同工不同酬。① 还有一些互助合作组织，妻子劳动，丈夫挣分。② 此种现象不仅影响妇女生产及参加互助合作组织的积极性，且影响到农田生产效率及互助合作组织的巩固发展。

为解决上述问题，1953 年在《中国共产党中央委员会关于发展农业生产合作社的决议》中提出："男女劳动力应该按照工作的质量和数量，实行同样的报酬。"③ 这一决议的颁布，无论从生产角度出发还是从妇女解放角度考虑，都具有必要性和合理性。而"同工同酬"亦被看作妇女解放运动的一个重要里程碑，衡量男女平等的一个重要尺度。

1950 年妇联发现互助组、合作社在评分计酬中存在男女不对等现象后，提出"男女同劳同分""一家男女分别记分"主张，对于男女劳力计算应根据"同工同酬"原则，按劳取酬，以刺激妇女劳动积极性，纠正把妇女劳力一律当作半劳力的看法。④ 不过，虽然政府和妇联极力推进男女同工同酬，但晋西北至 1951 年各地男女同工不同酬现象仍屡见不鲜，各地政府对"同工同酬"原则贯彻不够彻底。⑤

① 《积极领导农村妇女参加农业互助合作运动》，《人民日报》1954 年 3 月 8 日。
② 《全国妇联发布指示组织妇女参加春耕》，《人民日报》1950 年 4 月 6 日。
③ 《积极领导农村妇女参加农业互助合作运动》，《人民日报》1954 年 3 月 8 日。
④ 《全国妇联发布指示组织妇女参加春耕》，《人民日报》1950 年 4 月 6 日。
⑤ 《山西省怎样发动农村妇女走上生产战线》，《人民日报》1952 年 3 月 7 日。

　　晋西北男女"同工同酬"问题与 20 世纪 50 年代陕西关中地区不同，关中地区男性逐渐退出棉田管理而转由女性接管，并由此导致棉花田间劳作工分下降，即不是男女"同工"，所以不能"同酬"。[①] 晋西北男性并未退出种植棉花、小麦、莜麦、麻等任何一种农田劳动，男性要求在生产中和妇女有一定分工，但不愿妇女完全代替自己。亦与湘北塘村不同，塘村田间生产中存在分别适合男女劳力特征的农活，男女从事不同的农活，故不能"同工"，也就不能"同酬"。[②] 晋西北各地生产劳动基本上都需要妇女同男性一起参加农业生产，特别是农忙季节，如锄苗、下种、抢种等，或者是细致烦琐的农活，如浸种、选种、锄草、经营棉田等。可以说，晋西北男女分工是在整个家庭计划下分工合作、各尽所能，其更多考虑的是田间需求及人员配合。至于报酬方面，因分工没有明确界限，故各地多采取死分活评评分方式或一定农活上按件计工制。如 1955 年兴县刘家庄等 72 个社将妇女劳力按劳动能力确定了底分，在此基础上按完成情况评分。[③]

　　上述记工办法确实提高了妇女劳动积极性。很多先进妇女在参加一般的田间劳作外还积极参加了全省农业技术改良运动，如兴修水利、改良土壤、推广新式农具、浸拌选种、拔除病株、捕杀害虫等。岢岚县宋木沟村先进妇女提出"技术送上门"口号，亲自做发芽试验，挨门挨户宣传。先进妇女李改枝、陈俊英等帮助群众进行温汤浸种。据神池等 7 县所属 198 村调查，为了减少来年虫害，1951 年妇女共刨烧谷茬 1738 亩。[④] 同时，妇女在劳动过程中逐渐掌握了较多的农业技术。妇女深度参与农业劳动在很大程度上改变了过去人们轻视妇女劳动的看法，亦减少了互助组有意压低妇女工分甚至不评底分的现象。不过，记工评分办法不能完全肯定是"同工同酬"，因为妇女单独确定的劳动底分一般都没有男性高，通常女性劳作一天能获 4~6 分，同时规定女性出勤天数为 24~25 天，而男性为 28~30

① 高小贤：《"银花赛"：20 世纪 50 年代农村妇女的性别分工》，《社会学研究》2005 年第 4 期。
② 李斌：《农村性别分工的嬗变——合作化时期的湘北塘村考察》，《华东师范大学学报》2013 年第 3 期。
③ 《关于 1955 年冬季农业合作化运动的基本总结报告》，兴县档案馆藏，档案号：A13-1-30。
④ 《山西省怎样发动农村妇女走上生产战线》，《人民日报》1952 年 3 月 7 日。

天。① 在 1956 年 9 月兴县麻子塔村四联社制订的《秋收预算分配方案》中，预算劳动日方面男劳力劳动底分 138.7 个工，女劳力底分 79.7 个工，当年四联社总劳力 259 人，其中男劳力 147 人、女劳力 112 人，② 可得平均每男劳力底分 0.94 个工、女劳力底分 0.71 个工，由此可见，单个女劳力的底分不及男劳力。造成如此情况的原因是多方面的，即妇女技术高低不一、劳动强度不同、劳动时间不稳定等，均要被克扣工分。所以，在农田劳动记工中实际实行两种记工办法，即同一性别条件下的按劳取酬和按性别不同分别取酬。1953 年兴县妇联工作计划中要求"能劳动的妇女要求全部参加农副业生产"，并"争取男女同工同酬"；③ 其中"争取"二字间接说明男女同工同酬不易实现，及诉求和现实之间存在不一致性。

事实上，即使妇女获得参与农田劳动的平等机会，亦并不意味着其在家庭关系中与男性地位平等。因为，在中国家庭关系中，女性还要承担大部分家务劳动。那么，如何处理妇女与家庭的关系，各地出现各不相同的问题。山西省妇联在总结 1950 年发动农村妇女参加春耕生产报告时指出，一些干部简单地认为"把妇女弄到地里就是'发动'，参加了生产就能'解放'，而不照顾家庭利益，不解决妇女特殊问题，因此不但妇女生产情绪不高，连男农民也反对"。④ 为此，全国妇联指示要注意尽可能地解决妇女参加生产中的困难，满足妇女合理而又可能实现的要求。⑤

在妇女走向农田劳动过程中，一个颇具挑战性的问题是：如何合理解决农忙时间妇女上地与做家务带孩子间的矛盾。为解决这一难题，经互助组变通后由老人变工看孩子，妇女按时奶小孩及提前回家。⑥ 一些互助组、合作社还组织农忙托儿所，如兴县 1953～1957 年建设计划中就多次提到要建立多所托儿所。⑦ 据 1956 年统计，兴县在 266 个社中建立 81 所幼儿园、1247 个托儿组，共教养男女儿童 6216 个。家务、带孩子、农田劳动不仅

---

① 被采访人：白牛，男，兴县黑峪口人，采访时间：2017 年 8 月 13 日。
② 《麻子塔四联社秋收预算分配方案》，兴县档案馆藏，档案号：A116-2-95。
③ 《兴县县妇联关于冬前的几项具体工作计划》，兴县档案馆藏，档案号：A13-1-3。
④ 《在伟大爱国主义旗帜下进一步联系与教育广大妇女》，《人民日报》1951 年 2 月 15 日。
⑤ 《全国妇联指示各级妇联发动农村妇女参加生产运动》，《人民日报》1951 年 4 月 15 日。
⑥ 《在伟大爱国主义旗帜下进一步联系与教育广大妇女》，《人民日报》1951 年 2 月 15 日。
⑦ 《兴县五三至五七年建设计划》，兴县档案馆藏，档案号：A7-1-42。

把妇女时间碎片化，亦使妇女为应付不同工作精疲力竭，故这些组织得到妇女支持和拥护。妇女劳动时间的延长和稳定，对于其走出家庭和分工的社会化转型具有一定意义。如王家峁技丰社幼儿园成立后有 6 个小孩的妇女高兰英在 6 月前已做 61 个劳动日，以往每日日常生活就使之焦头烂额。①

从上述论述中，可以看到，关于农业互助合作运动与农村妇女分工变化的考察不仅仅局限于兴县，而且论及晋西北，妇女解放，或者说妇女社会分工发生质的变化，已是大势所趋。20 世纪 50 年代，晋西北妇女对于农田劳动的广泛参与是在国家倡导"男女平等""同工同酬"背景下逐步深化的，妇女经济权益和政治地位开始得到重视，家庭地位随之改变。妇女性别分工的社会化，在促使妇女生产情绪日渐高涨、加速农业生产的同时，亦反哺于"男女平等"的主流话语。可以说，制度安排与农村社会妇女关系呈现出一种良性互动。

综前所述，兴县乃至晋西北农村的性别分工由传统意义的"男耕女织""男外女内"，到 20 世纪 40 年代女性开始参与农田劳动，再到 20 世纪 50 年代普遍参与农田劳动且与男性"同工同酬"，其间的嬗变与农村现实需要和中共农业政策密不可分。事实上，对于男女分工这一具有复杂而普遍性的社会关系，不仅中国学者给予关注，西方学者也予以多方探讨。一位西方学者甚至如此评述两性关系："女人如果不是男人的奴隶，至少始终是他的附庸，两性从来没有平分过世界。"② 那么，男女真的无法平等吗？女性如何从男性附庸"物"的角色转变为与男性对等的"人"，1949年前后中国共产党领导下的妇女解放为两性关系的重新定位提供了历史借鉴。

小　结

农业互助合作运动在中国农村发展历程中是极为重要的一部分，通过

---

① 《关于春耕生产总结和第二次整社工作的检查总结报告》，兴县档案馆藏，档案号：A116-1-7。

② 〔法〕西蒙娜·德·波伏瓦：《第二性》，郑克鲁译，上海译文出版社，2011，第 14 页。

这场群众运动，农村经济发生了深刻的变革，个体所有制的小农经济逐步被改造为社会主义集体所有制经济，家庭不再作为生产的基本单位。但中国传统的家庭观念。早已深入人心，面对自上而下的社会改造运动，家庭经营方式的每一次变迁，都体现了农民在经济变革过程中所做出的理性调适，实现"走出家庭"和"巩固家庭"的统一。① 这一点，在妇女分工的社会化转型中，表现得尤为突出。

以 20 世纪 40 年代的晋西北根据地来说，生存堪忧，粮食、穿衣严重短缺，边区政府为最大限度地发动民众实现自给，广大妇女首次成为动员的重要人群；新中国成立初期，粮食问题依然突出，广大妇女仍被作为主要劳力投入农业合作化运动，为 20 世纪 50 年代粮食增产做出积极贡献。女性大规模参与农业劳动，并同男性获得同样的劳动"报酬"，使得妇女开始在经济上自给自足，人身权利得到社会尊重，为新中国妇女从家庭走向社会提供了契机。事实上，中共领导下妇女分工重心不在于妇女工种的变动，而在于其劳动价值已获政府保证和社会认同。正是因妇女劳动价值的质性变动，妇女在政治上、经济上和家庭中的地位随之提升。妇女分工的社会化转型，对妇女走出家庭、巩固家庭并开始追求独立与平等的人权，意义深远。

---

① 《毛泽东文集》第 3 卷，人民出版社，1996，第 206~207 页。

结　语

新中国成立初期，举国欢庆民族独立和人民解放的实现。在这欢声笑语中，中国共产党人面对满目疮痍的苍茫大地，陷入思考：遭受战争后的中国，如何才能尽快摆脱贫困落后的面貌？借鉴苏联建设社会主义的模式，中国共产党人开始探索中国的社会主义发展道路。而农业合作化运动，则是新中国成立初期对农业、农村和农民进行社会主义改造的重要途径，即通过各种互助、合作形式，逐步把个体所有制的小农经济改造成社会主义集体所有制经济，实现对农业生产方式和农民精神面貌的根本性革命。

曾有"小延安"之誉的兴县，坐落于吕梁山区，其在全面抗战时期既是晋绥边区首府所在地，也是中国共产党领导农村建设和推行农业互助合作的先期实践基地之一，可以说，新中国成立初期兴县的农业合作化运动，是与原晋绥边区农民的互助合作一脉相承的，因此，对1940~1956年兴县农业互助合作运动进行系统梳理和考察，将有助于解析其呈现出来的基本特征和示范意义。

纵观兴县地区的农业互助合作运动，可以看出，其始终都在中共统一安排和部署下推进，但同时，也有兴县自身的发展特色和逻辑。

首先，兴县的互助合作运动具有先行性。

试办农业合作社可以说是山西省的一个创举。目前学界关于20世纪50年代山西省试办农业合作社过程的研究较多地关注长治地区，并认为该地区是我国农业合作化道路上的率先起步者、探索者和试验者，[①] 最早实

---

① 《长治市农业合作史》（专刊），第33页。

施了试办农业合作社的决策,[①] 为农业的社会主义改造提供了典型的具体过渡模式。[②] 实际上,兴县与长治一样,均是中共领导农村建设和推行农业互助合作的先期实践基地。当长治专区试办农业生产合作社之时,兴县亦有了合作社的雏形,1951 年春中共山西省委提出试办农业合作社时已有兴县白家沟贾宝执等几个人自发组织起来的初级社。[③]

据曾在晋绥边区工作的"老革命"黄志刚[④]所述,兴县白家沟党支部书记贾宝执很早就带领贫苦农民办起了边区第一个农业生产合作社——白家沟土地运输合作社。[⑤] 1944 年,白家沟 8 户农民通过集股方式筹得 11 股小米 1.18 石,购置了 1 头毛驴,自此开始跑运输和合伙种地的互助合作生产。到 1944 年底入社户数增加到 28 户,股金 29 股,土地 428 亩,驴 7 头、牛 9 头。随着合作社扩大,管理办法发生改变,土地开始统一经营、劳力分组作业并按劳力强弱评分计股,副业方面除跑运输外还开办了油坊、酒坊、粉坊等,年底结算副业共赚小米 40 石,每股分红 1.37 石,购置耕牛 3 头作为社内公共财产,公共财产的概念在实践中率先进入合作社。在白家沟影响下,附近村庄苏家里、西山角、西沟等陆续组织了土地运输合作社。[⑥] 由此可见,在管理方法上,贾宝执领导的合作社突破了临时互助组、长期互助组中常见的"变工""换工"模式,由集体统一经营土地并分组劳动。此外,在合作社内设立公共财产成为个体经济向集体经济过渡的关键因素。可以说,白家沟土地运输合作社已初具初级农业合作社的基本特征。

1951 年中共兴县县委制订了合作组织从低级向高级逐步推进的发展计划,而其实并非每个村都经过了这样的组织形式。例如,白家沟等少数村一开始即从较高形式起步,当时人们知道的合作社只有几个,还有一些鲜

---

① 范玲巧:《山西初级农业合作化的实践与经验》,《当代中国史研究》2002 年第 1 期。
② 曹居月:《山西省委试办初级农业社的实践及其影响》,《晋阳学刊》1994 年第 5 期。
③ 《山西农业合作化》,第 667 页。
④ 黄志刚于 1949 年秋任中共晋西北中心地委宣传部部长,新中国成立初期任中共兴县地委书记兼兴县军分区政委。
⑤ 《山西农业合作化》,第 663 页。
⑥ 《吕梁地区农业合作化史》(典型卷),第 4、6 页。

为人知的"明组暗社"。^① 由此知之，兴县的互助合作运动在某种意义上具有先行性，或者说，初级农业合作社作为个体经济迈向集体经济的重要步骤，其典型模式在兴县得到了较早的探索与实践。

其次，兴县农业互助合作运动具有可实践性。

任何制度设计与政策制订均须建立在可操作可实践的基础上，否则终究无法落地生根。通过晋西北根据地农民互助合作运动开展的具体实践，1944 年 12 月中共中央晋绥分局及时总结了边区群众在互助合作运动中创造的 4 种组织形式，即（1）一般的变工小组，（2）大变工互助形式，（3）合作社形式，（4）农业与其他事业结合的经济组织。^② 而这些组织形式在兴县均得到彰显，如白改玉村以牛为中心的变工互助组、温家寨温象拴组织的生产大队、白家沟土地运输合作社、侯家沟织布与种田互相变工的互助组织。可以说，早期的兴县互助合作运动凝聚了群众智慧和力量，其农业互助合作运动的组织形式业已初具雏形。

1949~1952 年是全国农业互助合作运动的初步展开阶段。兴县因抗日根据地和解放区时期大力推行互助合作的实践积累，在 1952 年变工互助组长代表会议上讨论并初步确定了本地农业互助合作的组织形式和发展框架，对互助合作组织的发展数量、发展程度、发展地区及分配方式均进行了具体总结和规划。^③ 作为典型之一的白家沟土地运输合作社于 1952 年更名为"吕梁先锋农林牧合作社"，提出"以粮为纲、牧为重点，农、林、牧、副全面发展"的方针，在农业方面对劳力、土地、牲畜、农具等一一进行评定并初步实行"三包一奖四固定"^④ 制度，在畜牧方面实行定额管理，其先进经验被选入《中国农村社会主义高潮》一书。^⑤ 兴县各村的互助合作亦自然而然地向白家沟靠拢和看齐。而之后兴县互助合作运动中的调整、巩固与发展，则皆在 1952 年农业互助合作运动发展的基础与规划上进行。

---

① 《山西农业合作化》，第 668 页。
② 《山西农业合作化》，第 664 页。
③ 《兴县变工互助组长代表会议总结报告》，兴县档案馆藏，档案号：A7-1-34。
④ "三包"即包工、包产、包投资，"一奖"即秋后实有超产者超产部分 50% 奖给超产队，"四固定"即劳力固定、土地固定、耕畜固定、农具固定。
⑤ 《吕梁地区农业合作化史》（典型卷），第 13 页。

　　1953～1956 年全国农业合作化运动呈现出不断加速的发展态势，而兴县作为原中共晋绥边区首府所在地并具有良好的互助合作基础，其合作化过程是否表现得更为稳健呢？我们不妨与同属老区的长治做一对比。1953 年长治合作社数量发展到 689 个（初级社 688 个、高级社 1 个），到 1954 年春则达 2600 个（初级社 2599 个、高级社 1 个），是 1953 年的 3.77 倍；[①] 兴县 1953 年发展合作社 75 个，后调整为 57 个，截至 1954 年春则达 146 个，是 1953 年（调整后）的 2.56 倍。[②] 由此可见，兴县 1953～1954 年春农业互助合作运动发展相对平稳，纠正了早前的冒进倾向。1954 年春至 1955 年 11 月，两地合作社发展速度相近。一方面，地域范围差异导致的合作社发展不均衡问题依旧存在；另一方面，在全国范围内农业合作化后期高速发展的浪潮下，兴县作为中共推行农业互助合作的先期实践基地之一，思想、组织方面相对成熟，这亦促使其互助合作运动顺势而为，不断完善的制度安排和有效发力的政策执行，决定了互助合作运动发展的可持续性。

　　当然，兴县农业互助合作在不同阶段产生过不同的问题，甚至一度出现冒进倾向，且在不同程度上伤及农民利益，但其对农村经济恢复、农民生活改善的作用不言而喻。同时，抗日根据地和解放区时期兴县农民通过互助合作方式解决生产资料、劳力不足等问题的先期实践，亦无疑对新中国成立初期农业合作化运动的发展和推进具有一定的基础作用和示范意义。

　　总之，山西省兴县连续经历了党在全面抗战时期的减租减息和解放战争时期的土地改革，以及新中国成立初期的土地等生产资料所有制改造，16 年的发展历程完整而生动地再现了党在农村的基本改革政策及实践努力。进一步说，兴县农业互助合作运动的初衷在于解决农户生产中的困难，此乃生存需要，而最终实现的个体所有制经济向集体所有制经济过渡则是生活需要，无论农民出于何种动机加入合作组织，农户之间互补不足是双赢，集体利益与个人需求达成统一更是双赢，两者共同建构了兴县农业互助合作中的互利双赢关系。

---

① 参见《长治市农业合作史》（专刊），第 49 页；长治市农业合作史编辑室编《长治市农业合作史》，山西人民出版社，1998，第 287 页。

② 《兴县一九五三年春季生产初步总结》，兴县档案馆藏，档案号：A13-1-3；《兴县人民政府一九五四年的几项主要工作总结和五五年农业生产计划草案报告》，兴县档案馆藏，档案号：A7-1-56。

参考文献

一　馆藏档案

《高家村团分支部在大辩论第一、二阶段的进展报告》，兴县档案馆藏，档案号：A116-2-123。

《高家村乡关于改进农业合作社经营管理的简报》，兴县档案馆藏，档案号：A116-2-126。

《高家村乡农业社产量、牲畜统计表（1956.9）》，兴县档案馆藏，档案号：A116-2-88。

《高家村永丰农业高级社七年远景规划》，兴县档案馆藏，档案号：A116-14-89。

《高家村永丰农业社五六年生产计划》，兴县档案馆藏，档案号：A116-14-89。

《高家村永丰农业生产合作社劳力规划》，兴县档案馆藏，档案号：A116-2-86。

《高家村直属乡农业社（老社）秋收分配情况调查表》，兴县档案馆藏，档案号：A116-1-2。

《关于城关灯塔农业社超额完成春季修梯田任务的通报》，兴县档案馆藏，档案号：A116-1-7。

《关于大力开展农业生产技术运动的决定》，兴县档案馆藏，档案号：A7-1-70。

《关于第二次整顿农业社工作的计划》，兴县档案馆藏，档案号：A116-

1-7。

《关于第三次整社工作计划》，兴县档案馆藏，档案号：A116-1-7。

《关于第一次整社工作的总结报告》，兴县档案馆藏，档案号：A116-1-7。

《关于第一次整社工作的总结报告》，兴县档案馆藏，档案号：A116-1-8。

《关于高级合作化发展情况检查简报》，兴县档案馆藏，档案号：A116-1-11。

《关于高级合作化发展情况检查简报》，兴县档案馆藏，档案号：A116-1-7。

《关于高级社中有关问题的处理意见》，兴县档案馆藏，档案号：A116-1-7。

《关于高级社中有关政策问题的指示》，兴县档案馆藏，档案号：A116-1-11。

《关于建设、整社及一九五六年生产计划和春耕生产准备的检查提纲》，兴县档案馆藏，档案号：A116-1-11。

《关于扩建社工作第三次报告》，兴县档案馆藏，档案号：A116-1-4。

《关于目前高级化情况的检查报告》，兴县档案馆藏，档案号：A116-1-7。

《关于农业建立健全机构和解决社干报酬的意见》，兴县档案馆藏，档案号：A116-1-7。

《关于农业社定额管理专题报告》，兴县档案馆藏，档案号：A116-1-7。

《关于农业生产工作的报告》，兴县档案馆藏，档案号：A7-1-109。

《关于五十九个农业社夏季生产总结报告》，兴县档案馆藏，档案号：A13-1-5。

《关于五五年各农业社基本情况调查卡片》，兴县档案馆藏，档案号：A116-2-28。

《关于训练高级社骨干的总结报告》，兴县档案馆藏，档案号：A116-1-11。

《关于一九五五年冬季农业合作化运动的基本总结报告》，兴县档案馆藏，档案号：A13-1-30。

《关于一九五五年巩固农业生产合作社和全年生产的基本总结》，兴县档案馆藏，档案号：A13-1-30。

《关于整顿巩固农业社的综合报告》，兴县档案馆藏，档案号：A116-1-4。

《关于整社情况的简报》，兴县档案馆藏，档案号：A116-1-7。

《黑峪口乡关于夏收分配方案的初步意见》，兴县档案馆藏，档案号：A116-2-126。

《晋绥边区的劳动互助》，山西档案馆藏，档案号：A90-5-6-1。

《劳动互助材料》，山西档案馆藏，档案号：A88-6-8-3。

《碾子村民中高级农业生产合作社秋收试算分配方案》，兴县档案馆藏，档案号：A116-2-95。

《农业合作社各种数字统计表》，兴县档案馆藏，档案号：A116-2-3。

《裴家川口乡报告勤俭办社的总结报告》，兴县档案馆藏，档案号：A7-1-90。

《裴家川口乡生产情况报告》，兴县档案馆藏，档案号：A7-1-90。

《瓦塘基点关于高级社的检查报告》，兴县档案馆藏，档案号：A116-1-11。

《县高级社一般情况统计表》，兴县档案馆藏，档案号：A116-1-6。

《兴县1956年农业生产基本总结（初稿）》，兴县档案馆藏，档案号：A116-1-8。

《兴县爱国农产劳模大会总结》，兴县档案馆藏，档案号：A13-1-2。

《兴县变工互助组长代表会议总结报告》，兴县档案馆藏，档案号：A7-1-34。

《兴县第二类村基本情况登记册》，兴县档案馆藏，档案号：A7-1-46。

《兴县第二区黑峪口行政村互助五三年增产计划表》，兴县档案馆藏，档案号：A116-2-3。

《兴县第二区任家湾行政村互助五三年增产计划表》，兴县档案馆藏，档案号：A116-2-3。

《兴县第二区五四年春耕生产总结报告》，兴县档案馆藏，档案号：A13-1-14。

《兴县第二区五四年经济作物播种统计表》，兴县档案馆藏，档案号：A13-1-13。

《兴县第三类村基本情况登记册》，兴县档案馆藏，档案号：A7-1-46。

《兴县第一类村基本情况登记册》，兴县档案馆藏，档案号：A7-1-46。

《兴县二区花元沟村农业生产合作社基础情况统计表》，兴县档案馆藏，档案号：A116-2-3。

《兴县高家村乡关于引进全面规划工作的计划》，兴县档案馆藏，档案号：A116-14-89。

《兴县各界人民代表会议常务委员会关于五年来的工作总结》，兴县档案馆藏，档案号：A13-1-21。

《兴县各区互助组基本情况统计表》，兴县档案馆藏，档案号：A116-2-3。

《兴县各区农业合作社小麦产量及积肥统计表》，兴县档案馆藏，档案号：A116-2-3。

《兴县农业普查工作方案》，兴县档案馆藏，档案号：A7-1-44。

《兴县全面生产规划（初稿）》，兴县档案馆藏，档案号：A7-1-114。

《兴县全面生产规划工作总结》，兴县档案馆藏，档案号：A7-1-109。

《兴县人民委员会关于一九五五年农业生产工作总结报告》，兴县档案馆藏，档案号：A13-1-22。

《兴县人民委员会关于一九五五年农业生产工作总结报告》，兴县档案馆藏，档案号：A13-1-29。

《兴县人民政府查田工作总结》，兴县档案馆藏，档案号：A7-1-44。

《兴县人民政府一九五四年的几项主要工作总结和五五年农业生产计划草案报告》，兴县档案馆藏，档案号：A7-1-56。

《兴县山区七年生产初步计划方案（五二年至五八年）》，兴县档案馆藏，档案号：A7-1-34。

《兴县五三年夏田播种统计表》，兴县档案馆藏，档案号：A13-1-10。

《兴县五三至五七年建设计划》，兴县档案馆藏，档案号：A7-1-42。

《兴县县委关于整顿高级社的计划》，兴县档案馆藏，档案号：A116-1-9。

《兴县一九五六年各种作物计划指标》，兴县档案馆藏，档案号：A13-1-44。

《兴县一九五六年农业生产计划》，兴县档案馆藏，档案号：A13-1-31。

《兴县一九五六年农业生产示范重点乡计划表》，兴县档案馆藏，档案号：A13-1-45。

《兴县一九五四年春季农业生产工作报告》，兴县档案馆藏，档案号：A13-1-15。

《兴县一九五四年农业生产计划（草案）》，兴县档案馆藏，档案号：A7-1-56。

《兴县一九五四年夏季生产工作报告》，兴县档案馆藏，档案号：A13-1-15。

《兴县一九五五年各乡夏收作物播种面积统计表》，兴县档案馆藏，档案号：A13-1-24。

《兴县一年来粮食工作总结》，兴县档案馆藏，档案号：A7-1-50。

《兴县一年来农业技术推广工作初步总结》，兴县档案馆藏，档案号：A7-1-70。

《兴县组织起来统计表》，兴县档案馆藏，档案号：A116-2-3。

《一九五三年农业社经营管理的初步经验》，兴县档案馆藏，档案号：A116-2-5。

《一九五三年农业生产互助合作运动的基本总结》，兴县档案馆藏，档案号：A116-2-7。

《中共兴县委农村工作部关于整顿农业社的检查报告》，兴县档案馆藏，档案号：A116-1-7。

《中共兴县县委关于农业社发展巩固工作的总结与今后进一步全面巩固农业社和改进党对农业社的领导问题的报告》，兴县档案馆藏，档案号：

A116-1-4。

《中共兴县县委关于农业生产合作社秋收分配工作方案（草案）》，兴县档案馆藏，档案号：A116-1-8。

二 资料汇编

《当代中国农业合作化》编辑室编《建国以来农业合作化史料汇编》，中共党史出版社，1992。

贺锐主编《雁北农业合作化大事记（1940～1990）》，山西人民出版社，1993。

晋绥边区财政经济史编写组、山西省档案馆编《晋绥边区财政经济史资料选编》农业卷，山西人民出版社，1986。

山西农业合作史编辑委员会编《山西农业合作史典型调查卷》，山西人民出版社，1989。

山西省史志研究院编《山西农业合作化》，山西人民出版社，2001。

史敬堂等编《中国农业合作化运动史料》，三联书店，1959。

中共中央文献研究室编《关于建国以来党的若干历史问题的决议》（注释本），人民出版社，1985。

中国科学院经济研究所农业经济组编《国民经济恢复时期农业生产合作资料汇编（1949～1951）》，科学出版社，1957。

中华人民共和国国家农业委员会办公厅编《农业集体化重要文件汇编（1949～1957）》，中共中央党校出版社，1981。

三 著作

薄一波：《若干重大决策与事件的回顾》，中共中央党校出版社，1991。

长治市农业合作化史编辑室编《长治市农业合作化史》，山西人民出版社，1998。

陈大斌：《重建合作》，新华出版社，2005。

陈益元：《革命与乡村——建国初期农村基层政权建设研究：1949～

1957（以湖南省醴陵县为个案）》，上海社会科学院出版社，2006。

《邓子恢文集》，人民出版社，1997。

《邓子恢自述》，人民出版社，2007。

杜润生：《当代中国的农业合作制》，当代中国出版社，2002。

《杜润生自述：中国农村体制变革重大决策纪实》，人民出版社，2005。

杜润生：《中国农村制度变迁》，四川人民出版社，2003。

冯开文：《合作制度变迁与创新研究》，中国农业出版社，2003。

傅晨：《中国农村合作经济：组织形式与制度变迁》，中国经济出版社，2006。

高化民：《农业合作化运动始末》，中国青年出版社，1999。

金雁：《农村公社、改革与革命：村社传统与俄国现代之路》，中央编译出版社，1996。

李茂盛：《华北抗日根据地经济研究》，中央文献出版社，2003。

林善浪：《中国农村土地制度与效率研究》，经济科学出版社，1999。

林毅夫：《制度、技术与中国农业发展》，上海三联书店、上海人民出版社，1994。

林蕴晖：《凯歌行进的时期》，河南人民出版社，1989。

罗平汉：《农业合作化运动史》，福建人民出版社，2004。

吕梁地区农业合作化史编辑委员会编印《吕梁地区农业合作化史》，1988。

秦晖：《田园诗与狂想曲——关中模式与前近代社会的再考察》，中央编译出版社，1996。

孙津：《中国农民与中国现代化》，中央编译出版社，2004。

王贵宸：《中国农村合作经济》，山西经济出版社，2006。

王谦：《劫后余稿——试办高级社文存》，山西人民出版社，1995。

温铁军：《中国农村基本经济制度研究》，中国经济出版社，2000。

叶扬兵：《中国农业合作化运动研究》，知识产权出版社，2006。

于建嵘：《岳村政治：转型期中国乡村政治结构的变迁》，商务印书馆，2001。

袁银传：《小农意识与中国现代化》，武汉出版社，2008。

岳谦厚、李卫平：《从集体化到"集体化"——1949 年以来郝庄的经济社会变革之路》，中国社会科学院出版社，2015。

张乐天：《告别理想——人民公社制度研究》，上海人民出版社，2016。

张绍俊：《马克思主义合作制思想发展史》，中国商业出版社，1989。

张晓山、苑鹏：《合作经济理论与实践》，中国城市出版社，1991。

赵泉民：《政府·合作社·乡村社会：国民政府农村合作运动研究》，上海社会科学院出版社，2007。

〔美〕J. 米格代尔：《农民、政治与革命》，李玉琪、袁宁译，中央编译出版社，1996。

〔美〕R. 麦克法夸尔、费正清：《剑桥中华人民共和国史：革命的中国兴起 1949～1965》，谢亮生等译，中国社会科学出版社，1990。

〔美〕埃德加·斯诺：《西行漫记》，董乐山译，东方出版社，2010。

〔美〕德·希·珀金斯：《中国农业的发展：1368～1968》，宋海文等译，上海译文出版社，1984。

〔美〕弗里曼、毕克伟、塞尔登：《中国乡村，社会主义国家》，陶鹤山译，社会科学文献出版社，2002。

〔美〕莫里斯·梅斯纳：《毛泽东的中国及其发展》，张瑛等译，社会科学文献出版社，1992。

〔美〕詹姆斯·C. 斯科特：《农民的道义经济学——东南亚的反叛与生存》，程立显译，译林出版社，2001。

四　期刊论文

曹居月：《山西省委试办初级农业社的实践及其影响》，《晋阳学刊》1994 年第 4 期。

常利兵：《土地、劳动与观念——1949～1957 年山西省农民生活变革研究》，《当代中国史研究》2012 年第 11 期。

常明明：《效益下降抑或增收差异：农业合作化后农民退社原因再研究——基于 1955～1956 年合作社中各阶层农户收入的视角》，《中国农史》2011 年第 1 期。

程同顺、黄晓燕：《中国农民组织化问题研究：共识与分歧》，《教学与研究》2003 年第 3 期。

董国强：《试论农业合作化运动中的若干失误》，《南京大学学报》1996 年第 4 期。

范家进：《"互助合作"的胜利与乡村深层危机的潜伏——重读三部农村"合作化"题材长篇小说》，《中国现代文学研究丛刊》2011 年第 4 期。

范巧玲：《山西初级农业合作化的实践和经验》，《当代中国史研究》2002 年第 1 期。

范巧玲：《山西农业合作化的实践经验探析》，《改革先声》2000 年第 12 期。

高化民：《农业合作化的成功经验》，《当代中国史研究》1995 年第 4 期。

郭德宏：《旧中国土地占有状况及其发展趋势》，《中国社会科学》1989 年第 4 期。

韩旺辰：《反映农村合作化运动文学作品评价的再认识——兼评赵树理的〈三里湾〉》，《山西大学学报》1996 年第 2 期。

韩毓海：《从 1950 年合作化争议漫议农村发展的关键》，《党的文献》2013 年第 2 期。

黄少安、孙圣民：《1950～1962 年中国土地制度与农业经济增长的实证分析》，《西北大学学报》2009 年第 6 期。

姬丽萍、闫夏：《20 年来国内农业社会主义改造运动研究》，《史学月刊》2009 年第 7 期。

刘洪升、胡克夫：《河北农业合作化运动评述》，《当代中国史研究》2001 年第 3 期。

刘庆旻：《建国初期农业合作化运动及其评价》，《中国当代史研究》1995 年第 4 期。

卢晖临：《集体化与农民平均主义心态的形成——关于房屋的故事》，《社会学研究》2006 年第 2 期。

邵建光：《农业合作化运动中阶级关系若干问题的再思考》，《党史研究与教学》2006 年第 6 期。

沈明生：《用"生产力标准"对山西农业合作化运动进行再认识》，

《生产力研究》1999 年第 2 期。

师吉金：《1949～1956 年中国农民的心理变迁》，《江西社会科学》2003 年第 9 期。

田西如：《建国初期关于山西农业互助合作问题的一场争论》，《理论探索》1990 年第 2 期。

王俊斌：《口述史视野下的农业合作化运动——以山西省保德县口述资料为中心》，《山西师大学报》2014 年第 5 期。

王俊斌：《农业合作化时期农民社会生活的变迁——以山西省保德县为中心》，《山西档案》2012 年第 6 期。

王里鹏：《20 世纪 50 年代山西老区农村合作制度的变迁》，《当代中国史研究》2009 年第 2 期。

闻文：《中国农业合作化时期的农村"劳动力"问题研究回顾》，《史林》2016 年第 1 期。

吴毅、吴帆：《传统的翻转与再翻转——新区土改中农民土地心态的建构与历史逻辑》，《开放时代》2010 年第 3 期。

吴毅、吴帆：《结构化选择：中国农业合作化运动的再思考》，《开放时代》2001 年第 4 期。

武力：《农业合作化过程中合作社经济效益分析》，《中国经济史研究》1992 年第 4 期。

徐腊梅：《江西农业合作化运动的历史考察》，《江西财经大学学报》2008 年第 1 期。

叶扬兵：《农业合作化运动研究评述》，《当代中国史研究》2008 年第 1 期。

岳谦厚、范艳华：《山西农业生产合作社之闹社风潮》，《中共党史研究》2010 年第 4 期。

张晓玲：《新中农在农业合作化运动中的心态探析（1952～1956）》，《历史教学》2010 年第 8 期。

五 学位论文

胡穗:《中国共产党农村土地政策的演进》,博士学位论文,湖南师范大学,2004。

胡振华:《中国农村合作组织分析:回顾与创新》,博士学位论文,北京林业大学,2009。

黄荣华:《农村地权研究:1949~1983——以湖北省新洲县为个案的考察》,博士学位论文,复旦大学,2004。

李卫平:《回到"集体化":国家政治主导下郝庄的经济变革》,博士学位论文,山西大学,2015。

梅德平:《中国农村微观经济组织变迁研究(1949~1985)》,博士学位论文,华中师范大学,2004。

王俊斌:《改造农民:中国农业合作化运动研究——以山西省保德县为中心》,博士学位论文,首都师范大学,2009。

王里鹏:《建国初期山西老区经济制度变迁研究(1949~1956)》,博士学位论文,山西大学,2010。

王雅馨:《建国初期牡丹江地区的农业合作化运动》,博士学位论文,吉林大学,2013。

薛建文:《集体化时代晋南乡村经济研究——以山西省临猗县北辛乡卓村委个案》,博士学位论文,山西大学,2015。

张进选:《中国农业制度变迁问题研究》,博士学位论文,复旦大学,2003。

张勇:《长沙县农业合作化运动研究(1951~1956)——以经济变革为中心》,博士学位论文,湖南师范大学,2012。

图书在版编目（CIP）数据

互助、合作与经济变革 : 兴县农业互助合作运动研
究 : 1940~1956 / 王莉莉著. -- 北京 : 社会科学文献
出版社, 2025.3. --（太原科技大学山西省重点马克思
主义学院学术文丛）. -- ISBN 978-7-5228-5075-7

Ⅰ. F327.254
中国国家版本馆 CIP 数据核字第 2025TY1800 号

· 太原科技大学山西省重点马克思主义学院学术文丛 ·

互助、合作与经济变革
——兴县农业互助合作运动研究（1940～1956）

著　　者 / 王莉莉

出 版 人 / 冀祥德
责任编辑 / 吴　超
文稿编辑 / 梅怡萍
责任印制 / 岳　阳

出　　版 / 社会科学文献出版社 · 人文分社（010）59367215
　　　　　　地址：北京市北三环中路甲 29 号院华龙大厦　邮编：100029
　　　　　　网址：www.ssap.com.cn
发　　行 / 社会科学文献出版社（010）59367028
印　　装 / 三河市尚艺印装有限公司

规　　格 / 开本：787mm×1092mm　1/16
　　　　　　印张：16　字数：252 千字
版　　次 / 2025 年 3 月第 1 版　2025 年 3 月第 1 次印刷
书　　号 / ISBN 978-7-5228-5075-7
定　　价 / 128.00 元

读者服务电话：4008918866